KB058325

아차산 보루와 고구려 남진경영

최종택 _ 崔鍾澤 Choi Jongtaik

1964년 정선출생
서울대학교 인문대학 고고미술사학과 졸업
서울대학교 대학원 고고미술사학과 석사 · 박사
서울대학교박물관 학예연구사(1988~2000)
고려대학교 고고미술사학과 교수(2000~현재)
영국 케임브리지대학 방문교수(2006~2007)
고려대학교고고환경연구소 소장(2007~현재)
한국고고학회 학보편집위원장(2008~2009)

주요 논저

『高句麗 土器 硏究』(박사학위논문, 1999)
『九宜洞-土器類에 대한 考察』(서울대학교박물관, 1994)
『한강유역의 고구려 요새』(도서출판 소화, 1997, 共)
『흙으로 빚는 미래 다시 쓰는 경기 도자사』(경기문화재단, 2001, 共)
『三國時代 鐵器 硏究』(서울대학교박물관, 2002, 共)
『京畿道의 城郭』(경기일보사, 2003, 共)
『고구려의 역사와 문화』(한국고대사학회, 2004, 共)
『다시보는 고구려사』(고구려연구재단, 2004, 共)
『경기도의 고구려 문화유산』(경기도박물관, 2007, 共)
『고구려유적의 어제와 오늘』(동북아역사재단, 2009, 共)
『중국 '동북공정' 고구려사 연구논저 분석』(동북아역사재단, 2010, 共)
『한반도의 흙, 도자기로 태어나다』(경인문화사, 2011, 共)

아차산 堡壘와 高句麗 南進經營
아차산 보루와 고구려 남진경영

초판인쇄일	2013년 12월 27일
초판발행일	2013년 12월 30일
초판2쇄일	2015년 01월 20일
지 은 이	최종택
발 행 인	김선경
책 임 편 집	김윤희, 김소라
발 행 처	**서경문화사**

주소 : 서울시 종로구 이화장길 70-14(동숭동) 105호
전화 : 743-8203, 8205 / 팩스 : 743-8210
메일 : sk8203@chol.com

등 록 번 호   제300-1994-41호

ISBN   978-89-6062-113-8   93900

※ 이 연구는 고려대학교 특별연구비에 의하여 수행되었음.
※ 파본은 본사나 구입처에서 교환하여 드립니다.

정가 22,000원

아차산 보루와 고구려 남진경영

최종택 지음

서경문화사

1997년 9월 27일 오후, 아차산 정상의 속칭 헬기장에서 조촐한 행사가 있었다. 1500여 년이 넘도록 그곳에 묻혀있던 고구려 유적의 발굴을 고하는 개토제였다. 계절은 이미 가을의 문턱을 넘어서고 있었지만 아직은 늦여름의 더위가 남아있었다. 필자와 필자의 은사이신 임효재 발굴조사단장, 구리문화원 박명섭이사를 비롯한 관계자 등 20여 명의 발굴단원들은 경건하게 제를 올렸다. 남한 최초의 고구려 유적 발굴은 이렇게 시작되었다.

그 일이 있기 10여 년 전 필자에게는 잊을 수 없는 일이 있었다. 서울올림픽이 열렸던 1988년 겨울, 필자는 서울대학교박물관 작업실에서 몽촌토성에서 출토된 토기조각들을 복원하느라 밤샘작업을 하고 있었다. 수많은 백제 토기조각들 중에서 낯선 토기조각 하나를 찾아냈고, 한 달여간의 작업 끝에 형태를 복원할 수 있었다. 복원된 토기는 이제까지 남한에서는 출토된 예가 없는 전형적인 고구려 토기였다. 계속된 작업으로 상당량의 고구려 토기들을 복원할 수 있었고, 475년 백제 한성을 함락시키고 몽촌토성에 주둔했던 고구려 군이 사용한 것들임을 밝혀낼 수 있었다. 그로부터 몇 년 뒤에는 1977년에 발굴되어 백제 고분으로 알려졌던 서울 구의동 유적이 고구려 군사요새였음을 밝혀내었다.

이를 계기로 한강유역에서 고구려 유적을 찾는 조사가 본격화 되었다. 1994년에는 구리문화원에서 실시한 지표조사를 통해 아차산 일원에서 20여개 소의 고구려보루가 확인되었고, 1997년부터 아차산 4보루에 대한 발굴조사가 시작되었다. 두 달여 간의 작업 끝에 내부 시설물의 절반가량을 조사하였으며, 이듬해 추가발굴을 통해 처음으로 고구려 군사요새의 전모를 밝혀낼 수 있었다. 이어 시루봉보루를 발굴하였으며, 발굴성과를 바탕으로 아차산 일원 17개 보루가 국가사적 제455호로 지정되어 관리되고 있다.

필자는 지난 1997년 이후 지금까지 16년 동안 아차산일원 고구려 보루 발굴조사를 주도하여왔다. 그 동안 아차산 3보루, 아차산 4보루, 시루봉 보루, 용마산 2보루, 홍련봉 1보루, 홍련봉 2보루 등 6개의 보루에 대한 발굴조사를 실시하였으며, 일부는 아직도 발굴조사가 진행 중이다. 발굴 조사와 더불어 보루의 축조연대와 존속기간, 보루의 구조와 축조방법, 고구려 군의 무기체계와 군사편제 및 생활상, 고구려의 남진과정과 경영 등 관련된 여러 주제에 대한 연구도 진행하였다. 이러한 일련의 발굴과 연구를 통하여 1,500여 년 전 고구려 군사들이 주둔하였던 보루의 모습이 하나 둘 밝혀지고 있다.

연구 초기에는 고구려 고고자료에 대한 이해의 부족과 필자의 과문함으로 인해 해석상의 오류도 있었다. 그러나 발굴조사를 진행하면서 각각의 보루가 하나의 설계도에 의해 축조된 것과 같은 구조상의 공통점을 확인할 수 있었고, 한 편으로는 각 보루마다 구조와 규모 등에서 일정한 차이가 있음도 알게 되었다. 또한 연구 성과가 축조되면서 보루의 축조시점과 존속기간 및 군사편제 등에 대해서도 어느 정도 안정된 결론에 이르게 되었다. 이에 용기를 내어 그동안의 발굴조사와 연구 성과를 바탕으로 이 책을 집필하게 되었다.

이 책은 네 개의 장으로 구성되었다. 1장에서는 지난 16년간 조사 성과를 바탕으로 발굴된 보루의 구조와 특징을 분석하였으며, 2장에서는 발굴 조사를 통하여 출토된 유물에 대한 분석을 실시하였다. 분석된 결과를 바탕으로 3장에서는 아차산일원 고구려 보루의 구조와 연대 및 기능에 대하여 고찰하였다. 4장에서는 문헌기록을 통하여 4~6세기 한강유역의 역사적 상황을 검토하고, 고고자료를 바탕으로 고구려의 한강유역 진출과정과 경영에 대하여 고찰하였다. 그밖에 아차산 고구려 보루에 대한 종합적인 조사와 보존 및 활용방안에 대한 필자의 의견을 부록으로 첨부하였다. 그

동안 조사 성과를 바탕으로 일부 보루의 성벽을 복원하여 관리하고 있으나 상당수의 보루는 여전히 방치되거나 훼손이 진행되고 있어서 하루빨리 국가차원의 보존대책이 마련될 필요가 있다.

그동안 아차산 고구려 보루를 발굴하면서 많은 분들의 도움이 있었다. 서울대학교박물관 연구원으로 재직하면서 아차산 보루의 발굴을 시작할 때부터 지도와 편달을 아끼지 않으신 임효재선생님, 고구려 토기를 주제로 한 박사학위논문 작성을 지도해주신 윤세영선생님, 노태돈선생님, 최병현선생님, 이선복선생님, 1988년 몽촌토성 출토유물을 정리할 당시 고구려 토기에 대한 안목을 키워주고 고구려 고고학 연구자의 길로 이끌어주신 박순발선생님께 감사드린다. 1997년 구의동보루 발굴조사 내용을 재정리하여 보고서를 작성하도록 주선해주신 조유전선생님, 구의동 발굴조사 당시 조사원으로 발굴을 주도하였으며, 보고서 간행비용을 쾌척해주신 윤대인선생님께도 감사드린다. 1997년 아차산 4보루 발굴조사를 시작할 때부터 지금까지 열정적으로 후원해주신 구시리의 이무송, 박영순시장님, 광진구의 정송학, 김기동구청장님, 구리문화원의 문춘기, 김순경원장님, 박명섭이사님과 광진구의 김민수선생님을 비롯한 관계자 여러분께도 감사를 드린다. 1994년 아차산 지표조사를 통하여 고구려 보루를 처음으로 찾아내었으며, 이후에도 학문적 조력을 아끼지 않으신 토지주택박물관의 심광주관장님께도 지면을 빌어 감사를 드린다. 그밖에도 발굴조사와 유물정리과정에서 고락을 함께한 일일이 열거할 수 없이 많은 후배 연구자들과 제자들에게도 감사를 표하고자 한다. 끝으로 보잘것없는 이 책이 여러 면에서 부진을 면치 못하고 있는 고구려 고고학 연구에 조금이라도 기여하기를 바라며 선학제현의 질정을 바라는 바이다.

2013년 12월
최 종 택

제1장

아차산 고구려 보루의 발굴

아차산 4보루 발굴 개토제 광경(1997년 9월 27일. ⓒ서울대학교박물관)

삽도 1 _ 몽촌토성 출토 광구장경사이옹
(ⓒ서울대학교박물관)

남한지역에서 고구려 유적의 존재가 처음 확인된 것은 1988년 몽촌토성 동남지구의 발굴조사를 통해서이다. 그 해 겨울 보고서 작성을 위한 유물 정리과정에서 고구려 토기 廣口長頸四耳甕의 존재가 확인되었다(삽도 1). 물론 이전의 조사에서도 고운 점토질의 흑색마연토기들이 확인된 바 있으나 고구려 토기의 영향을 받은 백제 토기로 간주되었다. 그러나 전형적인 고구려 토기로 알려진 광구장경사이옹의 확인으로 인해 같은 제작전통을 가진 일련의 토기류를 백제 토기와 구분할 수 있게 되었다.

물론 몽촌토성에서 고구려 토기의 존재가 확인되기 이전에도 남한지역에서 간헐적으로 고구려 유물이 발견되었다. 1963년 7월 경남 의령에서 延嘉七年銘金銅如來立像이 발견되어 이듬해 국보로 지정되었으며, 1979년에는 충주에서 中原高句麗碑가 발견되어 역시 국보로 지정되었다. 그밖에 경주의 壺杅塚을 비롯한 신라 고분에서 고구려 유물이 출토되었으며, 충청도 일원에서 금제귀걸이 등 고구려 유물이 채집되기도 하였다. 또한 1981년 춘천 방동리에서 고구려계 고분이 발굴된 이후 유사한 고분에 대한 발굴조사도 간헐적으로 이루어졌다. 그러나 유적과 유리된 채 유물만 확인된 경우가 대부분이었으며, 고분의 경우도 고구려 고분으로 특정할만한 유물이 출토되지 않아 본격적인 연구가 이루어지지 못하였다.

아무튼 1988년 몽촌토성 발굴조사를 통해 고구려 토기의 존재가 확인됨에 따라 남한지역 특히 한강유역에서 고구려 유적이 존재할 가능성에 대한 관심이 높아지게 되었다. 몽촌토성 출토유물을 정리하는 과정에서 1977년 한강 북안의 구의동에서 발굴되어 서울대학교박물관에 보관되어 있던 토기류에 대한 재분석이 이루어졌다. 구의동유적은 발굴 당시 여러 논의가 있었지만 특이한 구조의 백제 고분으로 결론짓고 행정보고문을 간행하였으나, 이후 출토 토기류가 백제 토기와는 다르다는 의견이 제기되고 있었다. 분석과정에서 몽촌토성 출토 고구려 토기류와 구의동유적 출토 토기류가 같은 제작전통임을 확인하고 구의동유형으로 분류하였고, 그 시기는 475년 이후로 분류하였다.[1]

1989년에는 몽촌토성 서남지구 고지대의 지상건물군을 조사하는 과정에서 'ㄱ'자형 온돌을 갖춘 지상건물지가 확인되었다. 남북 3.1m, 동서 3.7m 규모의 온돌유구는 중국 集安市 東台子遺蹟 건물지와 구조가 유사한 점이나 층위상의 증거 등으로 보아 고구려에 의해 축조된 것이며, 그 연대는 475년 이후에서 551년 사이로 추정하였다.[2] 또한 1988년에 구의동유형으로 명명된 토기류를 고구려 토기류로 보고함으로써 이를 고구려 토기로 명확히 인식하게 되었다.

이상의 몽촌토성 발굴성과를 바탕으로 1991년에는 1977년 발굴 당시 백제 고분으로 보고되었던 구의동유적을 고구려 군사시설로 재인식하고 출토된 철기류 15종 1,353점(철촉이 1,300여 점)에 대한 재분석이 이루어 졌으며,[3] 1993년에는 구의동유적에서 출토된 토기류 19개 기종 369개체분에 대한 분석이 이루어졌다.[4] 이어 1995년에는 한강유역에서 출토된 고구려 토기에 대한 종합적인 분석이 이루어졌으며,[5] 1997년에는 구의동유적에 대한 종합보고서가 간행되었다.[6]

1) 金元龍・任孝宰・朴淳發, 1988, 『夢村土城 - 東南地區發掘調査報告』, 서울大學校博物館.
2) 金元龍・任孝宰・朴淳發・崔鍾澤, 1989, 『夢村土城 - 西南地區發掘調査報告』, 서울大學校博物館, 31쪽.
3) 崔鍾澤, 1991, 「九宜洞遺蹟出土 鐵器에 對하여」 『서울大學校博物年報』 3, 서울大學校博物館.
4) 崔鍾澤, 1993, 『九宜洞 - 土器類에 대한 考察』, 서울大學校博物館學術叢書 2, 서울大學校博物館.
5) 崔鍾澤, 1995, 「漢江流域 高句麗土器 研究」 『韓國考古學報』 第33輯, 韓國考古學會, 29~89쪽.
6) 구의동보고서간행위원회, 1997, 『한강유역의 고구려 요새』, 도서출판 소화.

1994년에는 구리문화원에서 실시한 아차산 일원의 지표조사를 통하여 15개소에 달하는 고구려 군사시설을 확인하였으며,[7] 이러한 군사시설들은 堡壘城으로 명명되었다.[8] 이후 보루성이라는 명칭은 堡壘에 이미 방어시설로서 城의 개념이 포함되어있음을 이유로 보루로 칭하고 있다.[9]

1997년에는 아차산 4보루에 대한 발굴조사가 시작되어 1998년에 마무리 되었다(삽도 2). 이 발굴조사에서는 둘레 210m 가량의 성벽과 두 개의 치, 그리고 내부에서는 7기의 건물지와 간이대장간시설 등이 비교적 양호한 상태로 확인되었으며,[10] 26개 기종 538개체의 토기류와 복발형 투구를 포함한 203점의 철기류가 확인되었다.[11] 이 발굴을 통해서 아차산 일원 고구려 보루의 구조에 대한 대략적인 윤곽이 밝혀 졌으며, 구의동보루와의 비교를 통하여 당시 보루에 주둔하였던 군사의 수를 추정하는 등 향후 연구의 발판이 마련되었다.

아차산 4보루에 대한 발굴조사 성과에 힘입어 1999년에 아차산 시루봉보루 발굴조사가 시작되었으며, 2000년에 마무리되었다.[12] 시루봉보루는 왕숙천변의 평지를 감제하기 유리한 작은 봉우리에 입지하고 있는데, 보루 전면에 폐타이어를 이용한 현대의 참호가 구축되어 있었

---

7) 강진갑 · 류기선 · 손명원 · 심광주 · 윤우준 · 이달호 · 이도학 · 주강현, 1994, 『아차산의 역사와 문화유산』, 구리문화원학술총서 1, 구리시 · 구리문화원.

8) 金玟秀, 1994, 『漢江流域에서의 三國史의 諸問題』, 九里文化院.

9) 崔鍾澤, 1999, 「京畿北部地域의 高句麗 關防體系」『高句麗研究』8, 고구려연구회, 258쪽.

10) 이후 2007년 아차산 4보루의 정비 · 복원을 위하여 성벽에 대한 추가조사가 이루어졌는데, 이 조사를 통해 성벽의 둘레는 256m로 수정되었으며, 치와 목책 등의 시설이 추가로 확인되었다(국립문화재연구소 유적조사연구실, 2009, 『아차산 4보루 발굴조사보고서』).

11) 임효재 · 최종택 · 양성혁 · 윤상덕 · 장은정, 2000, 『아차산 제4보루 –발굴조사 종합보고서-』, 서울대학교박물관.

12) 임효재 · 최종택 · 임상택 · 윤상덕 · 양시은 · 장은정, 2002, 『아차산 시루봉보루 –발굴조사 종합보고서-』, 서울대학교박물관.

삽도 2 _ 아차산 4보루 유물출토 광경(1998년, ©최종택)

다. 발굴결과 시루봉보루는 지형에 따라 활처럼 휜 타원형 평면을 하고
있으며, 치가 설치된 성벽 내부에 건물지와 저수시설 및 배수시설 등이
구축된 것으로 밝혀졌다. 시루봉보루의 발굴을 통해 기존에 발굴된 아
차산 4보루와 유사한 구조가 확인됨에 따라 아차산 일원의 보루는 기
본적으로 유사한 구조를 갖추고 있음을 알게 되었다. 그러나 아차산 4
보루에는 2기의 저수시설이 설치된 반면에 시루봉보루에는 규모가 큰
저수시설이 1기만 설치되어 있는 등 세부적인 차이도 있어서 각 보루
의 구조와 축조시점 및 존속기간 등에 관심이 집중되게 되었다.

　2002년 중국의 '동북공정' 여파로 국내에 고구려에 대한 관심이 폭
증하였고, 아차산 고구려 보루도 다시 주목을 받게 되었다. 그 결과
2004년에는 홍련봉 1보루가 발굴되었으며,[13] 2005년에는 홍련봉 2

---

13)　崔鍾澤 · 李秀珍 · 吳恩妊 · 吳珍錫 · 李廷範 · 趙晟允, 2007, 『紅蓮峰 第1堡
　　壘 發掘調査 綜合報告書』, 高麗大學校考古環境研究所.

보루14)와 아차산 3보루15)의 일부가 발굴되었다. 홍련봉 1보루의 발굴에서는 아차산 보루 중 유일하게 고구려 기와와 와당이 출토되어 주목을 받았으며, 아차산 일원의 보루 중에서 가장 위계가 높은 인물이 기거했을 가능성이 제기되었다. 그밖에 성벽 내부에 목책열이 확인되어 성벽을 축조하기 전 목책을 세우고 내부에 건물지 등의 시설물을 설치한 사실을 새롭게 알게 되었으며, 성벽 외부에 기둥을 세웠던 흔적도 새롭게 확인되었다.

홍련봉 2보루는 북쪽의 평탄면과 남쪽의 함몰부로 구분되는데, 북쪽의 평탄면에 대한 전면조사와 남쪽 함몰부에 대한 탐색조사가 실시되었다(삽도 3). 발굴조사를 통해 북쪽 평탄면에서 소성시설과 더불

삽도 3 _ 홍련봉 2보루 발굴조사 광경(2005년, ⓒ최종택)

---

14) 崔鍾澤 · 李秀珍 · 吳恩妌 · 趙晟允, 2007, 『紅蓮峰 第2堡壘 1次 發掘調査報告書』, 高麗大學校考古環境研究所.

15) 崔鍾澤 · 吳珍錫 · 李廷範 · 趙晟允, 2007, 『峨嵯山 第3堡壘 1次 發掘調査報告書』, 高麗大學校考古環境研究所.

어 내부를 석재로 마감한 저장시설이 새로 조사되었으며, 남쪽 함몰부는 석축을 쌓은 장방형의 구조로 확인되었다. 소성시설과 더불어 단야집게 등의 생산관련 유물이 출토되어 홍련봉 2보루가 군수물자를 조달하던 병참과 관련된 시설일 가능성이 제기되었다. 또한 서기 520년에 해당하는 『庚子』銘 토기접시가 출토되어 아차산 보루에 대한 연대관이 더욱 명확해지게 되었다.

아차산 3보루는 아차산 일대의 보루 중 가장 규모가 큰데, 발굴조사는 보루의 남쪽 일부 지점에 국한하여 실시되었다. 발굴조사를 통해 보루 남쪽으로 치와 같은 구조의 계단식 출입시설이 확인되었으며, 단야시설과 디딜방앗간 등의 시설물이 새롭게 확인되었다. 발굴도중 아차산 3보루 남쪽 등산로 상에서도 방앗간 시설이 노출된 것이 확인되어 일대를 아차산 6보루로 명명하기도 하였다. 2005년 홍련봉 2보루와 아차산 3보루의 1차 발굴조사가 마무리되고 2006년 2차 발굴조사를 진행하기로 하였으나 문화재청의 발굴 불허로 인해 복토하여 보존되었다. 2012년에는 홍련봉 1·2보루에 대한 추가발굴조사가 이루어졌으나, 아차산 3보루는 그대로 보존되고 있다.

한편, 2005년과 2006년에 걸쳐 용마산 2보루가 발굴되었다(삽도 4).[16] 용마산 2보루는 용마산 능선의 남쪽 봉우리에 위치해 있는데, 다른 보루들에 비해 주위가 급경사를 이루고 있어서 정상부 평탄면보다 훨씬 아래 지점에 성벽이 구축되었다. 보루의 구조와 시설물은 이미 발굴된 다른 보루와 유사하지만 성벽 안쪽의 급한 경사면을 따라 여러 겹의 석축시설을 구축한 점에서는 차이가 있다. 또한 보루 북쪽으로는 길게 튀어나온 삼중구조의 치가 확인되었으며, 남동쪽 사면에서는 출입시설로 사용된 목제 사다리가 확인되었다.

2007년에는 아차산 4보루의 정비를 위한 성벽 추가발굴이 이루어졌

---

16) 양시은·김진경·조가영·이정은·이선복, 2009, 『용마산 제2보루 발굴조사보고서』, 서울대학교박물관.

삽도 4 _ 용마산 2보루 발굴조사 광경(2005년, ⓒ최종택)

다.[17] 이 조사를 통해 2기의 치가 새로 확인되었고, 남쪽으로는 용마
산 2보루에서 확인된 것과 유사한 복합구조의 치가 확인되었다. 또한
성벽 내부에 일정한 간격으로 설치한 목책시설도 추가로 확인되었다.
2009년과 2010년에는 시루봉보루의 정비복원을 위해 시루봉보루 외
곽의 성벽에 대한 추가 발굴조사가 이루어졌다.[18] 추가발굴을 통해 성
벽에 대한 전면 조사가 이루어져, 4기의 치와 성벽 내부에 설치한 목책
시설 등이 추가로 확인되었다. 또한 보루 서쪽의 곡부에서는 성벽 외곽
에서 이중구조의 석축이 확인되었는데, 2013년에 홍련봉 2보루에서
조사된 외황시설의 일부로 추정된다.

　2012년과 2013년에는 정비복원을 위해 홍련봉 1 · 2보루에 대한
추가 발굴조사가 실시되었다(삽도 5).[19] 홍련봉 1보루는 2004년의

---

17) 국립문화재연구소 유적조사연구실, 2007, 『아차산 4보루 성벽발굴조사』.
18) 이선복 · 양시은 · 남은실 · 조가영 · 김준규, 2013, 『시루봉보루 II』, 서울대
　　학교박물관.
19) 한국고고환경연구소, 2013, 『홍련봉 제 1 · 2보루 발굴조사 약보고』.

삽도 5 _ 공중에서 본 홍련봉 1·2보루 전경(2013년. ⓒ한국고고환경연구소)

조사를 통해 내부시설에 대한 조사는 완료되었으며, 2012년에 성벽 전체에 대한 추가조사가 실시되었다. 조사결과 다른 보루에서 확인되는 치는 확인되지 않았으며, 보루 북쪽에 치와 같이 튀어나온 출입시설이 확인되었다. 또한 성벽 외곽에 기둥을 세웠던 흔적과 함께 성벽 중간에 세웠던 柱棟의 흔적이 자세히 조사되었으며, 축조 당시부터 2중으로 구축한 성벽의 구조도 새롭게 확인되었다.

　2012년과 2013년에 걸쳐 홍련봉 2보루의 성벽에 대한 전면조사와 남쪽 함몰부에 대한 조사를 병행하였다. 남쪽 함몰부에서 2기의 저수시설과 벽체건물지, 집수정 등이 추가로 조사되었으며, 벽체건물지는 소성시설로 재사용된 흔적도 확인되었다. 성벽에는 7기의 치가 설치되어 있었으며, 성벽 내부의 뒷채움 층을 조사하는 과정에서 영정주의 흔적이 자세히 확인되었다. 또한 성벽 외곽에서 보루 전체를 둘러싼 외황이 확인되었는데, 외황 내부의 물을 밖으로 빼내기 위한 배수시설이 설치된 점으로 보아 당초부터 물이 없는 구조로 설계된 것이다. 홍련봉 2

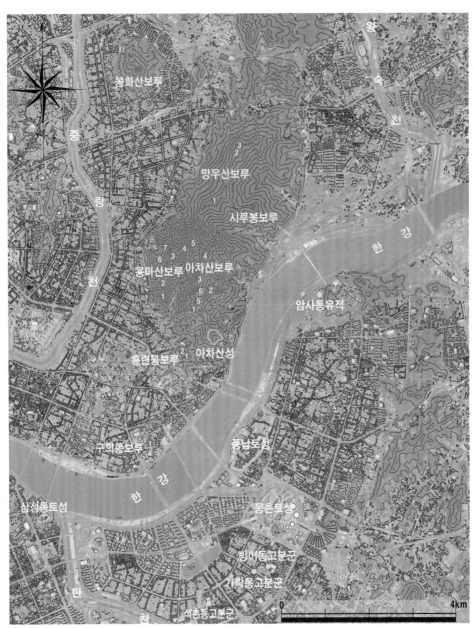

삽도 6 _ 아차산 일원 고구려 보루 분포도

보루의 추가발굴은 복원과 정비를 위한 조사로서 성벽은 물론 외곽에 대한 조사가 실시되어 보루의 내부는 물론 외곽시설물에 대한 전면적인 조사가 이루어졌다는 점에서 중요하다. 이로써 아차산 보루의 내부는 물론 외부 구조가 자세히 밝혀지게 되었으며, 각 보루의 발굴상황을 종합해 볼 때 각 보루를 구축하는데 일정한 규칙이 적용되었음을 알 수 있게 되었다.

이상과 같이 1977년 구의동보루 발굴 이후 현재까지 아차산 일원에서는 7개소의 보루에 대한 발굴조사가 완료되었거나 진행 중이다(삽도 6). 아래에서는 발굴을 통해 조사된 내용을 바탕으로 각 보루의 구조에 대해 구체적으로 살펴보기로 한다.

1. 구의동보루

서울시 광진구 자양동에 위치하고 있는 구의동보루는 1977년 화양지구 토지구획 정리사업의 일환으로 발굴조사되었다.[20] 조사 당시 유적은 성동구 구의동 광장전신전화국 동남쪽에 위치하고 있었는데, 이 일대에는 현재 KT수도권강북고객본부가 들어서 있다. 유적이 위치한 九宜洞 일대는 조선시대 경기 양주군 古陽州面 九井洞·山宜洞·栗洞 지역의 일부로서 1914년 경기도 고양군 뚝도(纛島)면 구의리(구정동과 산의동이 합쳐진 명칭)가 되었으며(삽도 8), 1949년 서울특별시에 편입될 때 성동구 구의리가 되었고, 1950년 구의동으로 동명이 바뀌었다. 이후 1995년 성동구의 일부가 광진구로 분구하면서 광진구 구의동이 되었는데, 이때 유적이 위치한 동 2로 서쪽지역은 광진구 자양동으로 편입되었다.

---

20) 華陽地區發掘調査團, 1977, 『華陽地區 遺蹟發掘 調査報告』.
   華陽地區發掘調査團, 1977, 『華陽地區 遺蹟發掘 調査報告(第二次)』.

삽도 7 _ 독도면 율리고분 채집 고구려토기 뚜껑 편(ⓒ 최종택)

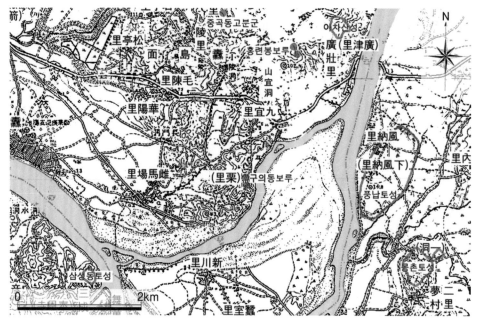

삽도 8 _ 구의동보루와 주변지역 지형도(1926년 조선총독부에서 간행한 지도를 일부 수정함)

구의동보루는 조사 당시 주변에서 胎峰 또는 말무덤, 장군총 등으로 불렸으며, 발굴도중 명문이 새겨진 胎室塼이 확인되기도 하였다. 때문에 조사단은 이 유적을 고분으로 추정하고 발굴을 진행하였다.[21] 조사

21) 한편 서울대학교박물관에는 '독도면 율리부락 뒤편 고분'에서 채집된 토기편이 보관되어 있는데(유물번호 1269, 삽도 7), 이를 근거로 구의동보루 서남쪽 자양동방면의 구릉에 또 다른 보루가 있었던 것으로 추정한 바 있다(임효

당시에도 이 유적이 군사시설일 가능성이 제기되었지만 삼년상을 치른 후 무덤을 조성한 특이한 구조의 백제 고분이라는 잠정 결론의 행정보고문을 간행하였다. 당시에는 발굴조사 종료와 함께 행정보고문을 제출해야했으므로 일정상 자세한 논의는 후일의 종합보고서 간행으로 미루었으나 이후 여러 사정으로 종합보고서는 간행되지 못하였다.

그러던 중 1988년 몽촌토성의 발굴을 통해서 5세기 후반 경으로 보이는 고구려 토기 광구장경사이옹이 1점 확인되면서, 백제 토기와는 제작전통이 다른 일련의 토기군을 분류할 수 있었으며, 이것이 태토나 기형에 있어서 구의동에서 출토된 토기류와 유사함을 들어 이러한 토기를 고구려 토기로 분류할 수 있게 되었다. 이러한 연구결과를 바탕으로 구의동유적에서 출토된 철기류와 토기류에 대한 새로운 분석이 이루어졌으며, 구의동유적은 한강 북안에 위치한 고구려 군사요새 중의 하나라는 새로운 해석이 가능해지게 되었다.[22] 그러던 중 1994년에

재 · 최종택 · 박순 · 허용호 · 윤상덕 · 양시은, 2000, 『구리시의 역사와 문화유산』, 서울대학교박물관, 270쪽 각주 52 참조). 이 유물은 1965년에 유물대장과 카드에 등재되었으나, 언제 채집되었는지에 대해서는 기록이 없다. 2000년 당시에 이 유물을 근거로 자양동보루의 존재를 추정하였던 것은 구의동보루가 위치한 곳이 1914년 이후 구의리(구의동)에 편입된 것을 전제로 한 것이었으나, 1926년에 간행된 지도에는 여전히 纛島面 栗里로 표기되어 있어서(삽도 8) 문제가 된다. 또한 일괄로 채집된 유물에는 무문토기편과 마제석기편 및 기와편이 포함되어 있는데, 구의동보루 발굴 당시에도 청동기시대 유물과 기와편이 출토되었으며, 구의동 출토 기와와 '율리고분'에서 채집된 기와가 문양이나 제작기법 면에서 완전히 동일하다(삽도 9, 10). 이러한 점을 감안할 때 서울대학교박물관에 소장된 '율리고분' 출토 토기류는 구의동보루가 위치한 일대가 아직 독도면 율리로 불리던 당시에 구의동보루에서 채집되었을 가능성이 크다. 또한 구의동보루는 일제강점기 이후 고분으로 인식되고 있었으며(朝鮮總督府, 1942, 『朝鮮寶物古蹟調査資料』, 3쪽), 발굴당시에도 인근 주민들 사이에서 고분으로 불리고 있었던 것으로 보아 '율리고분'이 구의동보루를 지칭하였던 것일 가능성이 크다고 판단된다. 이상과 같은 정황자료를 통해 볼 때 현재의 자양동일대에 구의동보루와 다른 보루가 존재했을 가능성은 희박하며, 따라서 자양동보루의 존재를 추정했던 기존의 주장은 철회하고자 한다.

22) 崔鍾澤, 1991, 「九宜洞遺蹟出土 鐵器에 對하여」 『서울大學校博物館年報』 3,

삽도 9 _ 독도면 율리고분 채집 기와편 각종(ⓒ최종택)

삽도 10 _ 구의동 1보루 출토 기와편 각종(ⓒ최종택)

는 아차산 일원에서 20여개소의 고구려 보루가 확인되었으며, 1997
년에는 아차산 4보루에 대한 발굴조사가 시작되었다. 이러한 연구 성
과에 힘입어 구의동유적이 발굴된 지 20년이 지난 1997년 11월에는
종합보고서가 간행되었다.[23]

　한강을 남으로 연하고 있는 해발 53m의 구릉 정상에 위치한 구의동
보루는 주변에서 가장 전망이 좋아 조사 당시에는 유적에 올라서면 멀
리 의정부의 길목에서 잠실에 이르는 지역을 한눈에 볼 수 있었다고 한
다. 또한 유적 주변의 한강유역 일대는 선사시대 유적은 물론이고 阿且
山城, 風納土城, 夢村土城, 石村洞古墳群, 可樂洞古墳群, 芳荑洞古墳

　　　서울大學校博物館.
　　　崔鍾澤, 1993, 『九宜洞–土器類에 대한 考察』, 서울大學校博物館學術叢書
　　　제2집, 서울大學校博物館.
23)　구의동보고서간행위원회, 1997, 『한강유역의 고구려 요새』, 도서출판 소화.

群 등의 삼국시대 유적이 분포하고 있다(삽도 6). 이와 같이 유적이 위치한 일대는 삼국시대의 유적이 밀집되어 있는 중요한 지역으로 일찍이 삼국이 서로 차지하려고 각축전을 벌이던 곳이며, 구의동보루는 그 중 한강 북안의 전망이 좋은 높은 봉우리에 입지하고 있다는 점을 특징으로 들 수 있다(삽도 11).

발굴조사는 1977년 5월 28일에 시작되어 6월 17일에 마무리되었으나, 발굴조사가 마무리될 무렵 유적이 위치한 정상부의 남쪽 사면에서 또 다른 유구의 흔적이 확인되어 같은 해 7월까지 2차 조사를 실시하였다. 2차 조사가 이루어진 남쪽 사면은 조사에 착수하기 전에 이미 불도저에 의해 삭평된 상태였으며, 여러 사정으로 인해 전면적인 조사를 실시하지 못하고 2개 지점에 대한 트렌치조사를 실시하는 것으로 조사가 마무리되었다(삽도 12).

남쪽 사면의 유적에서는 천석과 할석이 무질서하게 흩어진 채로 조사되었으며, 트렌치에서 3개의 기둥구멍이 확인되었다. 기둥구멍의 규모는 직경 30~80cm, 깊이 130~135cm 가량으로 일정하지 않으나 그 중 하나는 확실한 기둥의 흔적이 남아있었다. 기둥구멍의 북쪽에

삽도 11 _ 구의동 1보루 전경(1977년, ©서울대학교박물관)

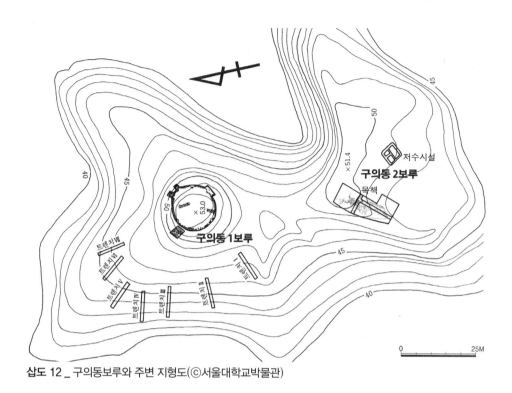

삽도 12 _ 구의동보루와 주변 지형도(ⓒ서울대학교박물관)

서는 할석과 함께 塼이 깔려 있었다. 기둥구멍이 조사된 트렌치의 동쪽
에서는 암반을 정방형으로 파내고 내부에 점토를 다진 후 다시 파낸 특
이한 구조의 유구가 조사되었는데, 조사 당시에는 이 역시 고분의 중심
부 시설로 파악하였다. 그러나 최근 아차산에서 발굴된 다른 보루의 구
조를 참조할 때 기둥구멍은 보루 외곽에 설치된 목책공으로 추정되며,
방형시설물은 저수시설로 추정된다(삽도 12). 따라서 능선 정상부에
위치한 보루와 또 다른 보루가 남쪽 사면에 위치해 있었던 것이 확실하
므로[24] 기존에 구의동보루로 불리던 정상부의 보루를 구의동 1보루로

24) 1997년 간행된 구의동보루에 대한 종합보고서에서도 남쪽 사면의 유구에 대
한 자세한 언급을 하지 못하였는데, 당시에도 아차산 일원 고구려 보루의 구

칭하고, 남쪽 사면의 보루를 구의동 2보루로 칭하기로 한다.

구의동 2보루에 대한 더 이상의 자료는 없지만 저수시설의 규모와 목책공의 배치로 보아 정상부에 위치한 구의동 1보루보다는 큰 규모로 추정된다.[25] 구의동 2보루의 저수시설은 사방 5.7m 크기로 암반을 굴토하고, 바닥과 벽체를 따라 60cm 두께의 점토를 덧붙여 방수처리를 하였으며, 방수층 외곽에는 목재를 돌려 쌓았던 것으로 보인다(삽도 13).[26] 저수시설의 내부 규모는 사방 4.5m이며, 상부는 이미 삭평된 상태로 깊이는 알 수 없으나, 아차산 4보루 등 발굴 조사된 다른 보루의 경우를 통해 볼 때 방수처리 전 토광의 깊이는 3m 내외였을 것으로 추정된다. 저수공간의 규모를 4.5×4.5×2.5m로 추정하면 저수용량은 51m^{3}로 추산되며, 정상부에 위치한 구의동 1보루 저수용량 4.5m^{3}의 11배에 달한다. 다른 보루들의 경우 보루의 규모와 저수시설의 용량이 비례하는 점으로 보아 구의동 2보루는 구의동 1보루보다 훨씬 규모가 컸던 것으로 추정된다.

구의동 1보루는 원형의 성벽과 네 개의 雉, 그리고 내부의 수혈건물지로 구성되었는데, 내부 건물지에는 온돌과 저수시설 및 배수시설이 설치되었다(삽도 14). 성벽의 기저부는 직경 14.8m의 원형에 가까우나 동남쪽 구간에서는 밖으로 약간 돌출되다가 안쪽으로 꺾여있

조에 대한 정확한 이해가 없었던 탓에 이를 또 다른 보루의 구조물로 인식하지 못하였다.

25) 삽도 12를 보면 구의동 2보루 목책공의 방향이 저수시설을 중심으로 볼 때 약간 틀어져 있는데, 이는 발굴 당시 작성한 도면의 방위가 정확하지 않은 탓으로 생각된다.

26) 보고서에서는 사방 5.7m 규모의 토광을 파고 점토를 채운 뒤 내부를 다시 파낸 것으로 기술하고 있으나, 발굴조사가 이루어진 다른 보루의 경우를 통해 볼 때 바닥에 점토를 채운 후 목재를 대고 벽체에 점토를 채워 넣은 것으로 이해된다. 실제로 삽도 13을 보면 저수시설 내부 바닥면에 목재의 흔적이 표시되어 있다. 또한 방수처리를 위한 점토의 경우 짙은 회색을 띠고 있어 일반적인 점토보다 입자가 고운 뻘 흙으로 추정된다(구의동보고서간행위원회, 1997, 『한강유역의 고구려 요새』, 198쪽의 사진 39).

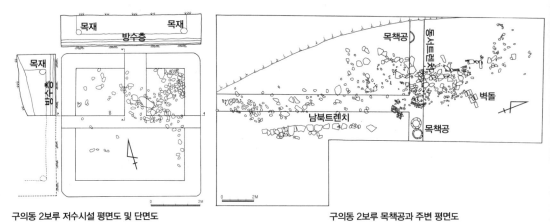

구의동 2보루 저수시설 평면도 및 단면도　　　　　　　　　　　　구의동 2보루 목책공과 주변 평면도

삽도 13 _ 구의동 2보루 저수시설 및 목책공(ⓒ구의동보고서간행위원회)

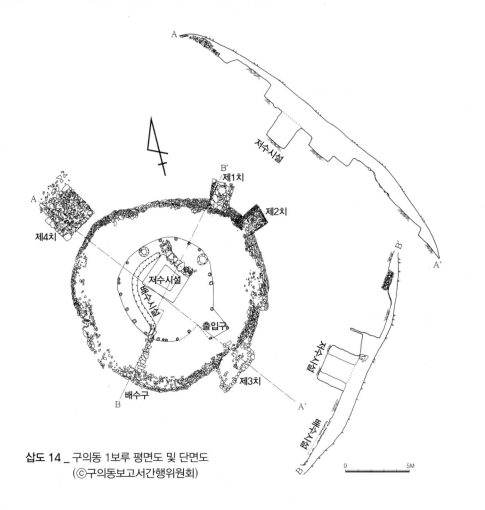

삽도 14 _ 구의동 1보루 평면도 및 단면도
(ⓒ구의동보고서간행위원회)

는 모습이다. 성벽의 둘레는 46m이며, 내부 면적은 172m² 가량 된다. 성벽은 먼저 割石을 7~8단 쌓고 그 위에 川石을 6~8단 쌓은 것이 보통인데, 위로 올라갈수록 조금씩 들여쌓아 최상층은 기저부에 비해 80~90cm 들어와 있다. 성벽의 높이는 기저부의 지형에 따라 지점마다 다른데, 대체로 100cm 내외이고 가장 높은 곳은 185cm에 달한다.

치는 모두 4개소 설치되어 있는데, 동쪽의 제 1치와 제 2치는 가로로 긴 장방형으로 형태가 비슷하지만 남쪽의 제 3치는 성벽과 나란한 방향의 장방형이다. 한편 제 4치는 북서쪽 성벽과 60~120cm 가량 떨어져 있는데, 발굴 당시에는 이를 용도불명의 石壇으로 보고하였으나 최근 조사된 용마산 2보루와 아차산 4보루, 홍련봉 2보루에서도 성벽과 떨어져 설치된 치가 있으므로 이 역시 치와 같은 기능의 시설로 생각된다. 각각의 치는 모두 성벽을 쌓은 후 성벽에 덧붙여 축조한 것으로 기저부는 할석을 이용하였으나 상부는 천석을 이용해 쌓았으며, 내부는 천석과 할석 및 점토로 채웠다. 제 1치는 길이 160cm, 폭 150~180cm, 제 2치는 길이 140cm, 폭 150~170cm 정도인데, 치의 바깥쪽이 안쪽보다 약간 넓은 장방형이다. 제 3치는 길이 100cm, 폭 330cm의 장방형으로 외곽은 할석으로 쌓았으며, 내부는 점토를 채웠다. 제 3치는 수혈주거지의 출입시설과 같은 방향으로 인접해 있어서 출입시설의 기능을 겸한 것으로 보인다. 제 4치는 길이 310cm의 정방형으로 외곽은 할석을 이용해 쌓고 내부는 천석을 채웠다.

내부의 수혈주거지는 직경 7.6m의 원형수혈로 깊이는 60~70cm 가량 된다. 수혈주거지의 벽체는 길이 13~14cm, 폭 7~8cm, 두께 0.6~0.7cm의 판재를 돌려세우고 짚 따위를 섞은 흙으로 미장하였다. 벽체를 따라 22개의 주공이 확인되었고 주공의 간격은 70~80cm로 대체로 일정하다. 수혈주거지의 남쪽에 폭 1.7m, 길이 2m의 방형으로 튀어나온 곳이 있으며, 이곳이 수혈바닥보다 높고 성벽부의 제 3치와 같은 방향으로 연결되고 있어서 출입시설로 생각된다. 한편 출입시설의 서쪽에서 두 개의 문비석이 확인되었는데, 출토상황으로 보아 원래의 자리에서 이동된 것으로 생각된다.[27] 구의동보루는 전소되어 폐기되었는데, 불에 탄 지붕구조가 확인되었다. 지붕은 직경 13cm 가량의 서까래를 결구한 뒤 짚 등의 유기물을 섞은 점토로 미장하고, 그 위에 판자를 얹어 마무리하였는데, 판자의 크기는 길이 40cm, 폭 20cm 정도이다. 한편 발굴당시 수혈주거지 외곽부와 성벽 사이의 표토에서 기와가 다량으로 출토되어 기와지붕이었을 가능성도 있다. 그러나 출토된 기와에는 고구려 기와에서 흔히 보이는 모골흔이 없으며, 기와의 등문양은 복합선조문이 주를 이루고 있어(삽도 10) 고구려 기와로 보기는 어렵다. 미구가 달린 무문양의 수키와도 출토되었는데(삽도 15), 역시 시대를 판단하기 어렵다. 따라서 구의동 1보루에서 출토된 기와류는 나중에 이곳에 설치된 다른 시설물에 사용된 것으로 보이며, 구의동 1보루는 나무판자로 지붕을 덮은 것으로 추정된다.

수혈의 내부시설로는 저수시설과 배수시설 및 온돌시설이 있는데, 온돌시설은 수혈의 동북부에서 남북으로 길게 설치되어 있었으며, 할

삽도 15 _ 구의동 1보루 출토 무문양 기와편 각종(ⓒ최종택)

---

27) 구의동보고서간행위원회, 1997, 『한강유역의 고구려 요새』, 189쪽의 사진 22.

삽도 16 _ 구의동 1보루 온돌 아궁이 철부와 철호 출토상태(ⓒ구의동보고서간행위원회)

석을 40cm 높이로 세우고 그 위에 50~80cm 가량의 판석을 덮고 짚을 섞은 흙으로 틈을 채운 구조를 하고 있었다. 온돌의 남쪽 끝에는 온돌고래와 직교하는 동쪽방향으로 아궁이가 설치되어 있으며, 鐵釜와 鐵壺가 걸려있었다(삽도 16). 온돌의 바닥에는 소토와 회백색 흙이 깔려 있었는데, 이들 소토는 철부와 철호가 있는 곳이 가장 두껍고 북쪽 끝으로 갈수록 얇아져서 실제 사용한 것임을 알 수 있다.

배수시설은 수혈의 동북쪽 모서리에서 시작하여 서남부의 축석부로 수혈벽선을 따라 둥글게 휘어있는데, 수혈내부는 폭 40cm, 깊이 15~20cm 정도로 점토를 파내었지만 수혈외부는 할석과 판석을 써서 암거식으로 만들었으며, 성벽을 관통하여 밖으로 연결된다. 저수시설은 수혈주거지 내부 중심부에 위치하는데, 저수시설의 동북벽은 온돌시설과 일부 겹쳐있다.[28] 저수시설은 폭 2.7m, 깊이 2.3m의 광을 파낸 후 바닥에 두께 30cm의 회색점토를 다져 깔았으며, 벽체에도 회색 뻘을 발라 내부에 폭 1.5m의 광 시설을 한 것이다. 아차산의 다른 보루에서 조사된 저수시설의 구조를 참조하면 내부 토광의 벽체와 바닥에는 목재를 가구했던 것으로 추정된다. 실제 저수공간을 1.5×1.5×2.0m로 계산하면 저수용량은 4.5m³로 추산된다.

구의동 1보루는 전소되어 폐기된 탓에 많은 양의 토기류와 철기류가 출토되었다. 토기류는 온돌 아궁이 주변에 집중되어 출토되지만, 철촉을 비롯한 무기류는 출입구 쪽에 집중되어 출토되고 있다.[29] 출토된 토기류는 장동호류, 호·옹류, 직구옹류, 동이류 등 19개 기종 369개체이다. 이 중 9개 기종이 15점 이상이며 나머지 10개 기종은 5점 미만의 소량 기종이다.[30]

구의동 1보루에서 출토된 토기들은 심발류 2점을 제외하고는 모두 니질 태토이며, 표면색은 황갈색과 흑색, 흑회색, 회색 등이 있으나 황갈색이 주를 이루고 있다. 확인된 전체 369개체분의 토기류 중에서 전체의 77%에 해당하는 284점이 황갈색 계통의 색조를 띠고 있으며, 47점(13%)이 회색을 띠고 있고, 나머지 38점(10%)이 흑색을 띠고 있다. 또한 토기의 94%에 달하는 345점의 토기가 매우 고운 泥質의 胎土로 만들어져 있으며, 불과 5%에 해당하는 21점만이 태토에 사립이 약간 혼입된 태토로 되어있다. 그밖에 사립이 약간 섞인 점토질 태토에 석면이 혼입된 토기가 소량 있는데 이는 모두 심발류이다. 또, 전체

---

28) 보고서에서는 이것을 埋葬主體部로 보고 있으나, 원래 壙의 동벽이 온돌시설과 겹쳐있는 점으로 미루어 온돌시설 보다는 먼저 만들어 진 것이며, 土壙의 벽과 바닥에 뻘을 바른 후 그 위에 온돌시설을 하였다.

29) 구의동보고서간행위원회, 1997, 『한강유역의 고구려 요새』, 27쪽의 도면 4 참조.

30) 崔鍾澤, 1993, 『九宜洞-土器類에 대한 考察』, 서울大學校博物館學術叢書 제2집.

의 88%에 해당하는 326점의 토기가 손으로 만지면 묻어날 정도의 연질이며, 43점(12%)은 표면이 비교적 단단하고 매끄러우며 광택이 나는 것들로서 비교적 경질에 가깝다.[31] 구의동 1보루에서 출토된 토기류는 모두 실용기로서 실제 사용된 것들이며, 6세기 전반으로 편년된다.[32]

구의동 1보루에서는 모두 15종의 철기류가 출토되었는데, 이 중 화살촉만 1,300여 점에 달하며, 화살촉을 제외한 나머지 철기류는 53점이다.[33] 출토된 철기류는 長刀, 鉾, 斧, 鏃 등의 武器類와 犁, 가래, 鋤, 쇠스랑 등의 농공구류, 鑿, 釜, 壺 등의 利器類로 구분되며, 鎌, 斫 등과 같이 여러 가지 기능으로 사용되었던 것들도 있다.

한편 구의동 2보루는 조사 전에 이미 삭평된 탓에 토제 어망추와 방추차, 토기 완 및 鐵斧, 車輨 등 소량의 유물만 출토되었다. 이 중에서 못이 박힌 원통형 철기가 있는데,[34] 차관과 함께 수레바퀴 축의 부속품으로 볼 수도 있으나 최근 중국의 심양 석대자산성 동문지[35] 및 집안 환도산성 2호 문지[36]에서 문 구조물에 이와 같은 문장부쇠가 사용된 예가 출토되고 있어, 구의동 2보루 출토품 역시 문장부 시설물의 일부로 판단된다.

출토된 철기류를 수적인 측면에서 보면 화살촉을 제외하더라도 무기

---

31) 崔鍾澤, 1993, 『九宜洞-土器類에 대한 考察』, 서울大學校博物館學術叢書 제2집.

32) 崔鍾澤, 1995, 『漢江流域 高句麗土器 硏究』, 서울大學校 大學院 碩士學位 論文.

33) 崔種澤, 1991, 「九宜洞遺蹟 出土 鐵器에 對하여」『서울大學校博物館年報』 3, 17~42쪽.

34) 구의동보고서간행위원회, 1997, 『한강유역의 고구려 요새』, 227쪽의 사진 106.

35) 遼寧省文物考古硏究所・沈陽市文物考古硏究所, 2012, 『石台子山城』, 文物出版社, 62쪽의 도 52.

36) 吉林省文物考古硏究所・集安市博物館, 2004, 『丸都山城-2001~2003年集安丸都山城調査試掘報告』, 文物出版社, 48쪽의 도33.

삽도 17 _ 구의동보루 출토 철솥과 시루
(ⓒ서울대학교박물관)

류가 많은 양을 차지하고 있어 유적의 성격과도 부합된다. 특히, 구의동보루에서는 철모를 비롯한 많은 양의 무기류가 출토되었으며, 철솥과 철호가 온돌 아궁이에 걸린 채로 출토되었는데, 아차산 4보루에서는 무기류도 거의 없으며, 온돌 아궁이에 철솥이 걸린 채로 출토된 예가 없는 점과는 대조적인 현상이다(삽도 17). 이러한 점은 유적의 폐기 원인과 관련된 것으로 추정되며, 구의동보루는 기습공격 등으로 인해 전멸한 유적이고, 아차산 4보루는 무기와 철솥 등 중요한 장비를 가지고 철수한 유적으로 생각된다.

2. 홍련봉 1보루

홍련봉 1보루가 처음 보고된 것은 1942년도의 일이나 당시에는 뚝도면(纛島面) 광장리·구의리 성지로만 보고되었을 뿐 유적의 규모나 성격은 자세히 알려지지 않았다.[37] 그 후 1994년 구리시에서 실시한 아차산 일원의 지표조사를 통해 홍련봉에 2기의 고구려 보루가 존재함이 확인되었으며, 대체적인 규모와 평면형태가 조사되었다.[38] 홍련봉은 주변이 이미 개발되어 주택가로 변모하여 있어서 최근에도 여러 차

---

37) 朝鮮總督府, 1942,『朝鮮寶物古蹟調査資料』, 1쪽.
38) 강진갑·류기선·손명원·심광주·윤우준·이달호·이도학·주강현, 1994,『아차산의 역사와 문화유산』, 구리문화원학술총서 1, 구리시·구리문화원, 141~144쪽.

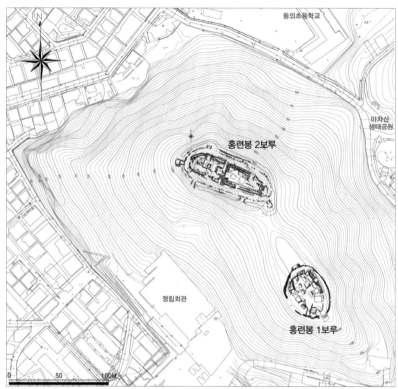

삽도 18 _ 홍련봉 1·2보루와 주변 지형(ⓒ고려대학교고고환경연구소, 일부 필자 수정)

례 개발이 추진되었으며, 2003년 서울시에서는 유적 보존을 위한 대
책을 마련하고자 발굴조사를 실시하게 되었다. 발굴조사는 2004년 5
월부터 12월까지 2차에 걸쳐 이루어졌으며, 이 조사를 통해 보루의 규
모와 성벽 및 내부시설물에 대한 조사가 이루어졌다.[39] 이후 2012년
에는 보루의 정비복원을 위해 보루 외곽의 성벽에 대한 전면조사가 실
시되었다.[40]

---

39) 崔鍾澤 · 李秀珍 · 吳恩娅 · 吳珍錫 · 李廷範 · 趙晟允, 2007, 『紅蓮峰 第1堡
    壘 發掘調査 綜合報告書』, 高麗大學校考古環境研究所.
40) 2012년에 이루어진 발굴조사는 2013년까지 계속되었으며, 아직 정식보고

보루가 위치한 홍련봉은 아차산 줄기의 남쪽 끝자락에 위치한 독립구릉으로 정상부는 북서-남동방향으로 긴 땅콩모양을 이루고 있으며, 주변은 급경사를 이루고 있다(삽도 18). 홍련봉 1보루는 봉우리의 남쪽에 위치하며, 가장 높은 곳은 해발 116m 가량된다. 보루의 북쪽 끝에서 북서쪽으로 약 60m 가량 떨어진 곳에 홍련봉 2보루가 있으며, 동북쪽에 위치한 아차산성과는 직선거리로 약 500m 가량 떨어져 있다. 또한 홍련봉 1보루에서 서남쪽으로 200여 미터 떨어진 작은 구릉에서도 고구려 토기가 채집되어 이곳에도 보루가 있었던 것으로 추정되나 정립회관 배수장공사 등으로 인하여 완전히 파괴되어 자세한 내용은 알기 어렵다.[41]

발굴조사 전 보루의 내부는 대체로 평탄면을 이루고 있었으며, 보루에 올라서면 한강 이남의 풍납토성과 몽촌토성은 물론 남한산성 일대까지 한 눈에 조망된다. 또한 한강 북안의 구의동보루와 중랑천변 일대는 물론 서울 시내 남산 일대까지 조망되며, 아차산 1·5보루와 용마산 1·2·3·4·5보루 등을 조망할 수 있는 좋은 위치에 자리하고 있다. 입지상으로 보면 홍련봉 1보루와 2보루는 한강변에 위치한 구의동보루와 아차산 및 용마산 능선에 배치된 보루의 중간지점에 위치하고 있는 점을 특징으로 한다.

홍련봉 1보루는 아차산 일원의 다른 보루와 마찬가지로 외곽에 석축성벽을 두르고 그 내부에 건물지 등 군사들의 주둔을 위한 시설물을 설치한 구조이다(삽도 19, 20). 성벽은 지형을 따라 축조하였는데, 남북장축의 타원형으로 둘레는 140m이며, 서남쪽 곡부와 동남쪽의 물탱

서가 간행되지 않았다(한국고고환경연구소, 2012, 『홍련봉 제12보루 발굴조사 약보고』). 아래 내용은 2004년도 내용을 주로 참고하였으며, 성벽과 관련된 내용은 2012년도 조사내용을 일부 참고하였다.

41) 강진갑·류기선·손명원·심광주·윤우준·이달호·이도학·주강현, 1994, 『아차산의 역사와 문화유산』, 구리문화원학술총서 1, 구리시·구리문화원, 138~140쪽.

삽도 19 _ 홍련봉 1보루 공중사진(Ⓒⓒ고려대학교고고환경연구소)[42]

크 설치지점 등 22m 구간은 유실되었다. 성벽은 2~13단이 남아있는데, 잔존 높이는 최대 1.8m 가량 되며, 원래 성벽의 높이는 3~3.5m로 추정된다.

　다른 보루들과는 달리 성벽에는 雉가 설치되지 않았으나 홍련봉 2보루로 이어지는 북쪽 성벽에서 치와 같은 형태로 튀어나온 부분이 확인되었다. 이 시설은 상당부분 무너져 원래 형태를 알기 어려우나 기저부의 석축은 바깥쪽으로 가면서 둥글게 휘어져 있는데, 다른 보루에서 확인되는 치나 출입시설과는 다른 형태이다. 2004년 조사 당시 석축 내부에서 신라 토기편이 출토된 점과 형태적 특징으로 보아 이 시설은 신

----

42) 2004년도 당시 촬영된 보루 내부 사진과 2012년도에 촬영된 보루 외곽의 성벽사진을 겹쳐 편집한 것으로 유구 배치가 실제와는 다소 다르게 왜곡되었을 수 있다.

삽도 20 _ 홍련봉 1보루 유구배치도(ⓒ고려대학교고고환경연구소, 일부 필자 수정)

라시대에 보축된 것으로 판단된다.[43] 그러나 지형적인 여건으로 볼 때

---

43) 홍련봉 1보루에서는 여러 기의 신라시대 석곽이 확인되었으며, 건물 중 일부도 신라시대에 축조되었거나 재사용된 것으로 확인되며, 출토유물로 보아

삽도 21 _ 홍련봉 1보루 서북구간 성벽과 출입시설(©최종택)

당초 이 지점에 홍련봉 2보루 쪽으로 치나 출입시설이 있었던 것은 확실한 것으로 추정된다. 또한 신라시대에 보축된 석축 북쪽으로 약간 떨어져서 석렬이 일부 남아있는데, 용마산 2보루나 아차산 4보루, 홍련봉 1보루 등에서 조사된 이른 바 이중 치와 같은 구조의 일부로 생각된다(삽도 21). 그밖에 지형적 여건으로 볼 때 보루의 남동쪽 끝 한강 쪽을 향하는 지점에 치가 설치되었을 가능성이 있다. 그러나 이 지점에는 인근 민가의 물탱크가 설치되어 있어 주변을 조사하였으나 치의 흔적을 확인할 수 없었으며, 당초에 치가 설치되어 있었더라도 물탱크를 설치하면서 완전히 파괴된 것으로 이해된다(삽도 20).

　성벽은 지점별로 기반암을 깎아서 기초를 만든 곳도 있으나 대부분은 퇴적토를 정지한 후 그 위에 불을 놓아 다지거나 사질토와 점토를

　　인근의 아차산성에서 출토된 신라 토기와 비슷한 7세기대의 토기들로 편년된다. 이러한 점으로 보아 홍련봉 1보루는 아차산성에 주둔하던 신라 군에 의해 부분적으로 재사용된 것으로 이해된다.

삽도 22 _ 홍련봉 1보루 서쪽 성벽유실구간 주공(ⓒ최종택)

물탱크

삽도 23 _ 홍련봉 1보루 동남구간 이중으로 축조된 성벽과 주공(ⓒ최종택)

삽도 24 _ 홍련봉 1보루 동북구간 이중으로 축조된 성벽과 주공(©최종택)

교대로 다지고 성벽을 쌓았다. 성벽 하단부에는 외부에 점토로 보강한
흔적도 확인되었다. 성벽에 사용된 석재는 정연하게 다듬지는 않았는
데, 이는 석재의 물성과도 관련된 것으로 보이며, 성벽을 쌓는 수법도
정교하지 못하다. 일부 지점을 제외하고 거의 모든 구간의 성벽은 두
겹으로 축조하였고, 안쪽 성벽에서는 약 1.5m의 일정한 간격으로 柱
棟이 확인되었다. 보루 서쪽 곡부의 성벽이 유실된 구간에서는 목책열
이 성벽과 중복되어 일정한 간격으로 확인된다. 또한 보루의 동쪽 구간
에서는 석축성벽 바깥으로도 주공이 확인된다. 그 밖에 성벽이 유실된
구간에서 신라시대 석곽묘 2기가 확인되어 성벽이 붕괴된 시점이 고구
려 군이 철수한 뒤 얼마 지나지 않은 시점임을 알 수 있다.

성벽 안쪽 5m 정도 지점에는 목책열이 성벽과 나란히 돌려져 있다
(삽도 20). 목책에 사용된 목재의 지름은 20~30cm 정도이며, 간격
은 일정하지 않으나 대체로 1.5~1.8m 가량 된다. 또한 목책을 따라
서 판재를 세웠던 흔적이 뚜렷이 남아있는데(삽도 25), 판재의 흔적이
확인되는 상태로 보아 목주의 가운데에 홈을 내고 판재를 끼워 넣어서

삽도 25 _ 홍련봉 1보루 5지점 목책 열과 1호 건물지(ⓒ최종택)

연결한 것으로 판단된다. 이 목책열과 성벽 사이는 마사토와 점토를 번
갈아 다져서 채워 넣었으며, 목책 안쪽에도 지형에 따라 같은 방식의
성토를 하였다. 목책은 층위로 보아 홍련봉 1보루에서 가장 먼저 축조
된 시설물이며, 내부에 시설물을 설치하기 전에 정지작업을 하는 과정
에서 축조한 것으로 보인다.

　이상의 성벽과 목책 및 성벽 뒷채움 층의 양상을 종합하면 보루의 축
조과정을 다음과 같이 정리할 수 있다. 보루를 축조할 당시 가장 먼저
보루 외곽 경사가 비교적 완만한 지점을 따라 목책(성벽 안쪽의 목책
열)을 설치하고, 목책 사이는 판재로 막은 후 보루 내부를 정지하였다.
물론 보루 내부의 평탄화 작업과 동시에 저수시설과 배수시설 등을 설
치하였을 것이며, 이 작업이 완료된 후에는 건물지 등의 지상시설을 구
축하였을 것이다. 그 후에는 목책 외곽으로 대략 5m 정도 떨어진 좀
더 경사가 급한 지점에 이중의 성벽을 축조하고, 목책과 성벽 사이는
마사토와 점토를 번갈아 다져 채웠다. 두 겹의 석축성벽 중 안쪽 성벽
에 주동이 확인되는 점과 홍련봉 2보루의 성벽 뒷채움 층에서 횡장목

의 흔적이 확인되는 점으로 보아 성벽 안쪽의 목책열과 주동이 일종의 영정주 역할을 하고 그 사이에 횡장목 등으로 가구를 한 뒤 뒷채움을 하면서 그 외부에 석축성벽을 축조한 것으로 이해된다. 한편 홍련봉 1보루 서쪽 성벽 유실구간에서는 성벽이 위치했던 지점 바로 하단에 주공이 등간격으로 배치되어 있는데(삽도 22), 이는 성벽 중간에서 확인되는 주동의 기초시설로 판단된다.[44] 아마도 성벽 안쪽의 목책은 성벽을 축조한 후에도 지상에 목주들이 노출되어 담장과 같은 역할을 하였을 것으로 생각된다.

보루 내부의 시설물은 18기의 기단건물지와 1기의 수혈건물지, 2기의 수혈유구, 3기의 저수시설, 4기의 배수시설, 1기의 기단시설, 2기의 석렬유구 등이며, 그 외에 신라시대 석곽묘 3기(서쪽 성벽 유실구간의 2기는 별도)도 조사되었다(삽도 20). 건물지는 1기의 수혈식 건물을 제외하면 나머지는 모두 기단건물이다. 기단 건물 중에서 1호 건물과 9호 건물은 반지하식 구조이며, 12호 건물은 수혈을 파고 돌로 벽체를 쌓아올렸으며, 온돌이 설치된 상면이 지하에 위치한 지하식구조이다(삽도 26). 1호 건물과 12호 건물은 주변에서 많은 양의 기와가 출토되는 점으로 미루어 지붕에 기와를 얹었던 것으로 확인된다. 이와 같은 지하식 구조의 벽체건물은 아차산 일대의 보루에서 유일한 것이며, 12호 건물은 보루의 중앙에 위치하고, 기와를 사용한 점에서 홍련봉 1보루에서 가장 중요한 인물이 기거하였던 것으로 추정된다.

건물 내부에는 온돌을 설치하였으며, 온돌은 고래가 직선형인 것과

---

44) 성벽 내부의 목책 열과 성벽 사이의 주동을 석축성벽이 축조되기 전의 시설물로 보아 남성골산성에서 보이는 것과 같은 木柵塗泥城의 구조로 볼 수도 있겠으나 성벽 중간에 주동이 확인되는 점으로 보아 석축성벽과 주동이 동시에 축조된 것이므로 그럴 개연성은 매우 낮다. 현재로서는 홍련봉 1보루의 성벽 구조를 토심석축성벽과 같은 구조로 이해할 수밖에 없으나 그럴 경우 석축성벽 바깥쪽에서 확인된 주공 열의 성격을 이해하기가 어렵다는 문제는 있다.

삽도 26 _ 홍련봉 1보루 12호 건물지 전경(ⓒ최종택)

'ㄱ'자형인 것의 두 종류가 있다. 몇 기를 제외하고는 원래 형태가 잘 남아있는 건물이 적어서 건물의 전체적인 형태와 구조적 특징을 살펴보는데 어려움이 있다. 구조가 잘 남아있는 1호 건물과 12호 건물, 7호 및 11호 건물 등을 통해 볼 때 건물의 평면은 방형과 장방형 두 종류이며, 방형은 사방 5m 내외, 장방형은 3×7m 정도의 규모이다. 신라시대에 축조된 일부 건물을 제외하면 모든 건물의 방향은 보루의 장축과 대체로 일치한다. 19기의 건물은 동시에 존재한 것은 아닌데, 16호 · 17호 건물은 층위상 가장 늦은 신라시대에 축조된 것이다. 고구려 건물지도 축조 시점에 선후가 있는데, 1호 · 5호 · 6호 · 9호 · 10호 · 11호 · 12호 건물과 1호 수혈유구가 먼저 축조되었으며, 2호 · 3호 · 4호 · 7호 · 8호 · 13호 · 14호 · 15호 · 18호 건물은 나중에 축조되었다. 그리고 4호 · 7호 · 13호 건물은 신라시대에 다시 사용되었다.

배수시설은 건물지 아래층에 존재하며, 1호와 2호 배수시설은 보루 외곽을 따라 설치되었는데, 1호 배수시설은 1호 건물에서 시작된다. 3호 배수시설은 보루 중앙에서 시작하여 4호 배수시설로 연결되며, 4호 배수시설은 남쪽 성벽의 중간을 관통하여 밖으로 연결하였다. 저수시설은 모두 방형으로 2기가 확인되었다. 1호 저수시설은 남북 710cm, 동서 660cm, 깊이 278cm 규모의 토광을 파고 그 내부에 고운 점토를 채워 방수처리를 하였다. 전체의 1/4만 굴토하여 조사하였으므로 저수시설의 내부 규모는 정확하지는 않으나 남북 580cm, 동서 536cm, 깊이 218cm로 추정되며, 저수용량은 67.8m³로 추산된다. 2호 저수시설은 동서 400cm, 남북 390cm, 깊이 240cm의 토광을 파고 바닥과 벽체에 고운 점토를 채워 방수처리를 하였는데, 벽체에 사용한 통나무의 흔적이 남아있다. 전체적인 규모는 1호 저수시설보다는 작으며, 내부의 공간은 남북 282cm, 동서 270cm, 깊이 210cm로 저수용량은 16m³ 정도로 추산된다. 한편 1호 저수시설의 토광 윤곽을 따라 여러 개의 주공이 확인되는데, 이로 보아 저수시설에 지붕이 설치되었을 가능성이 크다.

내부 시설물 중 2호 수혈유구는 용도가 불명확한데, 대략 사방 5m, 깊이 1.5m 가량의 규모의 수혈로 내부에는 회색의 고운 점토가 채워져 있었다. 현재의 자료만으로 이 수혈의 기능을 확인하기는 어려우나 토기의 태토나 저수시설의 방수용 점토 또는 건물 벽체의 미장을 위한 재료를 저장하거나 가공하기 위한 시설로 추정된다. 그 외에도 보루 서북쪽 경사지의 배수시설 바로 위층에 축조된 기단시설이 있는데, 이는 이 지점부터 동쪽을 평탄하게 하기 위한 시설로 건물에 부속되었던 것으로 보인다.

이상의 내용을 바탕으로 홍련봉 1보루의 축조과정과 구조를 재구성해 보면 다음과 같다. 먼저 봉우리 정상부의 평탄면을 중심으로 보루의 윤곽을 정하고 이를 따라 목책을 설치하였다. 목책과 목책 사이에는 판재를 끼워서 막고 내부에는 필요한 지점에 배수시설을 설치하고 그 위에 마사토와 점토를 깔아서 평탄하게 하였다. 동시에 보루의 동쪽 부분을 굴토하여 저수시설을 구축하였으며, 내부에서 나온 흙은 보루를 평탄하게 하는데 사용하였다. 저수시설의 구축과 동시에 2호 수혈유구와 1호 수혈건물지, 1호 기단 등을 구축하였다. 목책의 바깥쪽으로는 영정주(성벽 중간의 주동)와 횡장목을 가구하고 마사토와 점토를 교대로 다져서 채운 후 그 외곽에는 두 겹의 석축성벽을 쌓았다. 목책과 성벽의 축조는 큰 시차 없이 하나의 공정으로 이루어진 것으로 보인다. 또한 두 겹의 성벽 중 바깥쪽 성벽은 나중에 보강된 것일 수도 있으나 축조수법이나 결구 방식 등으로 보아 동시에 축조된 것으로 보인다. 성벽의 구축과 함께 내부에 1호 · 5호 · 6호 · 9호 · 10호 · 11호 · 12호 건물을 세웠다. 이상이 홍련봉 1보루를 축조한 초기의 모습으로 보이며, 이후 2호 · 3호 · 4호 · 7호 · 8호 · 13호 · 14호 · 15호 · 18호 건물 등이 추가되고, 551년 폐기된 이후 한동안 방치되었다가 신라에 의해 재사용되었던 것으로 보인다. 인근 아차산성의 성벽 축조시점이 빨라야 7세기 전반경으로 추정되는 점[45]으로 보아 신라에 의한 이 유적의 점유는 7세기 전반을 상한으로 한다. 그러나 지진구와 석곽묘에서 출토된 유물로 보아 7세기 전반대로 올라갈 수는 없는 것으로 보이며, 대략 7세기 후반에서 8세기 전반 경으로 추정된다.

홍련봉 1보루 출토유물은 토기류와 철기류가 주를 이루나 아차산 일대의 다른 보루에서는 출토되지 않는 기와류와 와당이 출토되는 점이 특징적이다. 출토된 고구려 토기류는 모두 23개 기종, 453개체에 달하는데, 대체로 6세기 전반경에 해당한다. 다른 보루들과 마찬가지로 호류와 옹류, 동이류, 뚜껑류, 접시류 등의 구성비가 높으며, 사이장경옹류를 제외하면 모두 실생활에 사용된 기종들이다. 그밖에 釜形土器類와 柱座類가 확인된 것은 다른 유적의 양상과는 달리 새로운 것이다. 부형토기는 그동안 평양 주변이나 집안지역의 고분에서 출토되었으며, 남한지역에서는 청원 남성골산성[46)]에서 1점이 보고된 것이 있

---

45) 최종택, 2013, 「아차산성에 대한 고고학적 조사 성과와 과제」 『아차산성과 삼국의 상호관계』, 아차산일대 성곽문화재 보수정비를 위한 학술회의 자료집.

46) 차용걸 · 박중균 · 한선경 · 박은연, 2004, 『淸原 南城谷 高句麗遺蹟』, 忠北大學校博物館.

으나 홍련봉 1보루에서는 비교적 많은 양이 출토되어 실생활에 사용되었음을 알 수 있다. 구의동 1보루나 아차산 4보루, 시루봉보루 등에서는 철솥이 출토되었으며, 홍련봉 1보루에서도 철제 용기류들이 확인되었으나 부형토기류가 새로이 확인됨으로써 철제 용기 외에도 토기류를 취사용으로 함께 사용했음을 알 수 있게 되었다. 주좌류는 주로 발해 유적에서 출토되었던 것인데, 고구려 토기로는 처음으로 확인되는 것이다.

홍련봉 1보루 출토 토기류의 제작기법도 기존에 연구된 바와 크게 다르지 않다. 대부분의 토기는 고운 니질태토를 사용해 제작하였는데, 부형토기류와 연통류의 일부는 굵은 사립이 다량으로 함유된 사질점토를 태토로 사용하였으며, 심발형토기류는 사립 외에도 석면이나 활석이 섞인 태토를 사용하였다. 이처럼 조질 태토를 사용한 기종은 직접 불을 받거나 열을 견뎌야하는 기능을 가진 것으로 판단된다. 토기는 테쌓기로 일차적인 형태를 성형한 후 물레나 돌림판을 이용해 마무리하였다. 동체부 하단은 도구를 이용해 깎아낸 흔적이 많다. 표면색은 황색이 가장 많아 절반이 넘으며, 흑색과 회색이 각각 나머지의 절반을 차지한다. 일부 기종에서 암문이 시문된 것을 제외하고 문양이 시문된 토기는 없다. 다만 완류나 접시류 등 소형 개인용 배식기의 일부에는 각종 부호가 시문된 예가 종종 확인된다. 그 외에 토기 중에 명문이 새겨진 자료들이 있는데, 「夫」, 「父」, 「武」, 「父O」, 「巾頃」 등이 확인되었는데, 이들이 의미하는 바에 대해서는 추후의 연구가 필요하다.

홍련봉 1보루에서는 연화문와당과 함께 상당량의 기와류가 함께 출토되었다. 와당은 동일한 유형으로 6점이 확인되었으며, 기와는 1호와 15호 건물지 주변에서 집중적으로 출토되었다. 기와류는 모두 파편 상태로 출토되어 개체의 중복을 최대한 피하고자 사방 10cm 이상의 기와를 대상으로 개체수를 파악하였는데, 모두 5,368개체에 달하는 양이다. 1호 건물지에 비해 12호 건물지 주변 기와의 양이 다소 많다. 암키와는 대부분은 승문이며, 반면에 수키와는 무문이 많은데, 무문일

삽도 27 _ 홍련봉 1보루 출토 기와류 각종(ⓒ최종택)

삽도 28 _ 홍련봉 1보루 출토 연화문와당
(ⓒ최종택)

경우에도 승문을 타날하고 나중에 지운 것이 많다. 기와의 색조는 회황색이 많으나 순수한 회색기와는 소수에 불과하고 대부분 적색이나 황색을 띠고 있다(삽도 27).

홍련봉 1보루 출토 와당은 모두 꽃봉오리 형태의 연화를 선조와 부조로 표현한 연화복합문 와당이다. 자방은 반구형으로 융기된 형태이며, 외곽으로 2줄의 권선이 돌아가고 있다. 연화의 중앙에는 융기선이 표현되어 있어 강한 볼륨감을 나타내고 있다. 연화의 사이에는 삼각형의 주문이 표현되어 있다. 와당면과 주연부 사이에는 1줄의 권선이 돌아가고 있다. 주연부는 와당면보다 좀 더 높게 돌출되어 있는 것이 특징이다(삽도 28).

와당의 지름은 17~19cm 정도로 비교적 큰 편이며, 두께는 가장 얇은 곳이 1.2cm, 가장 두꺼운 곳이 4.0cm 가량 된다. 와당의 색조는 5점이 적색이며, 한 점만 회색을 띠고 있다. 태토는 아주 고운 泥質을 사용하였으며, 자방과 연화에 分離沙를 사용한 것이 확인된다. 와당의 절단면을 통하여 와당은 모두 2~3매의 점토판을 이용하여 접합한 것으로 확인된다. 주연부는 와당면을 성형한 뒤 따로 제작하여 접합한 것으로 보인다. 와당의 뒷면은 도구를 사용하여 다듬었으며, 'ㄴ'자 형태의 홈을 파서 수키와를 접합하였다. 와당면에서 확인할 수 있는 표현 기법에서 몇 가지 공통점을 확인할 수 있다. 와당면이 남아 있는 와당의 경우 부조로 표현한 연화의 끝이 외곽의 주연부와 이어져 있다. 또한 부조로 표현된 연화의 크기가 일정하지 않으며, 연화의 오른쪽 끝부분이 왼쪽보다 높이가 낮다. 마지막으로 삼각 주문의 형태가 모두 같은 부분에서 작게 표현된 점을 확인할 수 있다. 이러한 특징들을 고려해 볼 때, 홍련봉 1보루 출토 와당은 모두 동일한 와범을 사용해 제작한 것으로 보인다.

홍련봉 1보루에서 출토된 철기는 무기류, 농공구류, 용기류 등으로 구분되며, 모두 89점으로 다른 보루에 비해 다소 적은 편이다. 무기류가 전체 철기의 70%를 차지하고 있으며, 공구류가 그 다음을 차지하고 있다. 철기류 중에는 확쇠가 포함되어 있는데, 홍련봉 1보루에서 처음으로 출토된 것이다. 확쇠는 보루 남쪽 끝부분의 2지점 목책열과 1호 수혈건물지 사이에서 2점이 출토되었는데, 방형 철판의 가운데가 반구형으로 움푹 파인 형태이다(삽도 29). 각각의 크기는 13.5×13.4cm, 16.0×15.4cm 이다. 확쇠의 네 모서리에는 못이 부러진 채로 남아있고, 뒷면에는 목재의 흔적이 뚜렷이 남아있다. 일반적으로 아차산 보루에서는 확돌(문비석)이 많이 확인되는 점으로 보아 이 두 점의 확쇠는 문틀 상부에 사용된 것으로 추정된다. 한편 중국 심양 석대자산성의 북문지에서 이와 유사한 형태의 확쇠가 출토되었는데,[47)]

---

47) 遼寧省文物考古研究所 · 沈陽市文物考古研究所, 2012, 『石臺子山城』, 文物

삽도 29 _ 홍련봉 1보루 출토 확쇠(좌: 윗면, 중: 뒷면, 우: 뒷면 목질 세부, ⓒ최종택)

문비석 위의 확에 끼워서 사용한 것으로 못으로 목재 문틀에 고정한 홍
련봉 1보루 출토품과는 다소 차이가 있다.

홍련봉 1보루는 아차산 일원 고구려 보루 중 기와가 출토되는 유일
한 유적이고, 연화문와당이 함께 출토되는 점에서 아차산의 다른 보루
들과는 차별적이다. 기와의 보급과 사용이 어느 정도 확대된 6세기 전
반경이라 하더라도 최전방의 군사시설에 기와를 사용한다는 것은 일반
적인 것은 아니었을 것이다. 입지상으로 보아도 홍련봉 1보루는 아차
산 능선상의 보루들과 한강변의 보루들 사이에 위치하고 있다. 또한 바
로 북쪽에 인접한 홍련봉 2보루의 발굴조사를 통해 두 보루가 하나로
연결된 개념으로 운용된 것으로 보이는데, 홍련봉 2보루는 일종의 병
참기지 역할을 했을 것으로 추정되고 있다. 이러한 점을 근거로 판단할
때 홍련봉 1보루는 아차산 일원의 보루 중 가장 위계가 높은 중심 보루
로서 기능하였을 것으로 판단된다.

出版社, 48쪽의 도면 38.

3. 홍련봉 2보루

홍련봉 2보루는 홍련봉 1보루에서 북서쪽에 위치하며, 행정구역상
으로는 서울시 광진구 광장동 산 10-1번지 일대에 해당된다. 1942년
조사를 통해 뚝도면(纛島面) 광장리·구의리 城址로 보고되었으나,[48]
1994년 구리시에서 실시한 아차산 일원의 지표조사를 통해 대체적인
규모와 평면형태가 조사되었다.[49] 2003년 서울시에서는 유적 보존
을 위한 대책을 마련하고자 발굴조사를 실시하게 되었다. 발굴조사는
2005년 4월부터 8월까지 실시되었으며, 이 조사를 통해 보루의 규모
와 일부 구간의 성벽 및 북쪽구역의 내부시설물에 대한 발굴이 이루어
졌다.[50] 이후 2012년에는 보루의 정비복원을 위해 보루 외곽의 성벽
과 남쪽구역 내부시설에 대한 전면조사를 실시하였으며, 2013년 12
월에 조사가 마무리 되었다.[51]

보루가 위치한 홍련봉은 아차산 줄기의 남쪽 끝자락에 위치한 독
립 구릉으로 정상부는 북서-남동방향으로 긴 땅콩모양을 이루고 있으
며, 주변은 급경사를 이루고 있다(삽도 18). 홍련봉 2보루는 봉우리
의 북쪽에 위치하며, 가장 높은 곳은 해발 117m 가량된다. 보루의 남
쪽 끝에서 남동쪽으로 약 60m 가량 떨어진 곳에 홍련봉 1보루가 있으

48) 朝鮮總督府, 1942, 『朝鮮寶物古蹟調査資料』, 1쪽.
49) 강진갑·류기선·손명원·심광주·윤우준·이달호·이도학·주강현,
    1994, 『아차산의 역사와 문화유산』, 구리문화원학술총서 1, 구리시·구리
    문화원, 141~144쪽.
50) 崔鍾澤·李秀珍·吳恩妌·趙晟允, 2007, 『紅蓮峰 第2堡壘 1次 發掘調査報
    告書』, 高麗大學校考古環境研究所.
51) 2012년에 이루어진 발굴조사는 2013년까지 계속되었으며, 아직 정식보고
    서가 간행되지 않았다(한국고고환경연구소, 2012, 『홍련봉 제1·2보루 발
    굴조사 약보고』). 아래 내용은 2005년도 내용을 주로 참고하였으며, 남쪽구
    역 내부시설물과 성벽 및 외황 등과 관련된 내용은 2012~2013년도 조사내
    용을 참고하였다.

며, 홍련봉 2보루 남쪽 외곽에 석축시설이 확인되는 점으로 미루어 볼 때 두 보루 사이에도 시설물이 설치되어 있었을 가능성이 크다. 홍련봉 2보루는 홍련봉 1보루와 함께 한강변에 위치한 구의동보루와 아차산 및 용마산 능선에 배치된 보루의 중간지점에 위치하고 있다. 보루에 올라서면 한강 이남의 풍납토성과 몽촌토성은 물론 남한산성 일대까지 한눈에 조망된다. 또한 한강 북안의 구의동보루와 중랑천변 일대는 물론 서울 시내 남산 일대까지 조망되며, 아차산 1, 5보루와 용마산 1·2·3·4·5보루 등을 조망할 수 있는 좋은 위치에 자리하고 있다(삽도 30).

발굴조사를 실시하기 전 보루의 내부는 대체로 평탄면을 이루고 있었으나 보루의 남쪽 2/3 가량은 커다란 웅덩이 모양으로 함몰되어 있었다. 발굴조사 결과 남쪽의 함몰된 구역은 북쪽의 평탄면과 달리 장방형의 석축으로 둘러막은 구조로 확인되었으며, 그 내부에 저수시설과

삽도 30 _ 공중에서 본 홍련봉 2보루와 아차산 일대 전경(ⓒ한국고고환경연구소)

삽도 31 _ 공중에서 본 홍련봉 2보루 전경(ⓒ한국고고환경연구소)

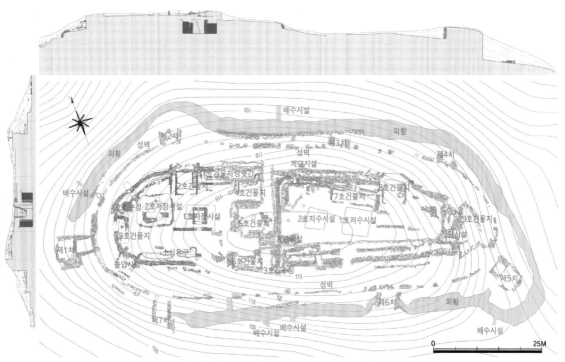

삽도 32 _ 홍련봉 2보루 유구배치도(ⓒ한국고고환경연구소, 일부 필자 수정)

건물지 등의 시설물이 배치되어 있었다. 보루의 전체 윤곽은 타원형으로 여느 보루들과 마찬가지로 외곽에는 성벽을 두르고 내부에는 여러 시설물을 축조하였다(삽도 31, 32).

성벽 바깥쪽으로는 外隍이 축조되어 있는데, 외황의 전체 길이는 228m 가량 되며, 폭은 1.5~2m, 깊이는 0.6~2.5m 정도로 단면은 U 또는 V자 모양을 이루고 있다. 외황의 곳곳에는 배수시설이 설치되어 물이 고이지 않도록 하였다(삽도 33). 외황은 보루 전체를 두르고 있으나 서북쪽 일부 구간은 끊어져 있는데, 제1치 동북쪽은 지반이 암반인 탓에 굴토하지 않은 것으로 보이나 제1치와 제7치 사이는 의도적으로 외황을 설치하지 않았다. 이 지점은 보루 내부에서 외부로 통하는 출입시설이 설치되어 있어서 의도적으로 외황을 설치하지 않은 것으로 추정된다. 또한 제3치 동북쪽 구간은 성벽 바로 아래에서 외황이 시작되며, 황의 안쪽은 석축을 쌓아 보강하였는데, 이 지점이 원래 곡

삽도 33 _ 홍련봉 2보루 북쪽 성벽, 외황 및 배수시설(ⓒ최종택)

삽도 34 _ 홍련봉 2보루 동북쪽 성벽과 외황(ⓒ최종택)

부였던 탓에 약한 지반을 보강하기 위한 것으로 보인다(삽도 34). 한편 시루봉보루의 서남쪽 곡부의 성벽 외곽에도 이중으로 축조한 석렬이 조사된 바 있는데,[52] 이 시설도 외황의 일부로 추정된다. 그밖에 제 6치 주변에서는 황이 좁아져 안으로 휘어 치 밑으로 관통하며, 황의 바깥쪽은 석축을 쌓아 마감하였다. 이 역시 제 6치를 통해 보루 내부로 출입을 하기 위한 시설로 판단된다. 한편 보루의 남쪽 제 5치 서남쪽의 황 안쪽 사면에는 암반을 굴착한 방형의 홈이 있는데, 출입을 위한 다리 등을 걸쳐놓아 고정시키기 위한 것으로 보인다.

성벽은 외황에서 2~3m 정도 안으로 들어와 축조하였는데, 제 3치 서북구간은 외황과 거의 맞닿아있다. 성벽의 기초는 별다른 시설 없이 부식토를 약간 고르거나 경사진 곳은 점토로 다진 후 바로 축조하였

---

52) 이선복 · 양시은 · 남은실 · 조가영 · 김준규, 2013, 『시루봉보루 Ⅱ』, 서울대학교박물관, 76~78쪽.

삽도 35 _ 홍련봉 2보루 동북쪽 성벽과 뒷채움 층의 횡장목공(ⓒ최종택)

다. 성벽은 주변에 산재하는 석재를 약간 치석하거나 그대로 사용하여
쌓았으며, 성벽의 뒷부분에는 점토와 사질토를 성토하여 다졌다. 성벽
안쪽에서는 목책열이 확인되며, 동북쪽 구간의 성벽을 절개한 결과 영
정주와 횡장목의 흔적이 뚜렷하게 확인되었으며, 일부 지점에서는 영
정주 안쪽으로 판재를 세워 막았던 흔적도 확인된다(삽도 35). 따라서
홍련봉 1보루와 마찬가지로 성벽을 축조하기 전 성벽 안쪽에 목책열을
설치하고 보루 내부를 평탄화하였으며, 이후 목책열 바깥쪽으로 영정
주를 세우고 횡장목으로 가구하여 내부를 성토하면서 바깥쪽에 1~2
겹의 석축성벽을 쌓은 것으로 이해된다. 성벽의 둘레는 218m 가량 되
고, 내부 면적은 2,704m²이다. 현재 가장 높이 남아있는 성벽의 높이
는 2~3m 내외이나 원래는 3~4m 정도의 높이였을 것으로 추정된다.
성벽에는 모두 7개의 치를 설치하였다. 치는 대부분 성벽에 잇대어
축조하였으나, 성벽 동남쪽의 제 5치와 6·7치는 성벽에서 격리하여
축조하였다. 특히 제 6치는 외황이 좁아져 치 아래로 관통하는 형태여

삽도 36 _ 홍련봉 2보루 제 1치 내부전경(ⓒ최종택)

서 출입시설로 이용된 것으로 보인다. 대부분의 치는 외곽은 석축을 하고 내부는 흙과 잡석으로 채웠는데, 제 5치와 제 7치는 내부가 비어있으며, 일종의 초소와 같은 기능을 한 것으로 생각된다(삽도 36). 보루의 출입시설은 제 5치와 6·7치로 생각되며, 제 5치는 목제다리 등을 이용해 외황을 건너서 치를 통과하도록 하였다. 그밖에 제 7치 서북쪽으로 석축담장과 성벽 사이에 출입시설이 설치되어 있는데, 이는 성벽을 통과하여 보루 내부로 진입하는 출입시설로 추정된다(삽도 37). 대부분의 치는 끝부분이 훼손되었으나 제 1치와 제 5치는 전체 형태가 남아있다. 제 1치는 길이 8.6m, 너비 5.5m, 제 5치는 길이 7.1m, 너비 4.5m 가량 된다.

　성벽과 내부의 주거시설 사이에 석렬이 성벽과 나란히 둘러져있는데, 이는 내부 주거시설을 구분하는 담장의 역할을 한 것으로 판단된다(삽도 37). 이 석렬 바로 외곽에는 목책열이 확인되는데, 이는 당초에 보루를 평탄화하면서 만든 것으로 성벽과는 5~7m정도 떨어져 있다.

삽도 37 _ 홍련봉 2보루 제 7치 내부 출입시설 전경(ⓒ최종택)

이 석렬은 성벽의 윤곽과 거의 같은 모양으로 보루의 서쪽 절반을 감싸고 있으며, 동쪽은 장방형의 석축으로 막혀있다. 보루 동쪽의 석축으로 둘러싸인 구역은 서쪽의 평탄면에 비해 2m 가량 낮은데, 5호 건물지 남동쪽에 계단을 설치하여 왕래하도록 하였으며, 반대편 9호 건물지 서북쪽과 동북쪽 2호 집수정 옆으로도 출입용 계단이 설치되어 있다. 9호 건물지를 제외한 보루 내부의 시설물들은 서쪽의 석축담장과 동쪽의 석축 내부에 설치되어 있는데, 건물지 8기, 저장시설 2기, 저수시설 2기, 집수정 3기, 소성유구 1기, 방앗간 1기 및 배수시설 등이다.

건물지는 모두 지상식으로 평면형태는 방형 또는 장방형이고, 내부에 온돌이 설치된 것과 설치되지 않은 것으로 나뉜다. 2호, 4호, 5호, 8호 건물지는 정방형에 가까운 평면에 직선형 온돌이 설치되어 있고, 굴뚝은 건물 밖에 설치하였다(삽도 38). 3호와 9호 건물지에도 온돌이 설치되어있으나 평면형태는 부정형이며, 9호 건물지는 동남쪽 성벽과 석축 사이에 설치되어 있어서 나중에 추가된 것으로 생각된다. 1호와 6호, 7호 건물지는 온돌이 설치되지 않았으며, 평면형태도 장방

삽도 38 _ 홍련봉 2보루 8호 건물지 전경(©한국고고환경연구소)

형으로 다른 건물지와 차이가 있는데, 주거용이 아니라 저장시설 등 다른 용도로 사용되었을 것으로 추정된다.[53] 정방형 건물지의 경우 규모는 5m 내외이며, 벽체에 기둥을 세우고 그 사이에 작은 돌을 두 겹으로 쌓고 유기물이 섞인 점토로 미장하였다. 한편 5호 건물지는 바닥이 평면이 아니라 오목한 형태인데, 건물지 내부에 커다란 판석과 토기 태토로 보이는 회색 점토가 한 쪽에 쌓여 있는 점으로 보아 토기를 제작하는 등 작업장으로 활용된 것으로 추정된다. 또한 8호 건물지는 내부가 상당한 정도로 소성되어 있었으며, 건물지 동북 모서리와 석축 사이

---

53) 1호 건물지는 2012년 조사에서 주변을 확장하여 조사한 결과 2005년 부분적인 조사 당시 온돌로 파악한 시설이 건물 하부에 설치된 배수시설의 일부였던 것으로 확인되었다.

에 소결된 벽체가 형성되어 있었던 점으로 보아 토기소성 등과 같은 용도로도 재사용된 것으로 생각된다. 그밖에 4호 건물지의 동북벽 밖에는 확돌이 1점 놓여 있으며, 좁고 긴 장방형의 공간을 이루고 있는데, 방앗간 시설로 추정된다.

이상의 건물지 외에도 보루 서남쪽에 설치된 소성시설 아래층에서도 3기의 온돌 시설이 확인되어 소성시설을 설치하기 전 이곳에도 3기의 작은 건물이 있었던 것으로 생각되나 벽체의 흔적이 전혀 남아있지 않아 그 성격을 명확히 알기는 어렵다.

저장시설은 방형의 토광을 파고 내부에 점토를 채우면서 석곽을 쌓은 형태로 아차산의 다른 보루에서는 보이지 않는 시설이다(삽도 39). 보루의 서쪽 구역에 두 기가 설치되어 있는데, 2호 석곽저장고의 경우는 바닥에 판재를 깔았던 흔적이 남아있으며(삽도 40), 바닥에서 2m

삽도 39 _ 홍련봉 2보루 북쪽 평탄면 유구배치 전경(ⓒ한국고고환경연구소)

삽도 40 _ 홍련봉 2보루 제2 저장시설 바닥 전경(ⓒ최종택)

길이의 철제 깃대가 출토되었다. 1호 저장고의 석곽 내부 저장공간은
길이와 폭이 4.2m, 깊이는 1.8m이고, 외곽의 토광은 길이 6.4m,
폭 4.9m, 깊이는 2.4m이다. 2호 저장고의 석곽 내부 저장공간은 길
이 5.7m, 폭 4.9m, 깊이는 3.4m이고, 외곽의 토광은 길이 7.2m,
폭 6.3m, 깊이는 3.9m이다(삽도 39).

　저수시설은 보루의 동쪽구역에 두 기가 설치되어있으며, 방형의 토
광을 파판 후 바닥에 고운 점토를 다지고, 벽체에는 목재를 대고 뒤쪽
에 고운점토를 다져 방수처리를 하였다. 벽체에 남아있는 흔적으로 보
아 두 저수시설 모두 가공된 각재를 사용하였으며, 2호 저수시설의 바
닥에서는 각재를 십자모양으로 배치한 흔적도 남아있다(삽도 41). 1호
저수시설의 토광은 길이 5.5m, 폭 5.3m, 깊이 2.6m의 규모이며,
내부의 저수공간은 길이 4.2m, 폭 4.0m, 깊이 2.1m로 저수용량은
35.3m^{3}로 추산된다. 2호 저수시설의 토광은 길이 4.2m, 폭 3.9m,
깊이 1.9m의 규모이며, 내부의 저수공간은 길이 3.0m, 폭 2.8m,
깊이 1.3m로 저수용량은 10.9m^{3}로 추산된다.

　보루의 서쪽 끝지점과 석축의 동북, 서남 모서리에는 각각 집수정이
설치되었다. 보루 서쪽의 1호 집수정은 내부에 할석을 쌓아 마감한 것

삽도 41 _ 홍련봉 2보루 저수시설 전경(ⓒ한국고고환경연구소)

삽도 42 _ 홍련봉 2보루 1호 집수정 전경(ⓒ최종택)

으로 깊이는 220cm 가량
된다(삽도 42). 집수정의
바닥에는 동쪽에서 들어오
는 배수구가 연결되었고 이
보다 한 단 아래로 서북쪽으
로 출수구가 설치되어있다.
출수구는 서북쪽으로 이어
져 성벽을 관통하여 외황
의 안쪽 벽체 위로 연결되는
데, 성벽 뒷채움 부분은 속
을 파낸 통나무 관을 이용하
였다(삽도 43). 또한 성벽
을 관통하는 부분은 판석을
사용해 암거를 만들었으며,
여기에서 물이 떨어지는 곳
에는 석재를 타원형으로 돌
리고 바닥에는 판석을 깔아
바닥이 파이지 않도록 물받
이시설을 하였다. 또한 이

삽도 43 _ 홍련봉 2보루 배수시설 전경(ⓒ최종택)

곳에 떨어진 물은 외황을 거쳐 외황 바깥쪽에 설치된 배수구를 통해 배
출되도록 하였다.

　소성시설은 보루의 서쪽구역 서남쪽 석렬 안쪽에 위치하는데, 원래
이곳에 있던 3기의 작은 온돌시설을 폐기한 후 그 위에 축조한 것이다.
소성시설의 전체 길이는 12m, 폭은 1.4m 가량으로 내부는 긴 도랑처
럼 움푹 들어간 형태이다(삽도 44). 유구 내부에는 소토와 목탄이 깔려
있었으며, 주변에서는 재소성된 토기편들이 출토되었다. 유구 바닥면
의 소결 정도로 보아 상시적으로 오랫동안 사용된 소성시설로 보기는
어려우나 필요에 따라서 임시적으로 사용된 토기 가마와 같은 용도로

석축담장

소성시설

삽도 44 _ 홍련봉 2보루 소성시설과 재소성된 토기편(ⓒ최종택)

추정된다.

　이상의 조사내용을 바탕으로 홍련봉 2보루의 축조과정과 구조를 재
구성해보면 다음과 같다. 먼저 봉우리 정상부의 평탄면을 중심으로 보
루의 윤곽을 정하고, 안쪽으로 목책열을 돌려세우고 내부를 정지하였
다. 목책열 밖으로 5~7m 가량 떨어져서 영정주를 세우고 횡장목으
로 가구한 뒤 뒷채움층을 형성함과 동시에 바깥쪽으로 석축성벽을 축
조하였다. 또한 그 외곽으로는 좁고 깊은 구를 파서 외황을 구축하였
다. 보루 내부는 크게 두 개의 공간으로 구분되는데, 서쪽 구역에는
건물과 석곽저장고를 설치하였고, 이보다 2m 가량 낮은 동쪽구역에
는 장방형으로 석축을 쌓아 구획한 뒤 내부에 저수시설과 건물 등을
설치하였다. 보루 내부의 시설물의 설치에는 약간의 시차가 있으며,
보루가 폐기된 후 일부 시설은 신라에 의해 재사용되었는데, 현재 발
굴결과에 대한 정리와 분석이 진행 중이므로 자세한 사항은 보고서를
통해 밝혀질 것이다.

홍련봉 2보루에서 출토된 유물은 토기류와 철기류가 주를 이루며, 인접한 홍련봉 1보루에서 출토된 기와는 단 1점도 출토되지 않는 점이 특징적이다. 보루에서 출토된 토기류는 모두 21개 기종 360개체에 달한다. 기종별로는 옹류가 28.6%로 가장 많은 비중을 차지하며, 동이류, 뚜껑류, 호류, 완류, 접시류 순으로 나타나며 주로 일상생활에서 많이 사용되는 기종이다. 토기 중에는 명문이 새겨진 토기들도 있는데, 이중 접시의 바닥에 『庚子』를 새긴 것이 2점 출토되었다. '庚子'는 경자년(..., 460년, 520년, 580년, ...)으로 판단되며, 고구려가 한강유역을 점령하여 세력을 확장했을 때의 역사적 정황에 비추어 볼 때 520년에 해당된다. 이는 그 동안 아차산 일대 고구려 보루의 연대를 500년에서 551년 사이로 추정한 견해를 뒷받침해주는 직접적인 증거로 중요하다. 그밖에 대옹의 어깨에 「官瓮(또는 官倉)」을 새긴 것도 확인되는데, '관에서 사용하는 항아리' 또는 '관에서 사용되는 창고' 등으로 해석할 수 있으며, 유적의 성격과 관련해서 중요한 자료이다(삽도 45).

　홍련봉 2보루에서 출토된 철기류는 총 617점이며, 기능에 따라 무기류, 마구류, 농공구류, 용기류 등으로 구분된다. 무기류의 비율이 85.46%로 가장 높으며, 무기류 중에서도 철촉이 439점(71.20%)으

삽도 45 _ 홍련봉 2보루 출토 명문토기 각종(©최종택)

로 가장 많은 수를 차지한다. 무기류에서 마름쇠 2점이 출토되어 기존 보루에서 출토되지 않은 무기류가 추가되었다. 무기류 외에도 농공구류도 다양하게 출토되었고, 다른 보루에서 출토되지 않은 방울이나 단조용 집게 및 철제 깃대가 출토되는 점이 특징적이다.

홍련봉 2보루는 목책과 석축성벽 및 치, 외황의 구조를 갖추고 있으며, 내부에는 다양한 시설물이 배치되었다. 보루의 내부는 크게 동·서 두 구역으로 나뉘며, 구조적인 면에서도 차이가 있다. 서쪽구역은 담장식 울타리로 둘러싸여 있으며, 내부에는 건물지와 석곽저장고, 방앗간 및 소성시설, 집수정 등이 배치되어 있다. 울타리의 서남쪽으로 출입시설이 설치되어 있으며, 동남쪽으로는 계단을 통해 동쪽구역으로 왕래할 수 있다. 동쪽구역은 서쪽구역에 비해 2m 가량 낮으며, 장방형의 석축으로 둘러싸여 있다. 내부에는 건물지와 저수시설, 집수정 등이 있으며, 나머지 공간에는 용도를 알 수 없는 석축이 단을 이루고 있는데, 저장시설 등으로 이용된 것으로 추정된다. 석축의 동남쪽에는 보루의 외부로 통하는 계단이 설치되어 있고, 서북쪽과 동북쪽에도 각각 계단이 설치되어있다. 홍련봉 2보루는 성벽과 치 등의 방어시설과 내부의 건물지 등 주둔시설을 갖춘 점에서는 다른 보루들과 차이가 없으나 내부의 구조와 시설물의 종류에 있어서는 차이가 있다. 특히, 2기의 석곽저장고와 소성시설 등은 다른 보루에서 볼 수 없는 시설이며, 보루의 규모에 비해 건물의 수가 적은 점에서도 차이를 보인다. 인접한 홍련봉 1보루와 비교하면 규모는 훨씬 크지만 건물의 수는 절반도 되지 않는다. 보루 내부의 구조적인 특징과 소성시설 및 저장시설의 존재, 단조용 집게, 「官瓮」명 토기 등의 존재를 통해 볼 때 홍련봉 2보루는 군수물자의 생산과 보급을 담당하는 등의 특수기능을 담당하였던 것으로 추정된다. 이러한 추정은 같은 봉우리에 위치한 홍련봉 1보루에서 기와와 와당이 출토되어 아차산 일대의 보루 중 가장 위계가 높은 것으로 추정되는 점에서도 뒷받침된다.

4. 용마산 2보루

용마산 2보루는 해발 348m의 용마산 정상에서 남쪽으로 이어지는 작은 봉우리(해발 230m)에 위치하며, 행정구역상으로는 서울시 광진구 중곡동 산 3-68번지에 해당된다. 용마산 2보루는 1942년 조선총독부에서 실시한 조사를 통해 처음으로 보고되었다.[54] 당시 보고문에 따르면 陵里城址(용마산 1보루)에서 350~550m 가량 떨어진 곳에 토기파편이 출토되는 계란모양의 평탄지(22×15m)가 있다고 하였는데, 용마산 2보루를 지칭하는 것으로 보인다. 그러나 보루의 성격이 구체적으로 조사된 것은 1994년 구리문화원에서 실시한 지표조사를 통해

삽도 46 _ 공중에서 본 용마산 2보루와 한강변 일대 전경(ⓒ서울대학교박물관)

---

54) 朝鮮總督府, 1942, 『朝鮮寶物古蹟調査資料』, 2쪽.

서이며,[55] 이후 2005년과 2006년에 걸쳐 발굴조사가 실시되었다.[56]

용마산 2보루의 북쪽으로는 용마산 정상의 용마산 3보루, 남쪽으로는 용마산 1보루가 인접해있으며, 주변이 잘 조망되는 전략적 요충지에 입지하고 있다(삽도 46). 용마산 2보루에서는 남쪽으로는 구의동보루와 홍련봉보루, 아차산성 등이 가까이 조망되며, 멀리 한강 이남의 풍납토성과 몽촌토성 일대가 훤히 조망된다. 서쪽으로는 중랑천변 일대와 한강 줄기 및 서울의 중심부가 한눈에 조망되고, 북쪽으로는 멀리 봉화산보루가 조망된다. 동쪽으로는 아차산 능선의 보루들이 가까이 조망되고, 아차산 너머 한강 이남의 지형 일부가 조망된다.

용마산 2보루는 지형을 따라 축조하였는데, 발굴조사를 실시하기 전 보루 내부에는 민묘와 산불감시초소 및 등산객 편의시설 등으로 훼손된 상태였으며, 남쪽 사면은 1970년대에 행해진 사방공사로 인해 성벽의 흔적이 모두 없어진 상태였다. 보루가 위치한 봉우리는 북동-남서방향의 타원형을 이루고 있으며, 평탄면을 이루는 정상부는 대부분 암반으로 이루어져있다. 보루의 서쪽과 서북쪽은 급경사를 이루고 있으며, 동쪽과 남쪽 및 동남쪽은 이에 비해 다소 경사가 완만한 편이나 고저차가 크다. 이러한 자연지형과 후대의 훼손으로 인해 보루 외곽의 성벽을 비롯한 방어시설은 대부분 유실된 상태이고, 정상부 평탄면과 남동쪽 사면에서 일부 방어시설과 건물지, 저수시설 등이 확인되었다(삽도 47, 48).

용마산 2보루도 아차산의 다른 보루들과 마찬가지로 외부에 성벽을 두르고 내부에 주둔시설을 구축한 구조이나 훼손이 심하여 전모를 파악하기는 어렵다. 보루의 규모는 남북으로 최장 60m, 동서로 최장

55) 강진갑 · 류기선 · 손명원 · 심광주 · 윤우준 · 이달호 · 이도학 · 주강현, 1994, 『아차산의 역사와 문화유산』, 구리문화원학술총서 1, 구리시 · 구리문화원.

56) 양시은 · 김진경 · 조가영 · 이정은 · 이선복, 2009, 『용마산 제2보루 발굴조사보고서』, 서울대학교박물관.

삽도 47 _ 남쪽 상공에서 본 용마산 2보루 전경(ⓒ서울대학교박물관)

42m이며, 성벽의 둘레는 150m 내외로 추정된다. 발굴조사를 통해
성벽과 출입시설 및 통로, 2개소의 치, 건물지 4기, 부속시설 1기, 저
수시설 3기, 창고 1기, 수혈유구 등이 확인되었다.

성벽과 관련된 방어시설로는 2개소의 치 및 치와 연결된 성벽 일부
가 조사되었다. 성벽은 봉우리 정상부 평탄면 외곽의 사면을 따라 축조
하였는데, 기반암을 깎아 내거나 지면을 정지한 후에 외면 쌓기를 하고
내부는 흙으로 채웠다. 치와는 달리 성벽에 사용된 석재는 정연하지 못
하고, 주변의 석재를 대충 다듬어서 사용한 것으로 보인다. 성벽 하부
와 내부에서 목책의 흔적은 확인되지 않는다. 치는 2개가 확인되었는
데, 남동쪽의 제2치는 다른 보루의 치와 마찬가지로 성벽에 붙여서 축
조하였으며, 길이는 5m, 폭은 5.5m 가량 되고, 13단 가량의 석축이
남아있다.

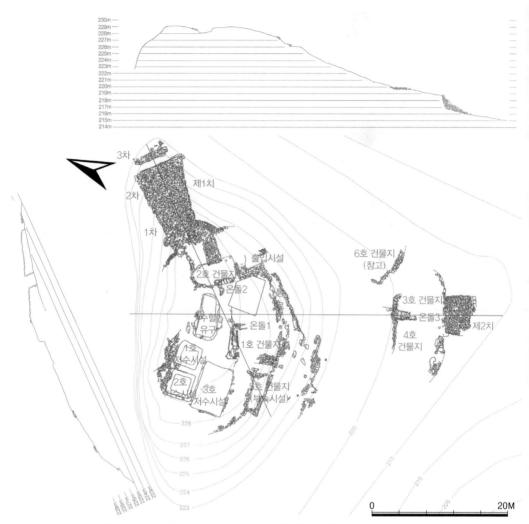

삽도 48 _ 용마산 2보루 유구배치도(ⓒ서울대학교박물관, 일부 필자 수정)

제 1치는 보루의 동북쪽 사면에 위치하며, 치 상면에는 용마산 3보
루로 이어지는 등산로가 개설되어 있었다. 치의 전체 평면은 긴 사다리
꼴이며, 전체 길이는 15m, 폭은 7m 가량으로 용마산 2보루의 규모에
비해서 매우 클 뿐만 아니라 아차산 일대의 보루 중에서도 가장 큰 규

1차 시설
2차 시설
3차 시설
보축성벽

삽도 49 _ 공중에서 본 용마산 2보루 제 1치 전경(ⓒ서울대학교박물관)

삽도 50 _ 용마산 2보루 제 1치 석축상태(ⓒ최종택)

모이다(삽도 49). 치는 3중구조로 이루어졌는데, 1차 시설물은 성벽에 잇대어 방형으로 축조하였으며, 길이와 폭 모두 5m 내외이고, 남아 있는 높이는 2m 가량 된다. 이와 1.8m 떨어져서 2차 시설물을 축조하였는데, 길이와 폭 모두 6m 내외이다. 3차 시설물은 2차 시설에서 1m 가량 떨어져 있는데, 역시 방형의 시설물로 추정되지만 훼손이 심하여 원래 규모는 알기 어렵다. 각각의 시설물은 비교적 잘 다듬은 석재를 사용하여 벽체를 쌓고 내부에는 할석과 점토를 채워 넣었는데, 치의 벽체에는 柱棟이 남아있다(삽도 50). 아차산 4보루에서는 이와 유사한 이중구조의 치가 설치되어 있으며, 출입시설로도 이용된 것으로 보이는데, 용마산 2보루의 3중구조 치 역시 방어시설 겸 출입시설로도 사용된 것으로 추정된다. 그밖에 2호 건물지 동남쪽에는 문비석이 확인되며, 그 남동쪽 사면으로 목제 사다리가 탄화된 채로 노출되었는데, 이곳에 출입시설이 있었던 것으로 파악된다(삽도 51).

보루 내부에는 4기의 건물지가 확인되는데, 2기는 정상부 평탄지에 위치하고, 나머지 2기는 보루 남쪽 사면의 제 2치 안쪽에 위치해 있다. 1호 건물지는 'ㄱ'자형 온돌을 포함하며, 지상식으로 평면형태는 방형으로 추정된다. 한편 1호 건물지 서남쪽에는 석축으로 둘러싸인 장방형 공간이 있는데, 내부에 온돌이 없어서 1호 건

문비석

탄화된
목제사다리

삽도 51 _ 용마산 2보루 출입시설 목제 사다리 출토상황
(ⓒ서울대학교박물관)

삽도 52 _ 용마산 2보루 2호 건물지 전경(ⓒ서울대학교박물관)

물지에 딸린 부속시설로 창고의 용도로 사용된 것으로 보인다. 한편 3
호 건물지 동쪽 사면에도 암반을 굴토하고 석축으로 벽체를 구축한 시
설이 확인되는데, 역시 창고로 사용된 것으로 추정된다. 2호 건물지는
제 1치 남서쪽 평탄면에 위치하며, 직선형 온돌이 설치되어 있다. 평
면형태는 장방형에 가까우나 서북쪽 단변은 타원형을 이루고 있다. 바
닥은 주변보다 약간 낮은 수혈식이며, 벽체에는 주공이 남아있다. 제
2치 안쪽의 3호와 4호 건물지는 온돌과 벽체를 경계로 나뉘어 연접해
있으며, 훼손이 심하여 전체적인 형태를 알기 어려우나 방형 또는 장방
형 건물지로 추정된다.

　보루의 남서쪽 사면에 인접한 평탄면에 3기의 저수시설이 설치되
었다. 1호와 2호 저수시설은 규모가 비슷한데, 1호 저수시설은 동서
3.5m, 남북 3.4m, 깊이 2.0m이며, 내부의 저수공간은 2.4×2.5
×1.7m로 저수용량은 10.2m^{3}로 추산되고, 2호 저수시설은 동서
3.5m, 남북 3.4m, 깊이 1.5m이며, 내부의 저수공간은 2.2×2.1

삽도 53 _ 용마산 2보루 저수시설 일대 전경(©최종택)

삽도 54 _ 용마산 2보루 출토 원통형사족기
(©서울대학교박물관)

×1.2m로 저수용량은 5.5m³로 추산된다. 3호 저수시설은 장축 6.5m, 단축 4.5m, 깊이 2.0m이며, 내부의 저수공간은 4.5× 2.5×1.6m로 저수용량은 18.0m³로 추산된다.

용마산 2보루에서 출토된 유물은 토기류와 철기류가 주를 이루며, 다른 보루의 양상과 유사하다. 토기류는 24개 기종 327개체가 확인되었으며, 호류와 옹류의 비중이 가장 높다. 토기류 중에는 보주형 꼭지 모양의 손잡이가 달린 虎子가 3점 출토되었으며, 원통형사족기가 출토되는 점이 특징적인데 (삽도 54), 용마산 2보루에서 처음으로 확인된 기종들이다. 철기류는 197점이 출토되었으며, 무기류, 공구류, 용기류 등으로 구분되며, 다른 보루와 마찬가지로 무기류가 가장 많은 비중을 차지한다. 2호 건물

지에서 문주장식으로 보이는 철기가 1점 출토되었으며, 여러 형식의
다양한 고리들이 출토된 점도 특징적이다.

5. 아차산 3보루

아차산 3보루는 행정구역상으로는 경기도 구리시 아천동 산 49-1
번지 일대에 위치하며, 서울시 광진구와 경계지점에 해당한다. 보루
가 위치한 곳은 아차산 주봉 남쪽의 작은 봉우리(해발 296.1m)로 북
으로 약 600m 지점에 아차산 4보루가, 남으로 약 500m 지점에 아차
산 1보루가 위치하며 그 사이와 주변으로 2, 5, 6보루가 입지한다(삽
도 55). 아차산 3보루는 1994년 지표조사를 통해 학계에 보고되었으
며,[57] 2005년 보루의 남쪽 일부지점에 대한 발굴조사가 실시되었다.
보루는 능선의 정상부를 중심으로 남북방향의 장타원형을 이루고 있는
데, 보루 중심부에서 동쪽으로 약간 치우쳐 능선을 따라 등산로가 지나
고 있다. 발굴조사가 실시된 지점은 과거 체육시설이 설치되었다가 철
거된 곳으로 다른 지점에 비해 훼손이 심하였다. 또한 등산로에 온돌유
구가 일부 노출되어 있고 유적의 남단 동벽 및 서남단 서벽의 일부 성
벽 석재가 노출되어 있는 등 자연적인 훼손도 심하여 조속한 조사와 보
존대책이 필요한 상황이었다. 당초 연차적인 발굴조사를 실시하고, 보
존을 위한 정비복원을 실시할 계획이었으나 추가발굴은 이루어지지 못
하고 복토하여 보존하고 있다.[58]
아차산 3보루는 아차산 주변의 보루 중 가장 규모가 크다. 보루의 평

---

57) 강진갑 · 류기선 · 손명원 · 심광주 · 윤우준 · 이달호 · 이도학 · 주강현,
    1994, 『아차산의 역사와 문화유산』, 구리문화원학술총서 1, 구리시 · 구리
    문화원.

58) 崔鍾澤 · 吳珍錫 · 李廷範 · 趙晟允, 2007, 『峨嵯山 第3堡壘 1次 發掘調査報
    告書』, 高麗大學校考古環境研究所.

봉화산보루
용마산 5보루
망우산 1보루
용마산 4보루
시루봉보루
아차산 4보루

아차산 3보루

삽도 55 _ 남쪽 상공에서 본 아차산 3보루와 주변 (ⓒ고려대학교고고환경연구소)

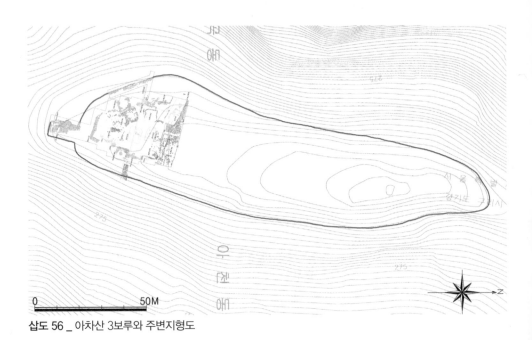

0   50M

삽도 56 _ 아차산 3보루와 주변지형도

삽도 57 _ 공중에서 본 아차산 3보루 발굴구역 전경(ⓒ고려대학교고고환경연구소)

면 형태는 장타원형으로 둘레는 약 420m로 추정되며, 내부 면적은 약 4,200㎡로 추산된다. 발굴조사가 실시된 지점은 보루의 남쪽의 일부로 전체의 1/4에 해당된다(삽도 56). 아차산 3보루는 아차산 일원의 다른 보루와 마찬가지로 외곽에 석축성벽을 두르고 그 내부에 건물지 등의 군사시설을 설치한 구조이다. 이 중 조사지역은 보루의 가장 남쪽이며, 보루의 중심부보다는 3~4m 정도 낮은 지점이다. 조사결과 조사지점의 북쪽 끝에 2m 정도 높이의 석축을 축조하였으며, 중간에 계단을 설치하여 보루의 중심부와 왕래하도록 하였다. 석축 남쪽에서 확인된 시설물은 기단건물지 8기, 배수시설 3기, 방앗간 1기, 단야시설 1기, 저장시설 1기, 방형석단 2기, 외곽석렬 등이 있다(삽도 57, 58).

삽도 58 _ 아차산 3보루 발굴구역 유구배치도(ⓒ고려대학교고고환경연구소)

성벽은 주변의 다른 보루들과 마찬가지로 지형을 따라 타원형으로 석축성벽을 쌓았다. 성벽조사는 발굴지점의 서·남·동쪽 3개 지점에 트렌치를 설치하여 조사하였는데, 치나 다른 시설은 확인되지 않았으나, 남쪽에서 치 모양의 출입시설이 확인되었다. 성벽의 축조 방식은 기반암을 깎아서 정지한 후 축성하거나, 기반암의 결을 고려하여 기단석을 쌓은 후 축성하였다. 성벽에 사용된 석재는 정연하게 다듬어 사용하진 않았다. 보루는 최전선에 설치하여 일차적으로 적군의 공격을 방비하는 기능을 수행하므로 축성할 때 견고성보다는 조망과 기동성을 우선으로 한다. 때문에 판상으로 잘 갈라지는 성질을 가진 주변 석재의 치석에 시간을 투자하기보다는 보루 내부 공간 확보 및 기능적 배치를 향상시키는 쪽으로 축성하였을 가능성이 크다.

동쪽 성벽 트렌치에서는 성벽을 관통하는 배수시설이 확인되었다. 배수시설은 외곽 석렬 밑을 지나서 성벽 상부로 연결되는데, 배수시설과 성벽 기저부와는 약 2m 정도의 고저차가 있다. 아차산의 다른 보루에서는 석축성벽 안쪽 5m 내외에서 목책공이 확인되어 성벽과 나란히 목책시설이 있었음을 확인할 수 있었는데, 아차산 3보루에서는 성벽 내부에서 목책열을 확인할 수 없었다. 그러나 조사기간의 제약으로 목책열이 설치되었을 가능성이 높은 부분에 대한 조사가 이루어지지 못한 점을 감안하면, 추후 성벽에 대한 추가조사를 실시할 경우 목책열이 드러날 수도 있다.

보루 남쪽에서 확인된 출입시설은 치와 같이 돌출된 형태로 현재 10~15단 정도 잔존해 있다(삽도 59). 비교적 잘 다듬어진 석재를 사용해 축조하였으며, 계단형태를 하고 있는데, 등산로에 위치한 탓에 상부구조가 훼손되어 당초 계단상으로 축조되었는지 여부는 명확하지 않다. 출입시설의 서쪽 벽체는 3차에 걸쳐 보축하였다. 1, 2차 보축 성벽은 출입시설의 서측에 장방형의 할석을 2매씩 서로 맞물리게 쌓아 올리는 식으로 축조하였고, 3차 보축 성벽은 압력을 가장 많이 받는 출입시설 중앙부에 반원형의 형태로 석재를 쌓고, 그 내부를 잡석과 사질점토로 채우면서 축조하였다. 또한 토층상에서 기저부에 목탄층이 일부 확인되는데, 지반이 약한 곳은 불을 놓아 다진 것으로 보인다. 2차 보축 성벽 하부에는 배수시설을 설치하였으며, 이를 기단의 일부로 삼아 보축성벽을 축조하였다.

건물지는 모두 8기가 조사되었는데, 모두 기단건물이다. 이 중 2호 건물지를 제외한 모든 건물지에서 온돌시설이 확인되고 있으며, 특히 3호 건물지와 5호 건물지는 건물 내부의 공간이 구분되는데, 장방

삽도 59 _ 아차산 3보루 출입시설 전경(ⓒ최종택)

형의 연접식 건물지로 판단된다. 건물지 내부의 온돌은 고래가 일자형
인 것과 'ㄱ'자형인 것이 있는데, 3호 건물지와 8호 건물지에는 고래 2
개가 서로 붙은 쌍고래 온돌이 설치되어 있어 주목된다. 대부분의 온돌
이 잔존상태가 좋지 않아 건물의 전체적인 형태와 구조적 특성을 살피
는데 어려움이 있다. 하지만 남아있는 기단부와 기존에 조사된 다른 보
루의 건물지 상황을 참고하여 살펴보면 대부분의 건물이 방형 또는 장
방형의 평면형태를 띠고 있음을 추정할 수 있다. 방형인 것은 사방 5m
내외이고, 장방형인 것은 5×10~15m 정도의 규모이며, 장축방향은
인접한 성벽의 장축방향과 거의 일치한다. 8기의 건물지에서는 고구려
시기 이외의 유물이 거의 확인되지 않았고, 건물지 상호간의 층위차도
크지 않아 대부분 비슷한 시기에 축조된 것으로 판단된다. 다만 추후
조사 여하에 따라 조사가 완료되지 않은 5호 건물지와 그 주변부의 건

삽도 60 _ 아차산 3보루 2호 배수시설 전경(ⓒ최종택)

물지 범위가 조정될 가능성이 있다.

배수시설은 건물지 바로 아래층에 존재한다. 조사된 3기의 배수시설 중 1호와 2호 배수시설은 성벽 내부에 있고, 3호 배수시설은 남쪽 출입시설 아래에 위치한다. 성벽 내부에서 확인된 배수시설 가운데 1호 배수시설은 남쪽에서부터 3호 건물지 외곽을 따라 돌다가 1호 건물지로 연결되며, 2호 배수시설은 동쪽 외곽석렬 아래를 통과하여 성벽 밖으로 이어진다(삽도 60). 3호 배수시설의 경우 출입시설의 보축성벽 아래에 위치하며, 보축성벽의 하중을 견디도록 너비 60cm 내외의 대형 석재를 사용하였다.

방앗간은 조사지점 북쪽의 석축을 북벽으로 사용했으며(삽도 61), 평면 형태는 장방형으로 규모는 동서 7m, 남북 4m 가량이다. 내부에는 서북쪽으로 치우쳐 방아확이 설치되어 있으며, 방아확 동쪽에는 방아채의 쌀개를 걸었던 볼씨가 한 쌍 확인되었다(삽도 62). 방아확과 볼씨가 있는 것으로 보아 디딜방아로 추정되는데, 안악3호분 동쪽 곁방

삽도 61 _ 아차산 3보루 석축과 계단 주변 전경(ⓒ고려대학교고고환경연구소)

볼씨

방아확

삽도 62 _ 아차신 3보루 빙잇간 진경(ⓒ최종텍)

서벽 북측의 방앗간 건물그림에서 확인된 방아시설과 형태상 매우 흡사하다. 비록 연대상으로 150년 정도 차이가 나지만, 실물자료로 확인된 가장 오래된 것으로 향후 고구려 역사 복원뿐만 아니라 고대의 생

삽도 63 _ 등산로상에서 발견된 방앗간 볼씨와 아차산 6보루 전경(ⓒ최종택)

활사를 연구하는데 중요한 자료가 될 것으로 판단된다. 한편 아차산 3
보루를 조사하는 과정에서 보루 남쪽의 등산로상에서 방앗간의 볼씨와
기단시설의 일부가 확인되었다(삽도 63). 이를 바탕으로 주변에서 또
다른 보루의 윤곽을 확인하고 이를 아차산 6보루로 명명하였다.

　단야시설은 석축 중간의 계단 바로 서남쪽에 위치하며, 풍화암반토
를 굴착한 수혈 내부에 설치하였다(삽도 64). 수혈의 규모는 6×5m
정도이며, 내부에서 단야로 및 아궁이 시설이 조사되었다. 수혈 내부
의 일부만 조사한 결과이므로 전면조사를 할 경우 다른 시설물들이 더
추가될 가능성도 있다. 단야로는 장방형의 할석으로 벽석을 세운 후,
판석으로 뚜껑을 삼고, 사이사이를 점토로 메워 고온의 불을 다룰 수
있도록 조성되어 있었으며, 아궁이는 풍화암반토를 계단상으로 다듬어
서 단면 원추형의 'ㄴ'자로 굴토하여 조성하였다. 유구 내부에서 슬래
그는 확인하지 못하였는데, 조사기간의 제약으로 유구의 바닥면까지
조사를 완료하지 못하였기 때문에 추가 조사를 통하여 보다 정확한 유

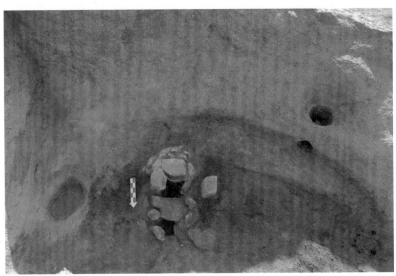

삽도 64 _ 아차산 3보루 단야시설 전경(ⓒ최종택)

구 성격 파악이 요구된다.

　저장시설은 단야시설 바로 동남쪽에 위치하며, 규모는 동서 6m, 남북 5m, 깊이 2.5m로 다른 보루에서 조사된 저수시설과 비슷한 규모이다. 유적 보존상의 이유로 1/4 가량만 층위상황을 파악하며 조사를 진행하였는데, 풍화암반토를 굴토하여 조성하였지만 바닥과 벽체에 방수처리를 한 흔적이 전혀 확인되지 않는다. 또한 바닥에는 배수용 구를 설치하였고, 벽체에는 구멍이 뚫려있다. 이러한 구조적 특징으로 보아 바닥을 정지한 후 바닥에 습기 제거를 위한 배수구를 뚫고 지하식 저장고로 사용한 것으로 추정된다.

　방형석단은 외곽석렬과 같은 선상에서 동·서로 각 1기씩 총 2기가 확인되었는데, 일정부분 다듬은 석재를 이용하여 외곽을 만들고 내부에 점토를 충진하는 식으로 축조하였다. 동·서 양방에 위치한 방형석단은 모두 좋은 조망권을 가지고 있는데, 동쪽에 위치한 방형석단은 한강과 그 이남의 풍납토성, 몽촌토성이 조망권 안에 포함되며, 서쪽에 위치한 방형석단은 용마산 줄기를 비롯하여 중랑천 주변을 조망할 수 있어 일종의 감시시설로 판단된다.

아차산 3보루에서도 토기류와 철기류가 주로 출토되었다. 출토된 토기류는 어망추 등의 기타기종을 제외하면 모두 22개 기종으로 최소개체수는 401개체에 달한다. 기종별로는 외반구연호·옹류가 28.9%로 가장 많은 비중을 차지하며 동이류, 직구호·옹류, 뚜껑류, 완류, 장동호류, 접시류 등의 구성비가 비교적 높은 것으로 나타나는데, 주로 실생활에서 사용된 기종들이다. 대부분의 기종은 다른 보루에서도 확인되는 것들이나 삼족기류가 비교적 많이 출토된 점은 특징적이다.

철기류는 185점이 출토되었는데, 무기류, 마구류, 농·공구류, 생활용구류, 용기류와 기타 철기류로 분류된다. 무기류가 차지하는 비율은 84.1%로 가장 높으며 그 중에서도 찰갑의 비율이 43.2%로 높은 비율을 차지한다.

발굴조사가 실시된 내용을 바탕으로 아차산 3보루의 구조를 재구성하면 다음과 같다. 우선 봉우리 정상부의 평탄면을 중심으로 보루의 윤곽을 정하고 바닥을 정지하였다. 바닥면을 평탄화하는데 필요한 흙은 중심부에 위치한 저장시설과 단야시설을 굴토하여 구축하면서 확보하였을 것이다. 다음으로 외곽석렬과 방형석단을 축조하여 보루 내외의 방비와 시야확보에 임하고, 조사지역 북쪽의 경사가 급한 부분은 정지하여 석축과 계단시설을 설치하였다. 보루 내에 다시 계단시설이 설치되어 있는 것은 계단시설을 기준으로 그 상하의 목적이 달랐을 가능성이 있는데, 상부에는 조사범위 내에서 확인할 수 없었던 저수시설을 비롯하여 군사의 주둔에 필요한 각종 시설이 설치되어 있을 가능성이 크다. 성벽은 등고선을 따라 축조하였다. 조사과정에서 목책열을 확인할 수 없었으나, 발굴된 다른 보루들의 예를 살펴보면, 성벽과 비슷한 시기나 그보다 조금 앞서 목책열을 설치하여 보루의 범위를 책정한 것으로 파악되므로 추가조사를 실시할 경우 목책열이 드러날 가능성은 충분하다.

축대 북쪽구역에 대한 조사가 이루어진 후에야 정확한 구조를 파악할 수 있겠지만, 아마도 조사구역은 군사숙소로써의 기능보다는 간단한 철기 수리 등을 할 수 있는 단야시설 및 군수물자 저장시설이 중심을 이루었을 것으로 판단된다. 그리고 출토되고 있는 유물이 주변의 아차산 4보루와 형태상, 제작기술상 매우 흡사하여 이들과 비슷한 시기인 6세기 전후에 축조하여 사용하다가 551년 이후 폐기된 것으로 추정된다. 특히 아차산 3보루에서는 기존에 발굴된 다른 보루들과 달리 고구려 이후의 유물이 거의 출토되지 않고 있으며, 층위상에서도 화재폐기 등의 흔적을 확인할 수 없었다. 이로 미루어 이 보루는 551년 백제의 점거 전에 철수하였으며, 철수 후 전면적인 재사용은 이루어지지 않았을 것으로 판단된다.

6. 아차산 4보루

아차산 4보루는 서울시 광진구와 경기도 구리시의 경계에 위치하고 있는데, 1994년 지표조사를 통해 존재가 확인되었다.[59] 보루가 위치한 곳은 군용헬기장이 설치되어 있어서 아차산 헬기장으로 불렸으며, 보루의 북쪽구역은 헬기장 건설로 인해 훼손이 심한 상태였다(삽도 65). 1997년 아차산 보루의 발굴조사를 처음 시작할 당시 아차산 4보루를 첫 발굴대상으로 선정한 것도 훼손이 심하여 보존이 시급했기 때문이었다. 1997년과 1998년 성벽 일부와 내부시설물에 대한 발굴조사가 실시되었는데,[60] 이후 2007년에는 성벽에 대한 추가발굴이 이

---

59) 강진갑 · 류기선 · 손명원 · 심광주 · 윤우준 · 이달호 · 이도학 · 주강현, 1994, 『아차산의 역사와 문화유산』, 구리문화원학술총서 1, 구리시 · 구리문화원.

60) 임효재 · 최종택 · 양성혁 · 윤상덕 · 장은정, 2000a, 『아차산 제4보루 -발굴조사 종합보고서-』, 서울대학교박물관.

삽도 65 _ 발굴조사 전 아차산 4보루 전경(북→남, 1997년, ©최종택)

루어졌으며,[61] 현재는 조사결과를 바탕으로 성벽을 복원 하여 보존하
고 있다.

　보루가 위치한 곳은 해발 285.8m의 작은 봉우리로 남북으로 뻗은
아차산 능선의 가장 북단에 해당된다. 이 봉우리는 남북으로 긴 말안장
모양을 하고 있으며, 가운데가 약간 들어가고 양쪽 끝은 두 개의 작은
봉우리 형태를 하고 있다. 이 장타원형 지형의 둘레는 급경사를 이루고
있는데, 경사면을 따라 석축 성벽을 쌓아서 보호하였으며, 정상부의
평탄지에 온돌시설을 한 건물지가 배치되어 있다(삽도 66, 67). 아차
산 4보루에 서면 서쪽으로는 용마산 1·2·3·4·5보루, 서북쪽으로
는 망우산 1·2·3보루, 동북쪽으로는 시루봉보루가 조망되며, 동남
쪽으로는 풍납토성과 몽촌토성을 포함한 한강 이남지역이 한눈에 들어
온다.

---

61)　국립문화재연구소 유적조사연구실, 2009, 『아차산 4보루 발굴조사보고서』.

삽도 66 _ 공중에서 본 아차산 4보루 전경(2007년, ⓒ국립문화재연구소)

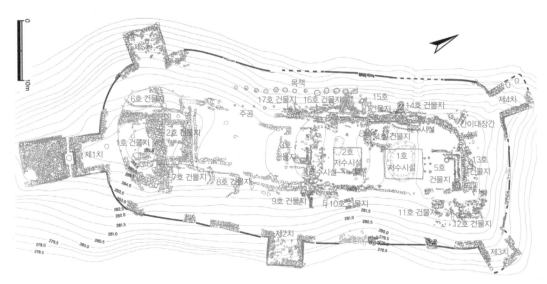

삽도 67 _ 아차산 3보루 평면도(ⓒ국립문화재연구소, 일부 필자수정)

보루는 성벽과 건물지, 저수시설 등 내부의 시설물로 구성되며, 성벽 안쪽에는 목책열과 석렬이 둘러져 있다. 성벽은 해발 282m 등고선을 중심으로 축조하였으며, 자연 지형의 경사도에 따라 부분적으로 높이를 다르게 하여 정상부는 평탄면을 이루고 있다. 자연 지형이 가장 높은 남쪽은 1~2단 정도의 석축이 남아있으며, 동벽 가운데 경사가 급한 부분은 20여단의 석축을 쌓아 올렸다. 보루는 타원형을 이루고 있으며, 규모는 남북 77m, 동서 25m, 성벽의 둘레는 256m이다. 성벽을 쌓은 석재는 주변에서 구하기 쉬운 화강암을 이용하였으며, 밑에는 큰 석재를 놓고 위로 갈수록 약간씩 작은 석재를 쌓았는데, 위로 가면서 조금씩 들여쌓아 경사를 이루고 있다. 석재의 크기는 정면 너비가 20~30cm, 정면 높이는 15~25cm, 길이는 30~50cm 가량 되며, 외벽에 사용된 석재는 쐐기모양을 잘 다듬었다. 성벽의 대부분은 무너져 내렸으나 가장 많이 남아 있는 부분의 경우 11단으로 높이는 2m 가량 되지만 원래는 20단 정도가 쌓여 있었던 것으로 보이며, 그럴 경우 높이는 4m 가량 되었던 것으로 추정된다. 성벽을 쌓는 수법은 구간별로 차이가 있는데, 제 3치에서 제 5치에 이르는 동벽과 남벽은 치석된

삽도 68 _ 아차산 4보루 동북쪽 성벽과 제 3치 남벽(ⓒ최종택)

삽도69 _ 아차산 4보루 북쪽 성벽과 제4치 서벽(ⓒ최종택)

석재를 사용하여 정교하게 축조하였으나(삽도 68), 서벽과 북벽은 석
재의 모양도 일정하지 않고 쌓는 수법도 정교하지 못하다(삽도 69). 암
반이나 생토면을 정지하고 성벽을 쌓아올렸는데, 일부 지점은 암반의
모양에 따라 석재를 가공하여 쌓는 그렝이공법을 사용한 경우도 있다.
남벽과 동벽은 폭 1m 가량으로 양면쌓기를 하였으나, 북벽과 서벽은
외면쌓기를 하였으며, 성벽 안쪽으로는 마사토와 점토로 뒷채움을 하
였다.

　성벽에는 동벽 중앙과 동북, 서북 모서리, 서남모서리, 남벽에 5개
의 雉가 설치되어 있다. 남벽의 제 1치는 성벽에 맞닿은 치의 남벽에
서 2.5m 떨어져서 방형의 석단을 추가로 쌓았다(삽도 70). 그리고 치
와 석단 사이는 다시 석재를 쌓아 가운데 방형의 공간을 만들었다. 치
의 내부는 흙과 잡석으로 채웠으나 바깥쪽 석단의 내부는 할석으로 채
웠다. 이러한 구조의 치는 용마산 2보루의 북벽에도 설치되었는데, 출
입과 관련된 시설로 추정된다. 치의 규모는 동서 6.5m, 남북 6.0m
이며, 바깥쪽 석단은 남북 7.2m, 동서 6.0m이다. 나머지 4개의 치

삽도 70 _ 아차산 4보루 제1치 전경(ⓒ국립문화재연구소)

는 치석된 석재를 이용해 폭 1m 내외의 양면쌓기를 한 후 내부는 점토
와 잡석을 채워 넣은 일반적인 구조이다. 각각의 치는 성벽과 연결하는
방법에서 차이를 보이는데, 제 1치는 성벽과 치를 동시에 축조하여 치
와 성벽이 맞물려 있다. 제 2치는 성벽에 붙여서 치를 축조하였는데,
치와 별도로 체성벽이 직선으로 연결되지는 않고, 치의 벽체 두께만큼
만 성벽을 쌓고 마무리한 형태이다. 제 3치는 성벽을 마무리하고 그 끝
에 치를 축조하여 치의 벽체가 성벽 안쪽으로 들어와 있다. 즉, 동벽을
직선으로 마무리한 후 여기에 치를 축조하였으며, 치의 북쪽 벽체를 축
조한 후 여기에서 성벽을 쌓아 북벽을 축조하였다. 제 4치 역시 치의
벽체가 성벽 안쪽으로 들어와 있어서 먼저 치를 쌓은 후 치의 양쪽 벽
체에서 성벽을 쌓아나간 것으로 추정된다. 제 5치는 양상이 조금 다른
데, 치의 남쪽 벽체는 성벽 바깥쪽에 붙여 쌓았으나, 치의 북쪽 벽체는
성벽 안쪽으로 들어와 있어서 치의 벽체를 먼저 쌓은 후 여기에 성벽을
붙여쌓아 서벽을 완성한 것으로 추정된다(삽도 71). 이러한 점을 근거
로 발굴자들은 보루의 동벽과 남벽 및 제 1치를 먼저 축조하고, 이어서

삽도 71 _ 아차산 4보루 제 5치와 성벽 결구상태(©국립문화재연구소)

나머지 네 개의 치를 축조하였으며, 마지막으로 서벽과 북벽을 축조한 것으로 파악하였다.[62] 치와 성벽의 관계에 따르면 이러한 추론이 가능하지만 성벽의 축조에는 오랜 기간이 소요되지는 않았을 것으로 생각된다.

성벽의 안쪽에는 목책이 설치되었는데, 서벽에서 3~4m 정도 안으로 들어와서 13개의 목책공이 조사되었다(삽도 72). 목책공의 간격은 1.5~2.0m 가량 되며, 목책공의 크기는 직경 60~80cm, 목책의 직경은 20~25cm로 비교적 일정하다. 목책열은 서북모서리에 위치한 제 4치의 벽체 아래에서도 확인되며, 남벽 중간의 제 1치에서도 확인된다. 이러한 점으로 미루어 목책열은 보루 전체를 두르고 있었던 것으로 추정된다. 이 목책열에서 보루 내부 쪽으로 3m 정도 떨어진 지점에서 목책열과 나란히 주공이 확인된다. 이러한 구조는 홍련봉 1·2보루

---

62) 국립문화재연구소 유적조사연구실, 2009, 『아차산 4보루 발굴조사보고서』, 141~145쪽.

나 시루봉보루에서도 확인되
는데, 남성골산성에서 보이는
목책도니성의 구조일 수도 있
고, 성벽 뒷채움을 위한 영정
주 역할을 한 것으로 이해할 수
도 있다. 그런데, 홍련봉 1·2
보루의 경우 성벽 중간에서 주
동이 확인되고, 주동과 목책열
사이에서 횡장목의 흔적이 확
인되어 성벽 뒷채움을 위한 영
정주의 기능을 한 것으로 이해
되지만 아차산 4보루에서는 성
벽 중간의 주동은 확인되지 않
는다. 따라서 아차산 4보루의
목책은 석축 성벽을 쌓기 이전
의 방어시설로 이해할 수 있으
며, 안쪽의 주공은 보루 내부
의 시설물을 둘러싼 울타리 기
능을 하던 구조물로 이해할 수
있다.

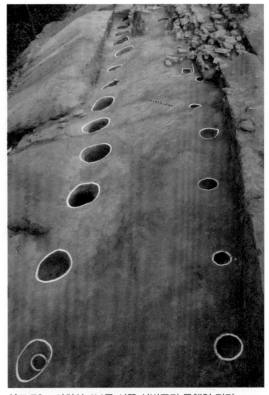

삽도 72 _ 아차산 4보루 서쪽 성벽구간 목책열 전경
(ⓒ국립문화재연구소)

　주공열 안쪽에 바로 연이어 석렬이 위치하는데, 층위상 주공보나 나
중에 축조된 것이다. 이 석렬은 2호 건물지 북쪽에서부터 보루 내부 평
탄면을 장방형으로 두르고 있다. 1997년 아차산 4보루를 처음 발굴할
당시 이 석렬로 둘러싸인 내부를 하나의 건물지로 보아 3호 건물지로
명명하였었다. 그러나 이후 다른 보루들의 발굴결과를 종합해 볼 때 이
석렬은 보루 내부의 시설물을 둘러싸고 있는 일종의 담장과 같은 역할
을 한 것으로 추정된다. 보루 내부의 시설물로는 건물지와 저수시설 및
배수시설 등이 있는데, 건물지가 가장 많다. 건물지는 장방형의 석렬(석

축담장) 내부에 3기, 석렬 남쪽의 고지대에 2기가 위치하며, 나머지는 석렬 외부에 위치한다(삽도 73).

1호 건물지는 유적의 가장 남쪽에 위치하고 있으며, 규모는 동서 15m, 남북 8m 가량 된다. 이 건물지는 다른 건물지와는 달리 동서 방향의 장축을 가지고 있으며, 다른 건물들보다 1.5m 정도 높은 위치에 축조되어 있다. 따라서 건물지의 북쪽과 동쪽, 서쪽은 석축을 쌓아 바닥 높이를 맞추고 있다. 이 건물지의 남벽 중앙부는 원래 지형이 높았

삽도 73 _ 아차산 4보루 북쪽구역 유구배치상태(ⓒ서울대학교박물관)

던 관계로 석축은 쌓지 않았으며, 벽체 바깥쪽으로 지름 20cm 가량의 기둥구멍이 남아 있다. 기둥구멍의 간격은 1m 정도이며, 일부는 남서 모서리 쪽의 석축 밖으로 계속되고 있어서 석축 밖으로 기둥을 세웠던 것으로 보인다. 건물 내부에는 동서 방향의 보를 받치던 초석이 1개 남아 있으며, 건물지 중앙에서 동쪽으로 약간 치우쳐서 2기의 직선형 온돌이 배치되어 있다(삽도 74). 이 건물지는 가장 높은 곳에 배치되어 있었기 때문에 바닥 면이 잘 보존되어 있었으며, 온돌 주변에서 1점의 명문토기를 포함하여 30여 점의 토기와 많은 양의 철기가 출토되었다. 특히 1호 건물지 내부의 동쪽 온돌 아궁이에서는 투구 1점이 폐기되어 있었으며, 건물지 중앙에서는 등자와 재갈 등 마구류가 출토되었다. 이 건물은 위치 상 가장 높은 곳에 있으며, 방향도 다른 건물들과 다르며, 아차산 3보루와 이어지는 입구 쪽에 설치되어 있는 점 등으로 보아 이 유적에서 가장 중요한 인물이 거주하였던 것으로 추정된다. 한편 1호 건물지 북벽에 연하여 2호 건물지가 위치하는데, 바닥면은 1호 건

삽도 74 _ 아차산 4보루 1호 건물지 내부 온돌(ⓒ서울대학교박물관)

물지보다 한 단 낮은 지점에 위치한다. 내부에는 온돌이 설치되어 있지 않아서 창고용 건물로 이해된다. 또한 5호 건물지 북쪽 석렬 바깥쪽에도 이와 유사한 공간이 일부 확인되는데, 역시 창고와 같은 기능을 하던 시설물로 추정된다.

3·4·5호 건물지는 석렬(담장) 내부에 위치하는데, 내부에는 'ㄱ'자형 온돌이 설치되었으며, 평면 형태는 정방형에 가깝다. 이 중 5호 건물지의 온돌이 규모도 크고 구조가 잘 남아있는데, 'ㄱ'자형으로 전체 길이는 9m에 달한다(삽도 75). 아궁이는 고래와 직교하는 방향으로 설치되었으며, 다른 온돌과는 달리 아궁이가 2개 설치되었다. 아궁이 바깥쪽 좌측에는 둥글게 돌을 돌려놓았는데, 불씨저장소로 추정된다. 굴뚝은 벽체 안쪽에 설치하였는데, 외곽은 방형으로 쌓았으나 내부는 원형을 이루고 있다. 바닥은 온돌고래의 바닥보다 약간 낮게 하여 개자리를 만들었으며, 벽체 바깥쪽에서 개자리에 쌓인 재를 치울 수 있는 시설도 마련하였다. 굴뚝 내부에서 토기로 만든 연통이 무너진 채 확인된 점으로 보아 원래 토제 연통을 사용했던 것을 알 수 있다. 이 굴뚝자리의 남쪽에는 벽체를 따라 저장용 대옹이 여러 점 놓여 있었으며, 아궁이 앞쪽의 온돌 주변은 불을 놓아 바닥을 다진 것이 확인되었다.

삽도 75 _ 아차산 4보루 5호 건물지 내부 온돌(ⓒ서울대학교박물관)

건물지 내부에서 확인되는 온돌은 모두 17기로 1호 건물지에는 2기의 온돌이 설치되었다. 온돌은 'ㄱ'자형과 직선형의 두 종류가 있으며, 모두 외고래 형식으로 길이 20~30cm, 폭 10~15cm 가량의 板石을 세워서 벽체를 만들고, 그 위에는 역시 납작하고 긴 판석으로 뚜껑을 덮은 형태이다. 일부는 온돌 벽체의 상단부를 20cm 안팎의 할석과 점토를 섞어서 쌓은 경우도 있다. 온돌의 아궁이는 온돌고래와 직교하는 방향으로 설치되어 있는데, 아궁이 좌우에 좁은 판석을 세우고 그 위에 길다란 이맛돌을 올려서 아궁이를 만들었다. 아궁이 가운데에는 좁고 긴 돌을 세워 놓은 경우가 많은데, 아궁이에 걸린 솥의 밑바닥을 받치기 위한 지각으로 생각된다. 구의동보루의 경우 온돌아궁이에 철솥 2점이 걸린 채로 발굴되었으나, 아차산 4보루의 경우 아궁이에 철솥이 확인된 예는 하나도 없다. 이것은 구의동보루가 갑작스런 기습으로 인하여 전멸하였던데 비해 아차산 4보루에 주둔하던 고구려 군은 아궁이의 철솥을 가지고 철수하였음을 보여주는 것이다.

　6호 건물지는 1호 건물지 서쪽에 위치하며, 다른 건물지와는 달리 수혈식이다. 7~12호 건물지는 석렬 외곽에 위치하며, 석렬 내부의 건물지에 비해 형태의 정형성이 떨어진다. 또한 석렬의 서쪽에서도 5기의 온돌이 확인되는데, 적어도 4기 이상의 건물이 있었던 것으로 추정된다. 이 온돌들은 주공보다는 나중에 설치된 것이지만 석렬보다는 먼저 축조된 것으로 보루의 내부도 몇 차례 증개축이 이루어진 것으로 보인다. 한편 석렬 서북쪽 모서리는 둥글게 모를 죽였으며, 그 바깥쪽 경사면에 온돌이 1기 확인되었다. 이 온돌은 다른 온돌과는 달리 경사면에 설치되었으며, 아궁이가 온돌고래와 같은 방향으로 설치되어 있다. 또한 아궁이 우측에서 여러 점의 단조철부들이 출토되었는데, 오랜 사용으로 마모가 심한 것들이었으며, 일부는 수리한 흔적도 있다(삽도 76). 이러한 점으로 보아 이 온돌은 일반적인 난방이나 취사용 온돌이 아니라 철기를 수리하던 간이대장간과 같은 기능을 하였던 것으로 추정된다. 그밖에 3호 건물지의 남쪽 석렬 내부는 별다른 시설이 없이 빈

삽도 76 _ 아차산 4보루 간이대장간 철기류 출토상황(ⓒ최종택)

공간으로 남아 있는데, 이곳에서는 유물도 거의 출토되지 않는 점으로
미루어 강당 등과 같은 공공장소로 이용되었던 것으로 추정된다.

저수시설은 석렬 내부의 3호 건물지와 5호 건물지 사이에 위치한다.
북쪽의 1호 저수시설은 남북 방향의 길이가 약간 길지만 대체로 정방
형에 가까운 형태이고, 깊이도 200cm 가량으로 깊은 편이다. 이들 유
구는 암반풍화토를 수직으로 굴토하여 만들었는데, 바닥에는 1m 정
도, 벽체 안쪽에는 두께 50~70cm 정도의 입자가 고운 회색 뻘 흙을
발라놓았다(삽도 77). 1호 저수시설에는 벽체에 뻘을 채울 때 통나무
를 쌓아 올린 흔적이 있어서, 사용할 당시에는 통나무가 벽체를 이루
고 노출되었던 것으로 추정된다. 저수시설의 어깨 쪽에는 판석과 할석
을 이용하여 쌓은 석렬이 있으며, 이들 중 일부는 폐기 후 수혈유구 내
부로 흘러 들어가기도 하였다. 내부에서는 이들 할석과 함께 밖에서 굴
러 들어온 토기편 외에는 다른 유물이나 시설은 확인되지 않았다. 1호
저수시설의 토광은 길이 6.7m, 폭 5.1m, 깊이 3.5m의 규모이며,
방수처리 후 내부의 저수공간은 길이 4.3m, 폭 3.0m, 깊이 2.3m

삽도 77 _ 아차산 4보루 1호 저수시설 전경(ⓒ서울대학교박물관)

로 저수용량은 29.7m³로 추산된다. 2호 저수시설의 토광은 길이 4.95m, 폭 4.3m, 깊이 3.1m의 규모이며, 방수처리 후 내부의 저수 공간은 길이 3.5m, 폭 3.1m, 깊이 2.4m로 저수용량은 26m³로 추산된다.

아차산 4보루에서는 토기류와 철기류가 주로 출토되었는데, 출토된 토기류는 26개 기종 753개체에 달한다. 토기류는 주로 건물지 내부의 온돌유구 주변에서 출토되었는데, 유적이 화재 등으로 소실된 것이 아니라 오랜 기간 동안 자연 폐기된 상태여서 많이 파손되어 있다. 출토된 모든 토기가 고구려 토기의 전형적인 특징을 보이고 있다. 태토는 고운 니질로 되어 있고, 표면색은 황갈색이나 흑색을 띠고 있으며, 소성도는 비교적 높은 편이나, 표면은 만지면 손에 묻어날 정도로 약화되어 있다. 장동호류를 비롯하여, 호·옹류, 완류, 동이류, 시루류, 뚜껑류, 이배류, 접시류, 직구옹류 등 고구려 중기의 대표적인 기종을 망라하고 있다. 모든 토기가 평저기의 특징을 가지고 있으며, 호·옹류

삽도 78 _ 아차산 4보루 출토 토기류 각종(우측은 연통, ⓒ최종택)

의 경우는 밖으로 말리듯이 외반된 구연부를 특징으로 하고 있다. 또, 시루나 동이류의 경우 특징적인 帶狀把手가 달려 있으며, 장동호 형태의 토기에 바닥과 구연이 없는 깔때기 모양의 토기와 연통 등이 처음으로 확인되었다(삽도 78).

그밖에 「後Ⲅ都O兄」, 「冉牟兄」, 「支都兄」 등 여러 점의 명문토기가 출토되었다(삽도 79). 「後Ⲅ都O兄」명 토기와 「冉牟兄」명 토기는 3호 건물지에서 출토되었으며, 「支都兄」명 토기는 1호 건물지에서 출토되었다. 3점 모두 접시이며, 명문은 소성 전에 새긴 것이다. 명문 중에서 '後Ⲅ'은 '後部'로 판독되며, 평양성 석각의 예로보아 漢城의 후부로 추정된다. 나머지 '都O兄', '冉牟兄', '支都兄'은 兄으로 끝나는 공통점을 가지고 있는데, 고구려의 관등명에 兄이 사용되었으므로 이들 명문 역시 관등명으로 볼 수도 있으나 문헌에는 이런 관등명이 보이지 않는다. 한편 중국 집안시의 牟頭婁塚의 묘지에 모두루의 조부인 冉牟가 北夫餘 守事를 지냈다는 기록이 있다. 물론 모두루의 조부 염모가 북부여 수사로 활동하던 시기는 4세기 중엽으로 아차산 4보루보다는 150년 이상 앞선 시기의 일이므로 아차산 4보루 접시의 염모와 모두루총의 염모가 동일인물일 수는 없다. 그러나 冉牟가 인명으로 사용된 것은 분

삽도 79 _ 아차산 4보루 출토 명문토기 각종(ⓒ최종택)

명하므로 아차산 4보루에서 출토된 염모도 인명일 가능성이 크며, 인
명에 존칭의 의미로 '兄'을 덧붙인 것으로 해석할 수도 있다. 그러한 추
론이 가능하다면 '都○'와 '支都' 역시 인명으로 보아야하며, 각각 6세
기 전반경 아차산 4보루에 주둔하던 인물들로 이해된다.

철기류는 341점이 출토되었는데, 종류별로 보면 무기류와 공구류,
용기류, 마구류 등으로 구분된다. 가장 많이 출토되는 것은 공구로 사
용된 단조철부이며, 보루 서북쪽 경사면에 설치된 온돌 주변에서 20여
점이 집중적으로 출토되고 있어서 이 유적에서 간단한 손질이 행해졌
던 것으로 추정된다. 그밖에 공구류로는 철정과 끌, 낫, 호미 등이 있
는데, 모두 보존 상태는 비교적 양호한 편이다. 무기류로는 화살촉과
창고달이 등이 있으며, 1호 건물지 동쪽 온돌 아궁이 내부에서 투구가
1점 출토되었다(삽도 80). 화살촉은 모두 가늘고 긴 것으로 구의동 1
보루에서 출토된 것과 동일한 형태를 하고 있다. 무기류는 유적의 규모

삽도 80 _ 아차산 4보루 출토 철제투구(ⓒ최종택)

에 비해 아주 적은 양이며, 횡공부를 제외하고는 완형으로 출토된 것이 없고 당시의 주요 무기인 鐵鉾는 출토 예가 없다. 무기류의 출토예가 빈약한 점 역시 아차산 4보루의 폐기원인과 관련된 것으로 생각된다.

7. 시루봉보루

시루봉보루는 서울시와 구리시의 경계를 이루는 아차산의 주 능선에서 동남쪽 한강으로 흘러내린 능선상 말단의 봉우리에 위치해 있으며, 현재 행정구역상 경기도 구리시 교문동 산 149-1번지에 해당된다. 보루는 남으로는 한강, 동으로는 왕숙천을 바로 바라보고 있어 한강 이남역과 구리 토평동 일대의 평지가 한 눈에 들어오는 요충지로 한강 북안과 왕숙천 일대를 조망할 수 있는 입지를 하고 있다(삽도 81). 1994년 구리문화원에서 실시한 지표조사를 통해 보루의 존재가 확인되었으며,[63] 1999년과 2000년에 보루 내부에 대한 조사가 실시되었다.[64] 이후 2009년부터 2011년까지는 성벽과 외곽에 대한 조사를 실시하였으며,[65] 현재는 성벽을 복원하여 보존하고 있다.

---

63) 강진갑 · 류기선 · 손명원 · 심광주 · 윤우준 · 이달호 · 이도학 · 주강현, 1994, 『아차산의 역사와 문화유산』, 구리문화원학술총서 1, 구리시 · 구리문화원.

64) 임효재 · 최종택 · 임상택 · 윤상덕 · 양시은 · 장은정, 2002, 『아차산 시루봉보루 -발굴조사 종합보고서-』, 서울대학교박물관.

65) 이선복 · 양시은 · 남은실 · 조가영 · 김준규, 2013, 『시루봉보루 Ⅱ』, 서울대

삽도 81 _ 시루봉보루에서 본 구리시와 한강(상) 및 아차산 전경(2012년, ⓒ최종택)

보루가 위치한 시루봉은 해발 205.8m의 작은 봉우리로 보루는 봉
우리의 윤곽을 따라 활처럼 휘어있다. 1999년 발굴조사에 착수하기
전 군부대가 조성한 참호에 의해 보루의 상당부분 훼손되어 있었는
데, 폭 2m, 총 연장 180m 정도의 참호가 조성되어 있었다(삽도 82).
보루의 규모는 남북 90m, 동서 25m, 성벽을 기준으로 한 둘레는
205m로 추정된다. 보루의 서북쪽 구간 성벽 바깥쪽의 곡부에는 이중
의 석렬이 확인되었는데, 홍련봉 2보루에서 조사된 외황시설의 일부로
추정된다. 다만 석렬(외황) 사이에서 목책공이 3개 조사되었는데, 외
황을 축조하기 전에 설치했던 목책의 흔적일 가능성이 크다. 성벽의 안
쪽으로는 2열의 목책이 설치되었는데, 외부목책열은 석축성벽의 윤곽

학교박물관.

삽도 82 _ 1차 조사가 끝난 후 시루봉보루 전경(2009년, ⓒ최종택)

삽도 83 _ 공중에서 본 시루봉보루 전경(ⓒ서울대학교박물관)

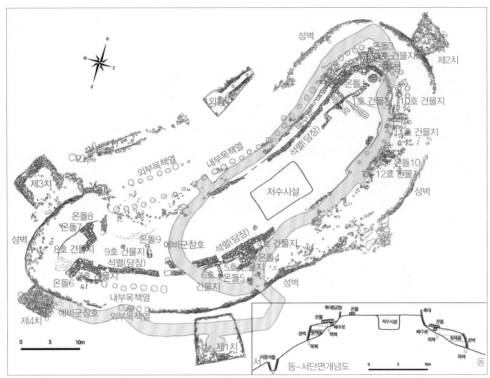

삽도 84 _ 시루봉보루 유구배치도(©서울대학교박물관, 필자 일부 수정)

과 거의 일치하며, 내부목책열은 안쪽으로 4~5m 떨어져 있다. 또한 내부목책열에서 안쪽으로 2~3m 떨어져서 폭 1m 내외의 석렬이 보루 내부의 평탄면을 감싸고 있다. 1999년 조사 시에는 이 석렬을 대형건물의 벽체 기단으로 이해하였으나 보루 내부의 평탄면을 두르는 담장시설로 이해된다. 성벽과 2열의 목책 및 담장(석렬)의 층위와 중복관계 등을 고려할 때 2열의 목책을 먼저 축조한 후 바깥쪽 목책열 상부 또는 바로 바깥쪽에 석축성벽을 축조하였으며, 내부 목책열의 안쪽으로는 석축담장을 설치한 것으로 이해된다(삽도 83, 84).

성벽은 지면을 정지한 후 쌓았는데, 일부 지점에는 보통의 석재보다 큰 장대석을 사용해 기초를 견고히 하였다. 성벽에 사용된 석재는 주

삽도 85 _ 시루봉보루 동쪽 성벽 전경(ⓒ서울대학교박물관)

변에서 구하기 쉬운 화강암을 약간 다듬어 사용하였으나 치석의 정도
가 미약하고 크기와 모양도 일정하지 않다(삽도 85). 석재의 두께도 얇
아서 평균 10cm 두께의 석재를 사용하였고 두꺼운 경우도 15cm 내
외가 일반적이다. 석재의 정면 너비도 일정하지 않으나 큰 석재의 경
우 40~50cm이며, 석재의 장축이 성벽의 진행방향과 일치하게 횡평
적 하였으나 곳에 따라 진행방향과 수직으로 석재를 끼워 넣는 방법도
사용되고 있다. 성벽은 대체로 외면쌓기를 하였으며, 내부는 마사토와
점토로 뒷채움을 하였다. 보루 남쪽 성벽에서는 성벽 바로 아래에서 목
책공이 확인되고, 서쪽의 성벽이 유실된 구간의 경우도 목책열이 성벽
과 거의 같은 윤곽을 이루고 있으나, 성벽이 남아있는 구간의 경우 성
벽 사이에서 柱棟이 확인되지는 않는다. 이러한 점으로 보아 석축성벽
은 외부목책의 바로 바깥쪽에 붙여서 축조한 것으로 생각된다. 성벽의
축조기법이 정교하지 못한 탓에 잔존상태는 매우 불량한데, 동벽의 경
우 13~15단이 남아있으며, 현존 높이는 1.7m 가량 된다. 지형에 따

삽도 86 _ 시루봉보루 제 3치(좌) 및 점토벽체(ⓒ서울대학교박물관)

라 차이가 있겠으나 성벽의 원래 높이는 최소한 3~4m 이상 되었던 것
으로 추정된다.

성벽의 치는 모두 4개로 보루의 남쪽과 북쪽에 각각 1개씩, 그리고
남쪽으로 치우쳐 동쪽과 서쪽에 하나씩 설치하였다. 치의 축조수법과
형태는 다소 차이가 있는데, 제 3치는 정방형에 가까우나 나머지 3개
의 치는 바깥쪽이 넓은 사다리꼴이다. 또한 보루 남단의 서쪽과 동쪽에
설치된 제 1치와 제 3치는 성벽에서 1m 가량 떨어져 있으나 북쪽과 남
쪽의 제 2치와 제 4치는 성벽에 잇대어 축조하였다. 치의 외벽은 석재
를 이용해 외겹으로 쌓고 내부는 점토로 채웠다. 그러나 제 3치의 경우
세 벽은 안팎으로 면을 맞추어 쌓았으며, 성벽쪽 벽체는 점토로 벽체를
만든 것으로 보아 내부 공간을 초소와 같은 기능으로 사용했던 것으로
보인다(삽도 86). 가장 규모가 큰 제 1치의 경우 북쪽 단벽은 6.5m,
남쪽 장벽 8.6m, 동벽 7.3m, 서벽은 7.4m이며, 남벽의 높이는 3m
에 달한다.

목책은 2열로 설치하였는데, 성벽 바로 하단부의 외부목책열을 설치
하고 안쪽으로 4~5m 떨어져서 내부목책열을 설치하였다(삽도 87).
목책공의 지름은 70~90cm, 깊이는 150cm 내외이고, 내부 목책의
지름은 20~30cm 가량 된다. 목책의 간격은 일정하지 않아 좁은 것

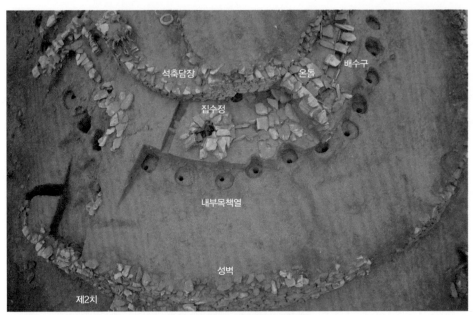

삽도 87 _ 시루봉보루 북쪽 성벽과 안쪽 목책열(ⓒ서울대학교박물관)

은 80cm, 넓은 것은 180cm 가량 되지만 평균 100cm 내외이다. 홍
련봉 2보루에서는 외부목책열과 내부목책열 사이에서 횡장목의 흔적
이 확인되는데, 시루봉보루의 경우도 두 목책열 사이에 횡장목으로 가
구한 후 내부에 점토와 마사토를 다져 채웠던 것으로 추정된다. 내부
목책열의 안쪽도 점토로 다진 후 내부에 건물과 저수시설 및 배수시설
등을 설치하였으며, 따라서 내부 목책열은 내부 시설물을 보호하는 울
타리와 같은 역할을 한 것으로 생각된다. 한편 내부 목책열 안쪽으로
2~3m 떨어져 폭 1m 내외의 석렬이 돌아가는데, 역시 내부의 시설물
을 보호하는 담장의 역할을 한 것으로 보인다. 이 석축담장은 내부목책
열에서 안쪽으로 떨어져 있으나 동쪽 일부 지점의 경우는 석축담장과
내부목책열이 인접하거나 겹쳐있는 부분도 있다. 따라서 석축담장도
내부목책열보다 후에 설치된 것으로 이해되며, 석축성벽의 축조와 함
께 또는 그 이후에 설치된 것으로 이해된다.

이상의 상황을 종합하면 시루봉보루의 축조과정은 크게 두 단계로 이해할 수 있다. 첫 번째는 2열의 목책을 설치하고, 목책열 사이는 점토와 마사토로 채운 후 내부 목책열 안쪽에 건물지와 저수시설 및 배수시설을 설치한 단계이며, 두 번째 단계는 외부목책열에 붙여서 석축성벽과 치를 축조하고, 내부목책열 안쪽에 석축담장을 설치하였다. 층위상으로 보면 석축담장과 내부목책열 사이의 시설물은 두 번째 단계에 설치된 것으로 이해된다.

건물지는 모두 12기가 확인되었는데, 이 중 2기의 건물지만 석축담장 안쪽에 위치하고 나머지는 모두 석축담장과 내부목책열 사이에 위치한다. 발굴조사가 실시된 다른 보루의 경우 석축담장 내부에 주요 건물이 배치되고, 담장 바깥쪽으로는 소규모의 건물이 추가로 배치되는 것이 일반적인데 비하면 시루봉보루의 건물 배치양상은 매우 이례적이다. 그러나 석축담장 내부의 평탄면 대부분이 현대의 군사용 참호로 둘러싸여 있고, 훼손이 심한 점을 감안할 때 원래부터 건물이 없었던 것이 아니라 훼손된 것으로 추정된다. 또한 유구의 배치상태와 층위상의

삽도 88 _ 시루봉보루 8호 건물지 내부 온돌(ⓒ서울대학교박물관)

증거를 통해 볼 때 석축담장 외곽의 건물들은 내부 목책열이 폐기된 후에 설치된 것이다. 대부분의 건물지는 온돌을 포함하고 있으나 10호와 11호 건물지에는 온돌이 설치되지 않았으며, 8호 건물지의 경우는 직선형 온돌 2기가 설치되었다(삽도 88). 대부분의 건물지가 훼손이 심하여 벽체의 흔적을 찾기 어려워 건물의 평면형태와 규모를 정확히 판단하기 어렵다.

저수시설은 보루의 중앙에서 동북쪽으로 약간 치우친 지점에 위치한다. 다른 보루의 저수시설과 마찬가지로 암반을 굴토한 후 바닥과 벽체에 고운 점토를 채워 방수처리를 하였다. 방수처리한 벽체의 보존 상태는 그리 양호한 편은 아니나 바닥면에서 통나무의 흔적이 확인된다. 1999년 조사 당시 저수시설 내부의 1/4만 조사하였는데, 전체 토광은 장방형이며, 규모는 남북 9.5m, 동서 6.3m, 깊이는 3.2m이다.

삽도 89 _ 시루봉보루 서북쪽 석축담장과 배수로(ⓒ최종택))

방수처리 후 내부 저수공간은 남북 6.9m, 동서 3.7m, 깊이 2.6m이며, 저수용량은 66.4m³로 추산되며, 단일 저수시설로는 아차산 일대 보루 중 가장 큰 규모이다. 그러나 이와 같은 저수용량은 아차산 4보루의 저수시설 2기를 합친 것과 비슷하여 저수시설의 수와 관계없이 보루별 저수용량은 일정하게 관리되었던 것으로 보인다.

석축담장 외곽 바로 아래 또는 30~90cm 정도 떨어진 지점에는 담장과 평행하게 암거식 배수로가 설치되었다(삽도 89). 1호 건물지 남쪽에는 보루 밖으로 연결되는 배수로가 설치되어 있으며, 3호 건물지 동쪽에는 집수정이 설치되었다. 배수로는 생토를 굴토한 후 바닥에 말각장방형의 판석을 깔고, 그 옆에 판석을 세우고 다시 위에 뚜껑을 덮은 형태이다. 배수로 내부의 폭은 50cm 내외이고, 유실되지 않고 남아 있는 배수로의 길이는 40m가 넘는다. 석축 담장 외곽을 따라 설치된 배수로의 상면에는 온돌을 설치하였는데, 배수로를 먼저 조성하고 흙으로 평탄하게 다진 후 온돌시설을 축조하여 숙식이나 취사를 하는 공간을 만들었던 것으로 생각된다.

시루봉보루에서 출토된 토기류는 모두 22개 기종 506점으로 보루의 훼손이 심한 탓에 대부분 깨어진 채로 수습되었으며, 참호구축과정에서 많은 양의 토기가 유실된 것으로 생각된다. 출토된 토기류는 고구려 토기의 전형적인 특징을 보이고 있는데, 태토는 고운 니질이고, 표면색은 황갈색이나 흑색을 띠고 있으며, 소성도는 비교적 높은 편이나 표면은 만지면 손에 묻어날 정도로 약화되어 있다. 출토된 토기 기종은 대옹과 시루, 접시, 완, 장동호 등이며 모든 토기가 平底器의 특징을 가지고 있다. 호·옹류의 경우는 밖으로 말리듯이 외반된 구연부를 특징으로 하고 있으며, 시루나 동이류의 경우 특징적인 帶狀把手가 달려 있다. 이들은 이미 조사된 다른 보루의 토기 양상과 크게 다르지 않은데, 다만 아차산 4보루에서 다량 출토되었던 장동호가 시루봉에서는 적게 출토되는 점은 특이하다. 한편 7호 건물지 북쪽 석축담장 주변에서 「大夫井大夫井」이라는 명문이 새겨진 토기가 출토되었다. 명문은 소성 전에 새긴 것으로 대옹의 어깨에 종방향으로 새겼으며, 글자체는 유려하지 못하다. 철기류는 73점이 출토되었는데, 역시 아차산의 다른 보루에 비해 출토량이 빈약하다. 출토된 철기류는 무기류와 농공구류 및 생활용구 등으로 구분되며, 무기류의 비중이 높다.

제2장

아차산 고구려 보루 출토유물

용마산 2보루 출토 고구려 토기류 각종(ⓒ서울대학교박물관)

1. 아차산 보루 출토 토기류

표 1 _ 아차산 고구려 보루 출토 토기류 기종구성표

번호	기종	구의동 1보루	홍련봉 1보루	홍련봉 2보루	용마산 2보루	아차산 3보루	아차산 4보루	시루봉 보루	합계	구성비 (%)
1	심발류		19	8	1	11	11	33	83	2.7
2	광구장경사이옹류	1	2				2	2	7	0.2
3	원통형삼족기류	1			3	5		1	10	0.3
4	장동호류	40	12	18	17	21	69	28	205	6.7
5	구형호류	26	43	29	48	55	77	50	328	10.7
6	옹류	76	71	103	44	61	135	30	520	17.0
7	직구호류	-	7		2	10	5	5	29	0.9
8	직구옹류	29	23	14	17	44	32	18	177	5.8
9	이부호류	1	1				1		3	0.1
10	광구호류			3			2	2	7	0.2
11	양이부장동옹류	1		2	10	4	7	9	33	1.1
12	시루류	23	8	4	10	13	30	28	116	3.8
13	부형토기류		11	5	6			1	23	0.7
14	동이류	76	62	55	43	78	84	75	473	15.4
15	합류	2	2		1	1	5	3	14	0.5
16	완류	24	18	20	7	24	22	23	138	4.5
17	대부완류	2	9	7	14	7	2	17	58	1.9
18	이배류	3	2		7		7	1	20	0.7
19	반류		5	6	2	3	1	7	24	0.8
20	접시류	17	60	19	18	21	60	100	295	9.6
21	종지류	4	10	2	4	3	5	10	38	1.2
22	병류	1			1		1	2	5	0.2
23	또아리병류	1							1	0.1
24	구절판류		1	2		1	6		10	0.3
25	호자류			3				1	4	0.1
26	뚜껑류	41	55	37	59	37	45	49	323	10.6
27	연통류		25	18	7		26	10	86	2.8
28	깔때기류						1		1	0.1

번호	기종	보루	구의동 1보루	홍련봉 1보루	홍련봉 2보루	용마산 2보루	아차산 3보루	아차산 4보루	시루봉 보루	합계	구성비 (%)
29	주좌류			4	1	3	2			10	0.3
30	기타			3	7	5		3	2	20	0.7
	합계		369	453	360	332	401	639	507	3,061	100

1) 아차산 고구려 토기의 출토양상

지금까지 아차산 보루의 발굴을 통해서 출토된 토기류는 모두 3,061개체분에 달하는 양이며, 각 보루별 양상은 표 1과 같다. 보루별로 보면 아차산 4보루에서 가장 많은 토기가 출토되었으나, 용마산 2보루 출토 토기류가 가장 적다. 그러나 보루의 규모와 대비해보면 구의동 1보루 출토 토기류가 가장 많은데, 구의동 1보루는 화재로 전소되었고, 주둔병사들이 철수하지 못하고 전멸당한 것을 반영하는 것으로 생각된다.[66]

토기의 기종은 모두 30여 개로 분류되며, 대부분 일상생활에서 사용하던 실용기이다(삽도 90 · 91). 보루별로 차이가 있기는 하지만 출토양상을 보면 단일기종으로는 옹류가 가장 많고, 동이류 · 구형호류 · 접시류 · 장동호류 · 완류 · 완류 · 시루류 등의 순으로 많이 출토된다. 뚜껑류의 출토량도 많으나 뚜껑류는 단일 기종이 아니라 다른 기종에 부가되는 것이므로 중복되는 것이다. 광구장경사이옹류와 원통형삼족기류는 실용기가 아니라 의례용기로 추정되는데, 출토량이 빈약하며 완

---

66) 표 1에서 구의동 1보루 토기에는 구의동 2보루 출토 토기 3점이 포함되어 있으며, 시루봉보루 토기는 2000년과 2009년 및 2010년 출토품을 합친 숫자이고, 아차산 4보루는 1998년 출토품에 2007년 출토품 101점을 합친 숫자이다. 홍련봉 1보루와 2보루는 2012년과 2013년에 추가 발굴조사가 실시되었으나 보고서가 간행되지 않아 2004년 및 2005년 조사내용만 반영하였다. 따라서 보루의 남쪽 일부에 대한 발굴이 이루어진 아차산 3보루와 보루 북쪽 구역 출토 토기류만이 보고된 홍련봉 2보루는 보루 전체의 양상을 반영하지 못한다.

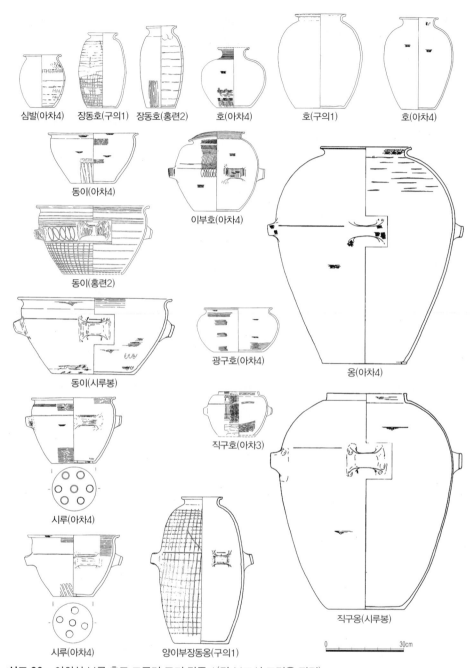

심발(아차4) 장동호(구의1) 장동호(홍련2) 호(아차4) 호(구의1) 호(아차4)

동이(아차4)

이부호(아차4)

동이(홍련2)

동이(시루봉)

광구호(아차4)

옹(아차4)

시루(아차4)

직구호(아차3)

시루(아차4) 양이부장동옹(구의1)

직구옹(시루봉)

0   30cm

삽도 90 _ 아차산 보루 출토 고구려 토기 각종 1(각 보고서 도면을 편집)

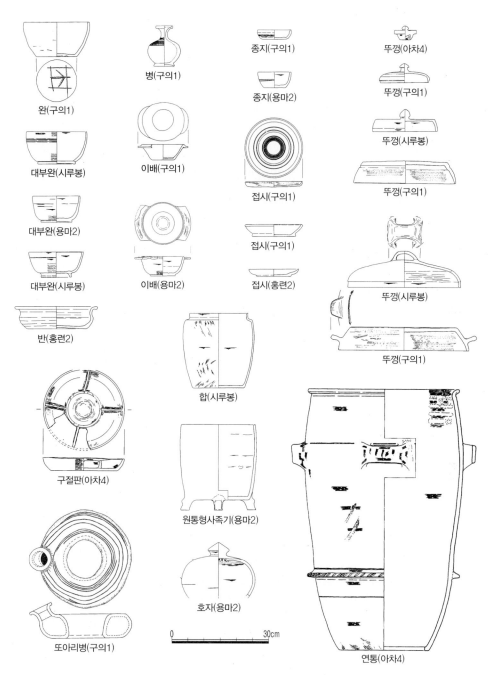

완(구의1)

병(구의1)

종지(구의1)

종지(용마2)

뚜껑(아차4)

뚜껑(구의1)

대부완(시루봉)

이배(구의1)

접시(구의1)

뚜껑(시루봉)

대부완(용마2)

접시(구의1)

뚜껑(구의1)

대부완(시루봉)

이배(용마2)

접시(홍련2)

뚜껑(시루봉)

반(홍련2)

합(시루봉)

뚜껑(구의1)

구절판(아차4)

원통형사족기(용마2)

또아리병(구의1)

호자(용마2)

0   30cm

연통(아차4)

삽도 91 _ 아차산 보루 출토 고구려 토기 각종 2(각 보고서 도면을 편집)

형으로 출토되는 예도 거의 없다. 그밖에 또아리병류 · 구절판류 · 호자류 · 깔때기류 · 주좌류 등은 소량만 출토되는 기종으로 일반적으로 실생활에서 많이 사용되지는 않은 것이다.

토기류는 형태와 크기에 따라 저장용 · 조리용 · 배식용 · 운반용 등으로 구분할 수 있다. 조리용 토기는 직접 불에 닿는 자비용기와 식재료를 씻거나 남아두는 조리준비용기로 세분이 가능하다. 자비용기는 심발류와 부형토기류가 있으며, 두 기종 모두 태토에 굵은 모래가 섞여 있는데, 열전도율을 높이고 열팽창율을 낮추기 위한 것으로 생각된다. 시루류는 부형토기류나 철솥에 올려놓고 음식을 찌는데 사용한 것으로 직접 열을 받기는 하지만 다른 기종과 마찬가지로 니질태토이다. 그밖에 동이류와 광구호류 및 이부호류 등 아가리가 넓고 동체부가 얕은 기종들은 식재료를 준비하거나 운반하는 등의 조리준비용으로 생각된다. 배식기는 완류와 접시류가 대표적이며, 대부완류 · 이배류 · 반류 · 종지류 · 구절판류 등이 포함된다. 구절판류는 바닥이 넓고, 깊은 접시형태를 여러 공간으로 나눈 것인데, 아차산에서 출토된 완형의 경우 다섯 개의 공간으로 나뉘어있다.

저장용기와 운반용기의 구분은 쉽지 않으며, 형태가 유사한 호 · 옹류에 있어서 기능의 파악은 더욱 어려운 문제이다. 하지만 호 · 옹류는 기종별로 크기에 있어서 커다란 차이를 보이고 있으며, 이러한 크기의 차이는 기능의 차이를 반영하는 것으로 볼 수 있다. 장동호류 및 구형호류와 옹류, 그리고 직구호류와 직구옹류들의 크기는 매우 큰 차이가 있으며, 실제 내용물을 담는 것과 관련된 용량의 차이는 더욱 큰 차이를 보인다. 따라서 형태가 유사한 호 · 옹류 중에서 옹류와 직구옹류는 많은 내용물을 담아 저장하던 저장용기로 구분할 수 있다. 옹류나 직구옹류에 비해 크기가 작은 장동호류와 직구호류, 구형호류 등은 높이에 비해 구경이 작은 특징을 가지고 있으며, 적은 양의 내용물 특히, 음료 등을 운반하는데 사용된 것으로 구분할 수 있으며, 비교적 큰 기종인 광구호류는 조리용기로 구분할 수 있다.

표 2 _ 아차산 고구려 보루 토기류 기능별 출토양상[67]

기종 \ 보루	구의동 1보루	홍련봉 1보루	홍련봉 2보루	용마산 2보루	아차산 3보루	아차산 4보루	시루봉보루	합계
조리용기	100	101	75	60	102	128	139	705
배식기	50	105	56	52	59	103	158	583
운반용기	70	64	49	78	91	163	95	610
저장용기	105	94	117	61	105	167	48	697
기타	3	34	26	22	7	33	18	143
합계	328	398	323	273	364	594	458	2738

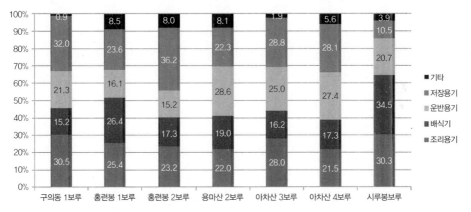

삽도 92 _ 아차산 각 보루별-기능별 토기 출토양상의 백분율분포도(숫자는 백분율)

한편 보루별로 기능별 토기의 출토양상을 정리하면 표 2 및 삽도 92와 같은데, 보루별로 출토양상에 약간씩의 차이가 있다. 조리용기는 구의동 1보루와 시루봉보루가 30%대로 많으며, 아차산 4보루가 21.5%로 가장 적다. 배식기가 차지하는 비율은 시루봉보루가 34.5%로 다른 보루에 비해 월등히 높으며, 홍련봉 1보루를 제외하면 대체로 20% 미만이다. 운반용기의 비율은 용마산 2보루가 가장 높으며, 홍련

---

67) 기능별 토기류의 개체수는 앞에서 구분한 기준에 의하여 기별별 개체수를 합한 것이며, 뚜껑류는 제외하였다.

봉 1·2보루가 낮다. 옹류와 직구옹류 등 대형 저장용기의 비율은 홍련봉 2보루가 가장 높고, 시루봉보루가 가장 낮은데, 대체로 20% 이상을 차지한다. 보루별로 차이를 보이는 기능별 토기의 출토양상이 보루의 기능과 관련된 것으로 이해하기 위해서는 여러 가지 전제가 해결되어야하겠으나 대형 저장용기의 빈도차이는 보루의 기능과 관련하여 참고할 필요가 있는 것으로 생각된다.

2) 아차산 고구려 토기의 제작기법

아차산 보루에서 출토된 토기류는 기종별로 약간씩의 차이가 있기는 하지만 대체로 유사한 제작기법을 공유하고 있다. 우선 모든 기종이 평저로 제작되었고, 호·옹류의 경우에는 목과 구연이 발달되었으며, 호·옹류 및 동이류, 시루류 등에는 대상파수를 부착하였다. 胎土는 기본적으로 매우 정선된 泥質粘土를 사용하였는데, 예외적으로 심발류와 부형토기류는 사립이 함유된 점토질 태토를 사용하였으며, 석면을 보강제로 사용하기도 한다. 니질태토의 토기는 별도의 보강제를 사용하지는 않았으나 대부분의 토기에 산화철(Fe_2O_3)성분의 붉은색 덩어리가 섞여 있는 것이 관찰되며, 의도적으로 섞은 것인지 원료 점토에 포함되어 있던 것인지 여부는 명확하지 않다. 토기질은 대체로 경질에 가까우나 일부는 표면이 손에 묻어날 정도로 약화되어 있다. 일부 회색조의 토기류는 경도가 상당히 높은데, 반면에 구연부나 동체부 일부가 찌그러지거나 부풀어 오른 경우가 많아 주된 제작기술은 아니었던 것을 알 수 있다. 토기의 표면색은 황색·흑색·회색의 세 가지로 대별되는데, 황색이 가장 많으며, 토기표면에 슬립을 입힌 것으로 보이는 경우도 간혹 있다.

성형은 대체로 테쌓기를 한 후 물레를 사용하여 마무리하는 방법을 통해 이루어진다(삽도 93). 제작과정을 보면 저부에서 구연부 쪽으로 올라오면서 성형하는데, 먼저 납작한 바닥을 만들고 그 위에 점토 띠를

삽도 93 _ 아차산 보루 출토 고구려 토기류의 제작흔 각종(ⓒ최종택)

쌓아 올라가는 방식을 취하고 있다. 바닥과 동체부를 접합하는 방식은
두 가지가 있는데, 첫 번째는 납작한 바닥을 만들고 그 위에 점토 띠를
올려놓고 쌓는 방식이며, 두 번째는 납작한 바닥을 만들고 그 주위에
점토 띠를 붙여서 쌓는 방식이다. 이 두 가지 방법은 기종과 관계없이
혼용되는 것으로 관찰되는데, 전자는 대체로 장동호류와 같은 소형 기
종에서 많이 관찰된다. 한편 완류 등 일부 기종의 바닥에는 얕은 突帶痕
이 관찰되기도 하는데, 이는 토기를 성형할 때 바닥에 받쳤던 판의 흔
적으로 생각된다. 완류나 접시류의 경우 바닥에 얕은 굽이 달리는 경우
가 있는데, 통굽과 들린 굽의 두 형식이 있으며, 들린 굽의 경우 굽을
부착하는 방식과 통굽의 내부를 깎아서 만드는 방식의 두 가지가 있다.

동체부는 점토 띠를 쌓고 아래위로 손으로 눌러서 접합한 후 물레질

하여 마감하는데, 점토 띠의 폭은 기종에 따라 다르다. 장동호류와 같
은 소형 기종의 경우 점토 띠의 폭은 2~3cm에 불과하지만 옹류와 같
은 대형 기종의 경우 점토 띠의 폭이 10cm를 넘는 것도 있다. 테쌓기
를 하면서 손으로 눌러서 점토 띠를 서로 접합하여 구연부까지 성형한
후 안팎을 물레질하여 깨끗이 마무리하였다. 동체부나 뚜껑에 손잡이
를 붙이는 방법은 손잡이의 종류에 따라 차이를 보이는데, 동체부에 대
상파수를 부착할 경우 가운데 심을 박고 그 주변에 점토를 덧붙여 마무
리하였으며, 뚜껑에 파수를 부착할 경우는 파수를 부착할 지점에 먼저
여러 줄의 홈을 낸 후 손잡이를 부착하였다.

일부를 제외한 거의 모든 토기의 표면은 물레질로 마무리하였다. 많
은 토기들은 물레질을 한 후 부분적으로 깎기 기법을 사용하여 정면하
는데, 예새를 사용한 문지르기나 깎기 등이 많이 사용되었다. 그밖에
예새를 이용한 횡방향 정면 후 음각선을 그은 경우와 예새를 이용하여
횡방향 깎기와 종방향 깎기를 병행한 경우 등이 있으며, 표면에 승문이

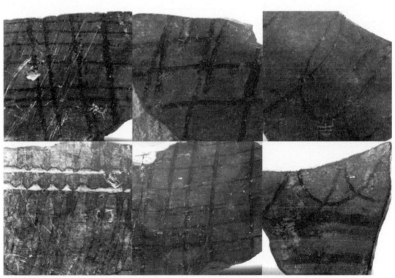

삽도 94 _ 아차산 보루 출토 고구려 토기류의 암문 각종(ⓒ최종택)

타날된 경우도 가끔 있다. 토기 표면에 음각으로 문양을 새기는 경우는 없으며, 흔히 暗文으로 불리는 찰과법에 의한 불규칙한 사선문이나 격자문, 연속고리문 등이 시문된다(삽도 94). 표면 색조는 황색이 가장 많으며, 흑색과 회색의 경질토기도 있는데, 회색경질토기는 소성과정에서 형태가 변형된 것이 많다.

3) 남한지역 고구려 토기의 편년

아차산 고구려 보루에서 출토된 토기류의 연대에 대해서는 상당한 연구가 진행되었으며, 6세기 전반으로 편년되고 있다. 특히 홍련봉 2보루에서 520년에 해당하는 「庚子」명 토기가 출토됨으로써 확고한 절대연대를 제공하게 되었다. 아래에서는 이러한 아차산 보루 출토 토기류의 연대관을 바탕으로 남한지역에서 출토된 토기류의 편년적 위치를 검토해 보기로 한다.

토기의 제작과 관련된 여러 속성 및 기술들은 토기의 제작 전통을 특정하게 되는데, 이는 다른 한편으로 시간적인 요소와 밀접한 관계를 갖는다. 아차산 일원의 고구려 토기 제작기법에 관해서는 이미 다양한 연구가 시도되었으며, 이를 통해 제작 기법과 관련된 몇몇 속성에서 차이가 확인되고 있다. 즉, 유적 간 조질 태도 구성비의 차이, 바닥의 제작흔 구성비의 차이, 구연형태 구성비의 차이, 굽이 있는 기종과 굽 제작기법의 차이 등이 지적되고 있으며, 이러한 차이를 유발하는 중요한 요인 중의 하나로 시간성이 제기되고 있다.[68] 필자도 이러한 견해에 동의하며, 이와 관련된 분석을 시도한 바 있다.[69] 그러나 남한지역 고구려 토기가 출토되는 유적 중 한강유역을 제외하고는 유적 전체에 대한

---

68) 梁時恩, 2003, 『漢江流域 高句麗土器의 製作技法에 대하여』, 서울大學校 大學院 碩士學位論文, 56~60쪽.

69) 최종택, 2006, 「南韓地域 高句麗 土器의 性格」『경기도의 고구려 문화유산』, 우리 곁의 고구려 학술세미나 발표집, 경기도박물관, 73~106쪽.

전면발굴과 출토유물에 대한 전량보고가 이루어진 유적이 없는 현 상황에서는 자세한 분석은 힘들다. 다만 토기류의 태토와 표면색조, 문양의 종류와 구성비 등에서 일정한 차이가 감지되며, 이를 통해 변화의 경향성은 확인할 수 있다.

몽촌토성과 은대리성, 남성골산성의 토기류에서는 황색조의 토기가 상대적으로 적고, 니질 태토라고할지라도 고운 사립이 소량 섞여있는 경우가 많이 확인된다. 또 이들 유적의 토기에서는 비교적 많은 수의 토기에 문양이 시문되어 있으며, 문양의 종류도 음각 횡선문과 점열문, 중호문, 파상문 등이 단독 또는 결합하여 시문되고, 일부 유적에서는 승문이나 격자문, 선조문 등이 타날되기도 한다. 대전의 월평동유적 출토 토기류도 이와 유사한 특징을 공유한다.

반대로 구의동 1보루, 홍련봉 1·2보루, 용마산 2보루, 아차산 3보루, 아차산 4보루, 시루봉보루, 호로고루, 독바위보루 등에서는 표면색이 황색인 토기의 구성비가 상대적으로 높으며, 심발형토기를 제외하고는 완전한 니질태토의 토기가 대부분이다. 또 이들 유적에서는 음각으로 시문된 토기는 거의 없으며, 반대로 격자문이나 연속고리문 등의 암문이 시문된 토기의 비중이 상대적으로 높다. 그밖에 시루봉보루에서는 굽이 달린 완류의 수가 다른 유적에 비해 월등히 많으며, 특히 통굽을 만들고 내부를 깎아내는 기법은 자기에서 보이는 굽의 제작기법과 같은 것이어서 시간적으로 늦은 시기의 것으로 파악되고 있다.[70] 이상과 같이 남한지역 고구려 유적에서 보이는 토기의 제작기법과 관련된 속성들의 차이는 유적 간 시간적인 차이를 반영하는 것으로 보이는데, 몽촌토성을 대표로하는 이른 시기의 유적과 구의동 1보루 및 아차산 일원의 보루를 중심으로 하는 늦은 시기의 유적으로 큰 경향성을

---

70) 梁時恩, 2003, 『漢江流域 高句麗土器의 製作技法에 대하여』, 서울大學校 大學院 碩士學位論文, 52쪽.

구연 형태	A형	B형	C형	D형

삽도 95 _ 고구려 토기 호·옹류 구연부 형태분류

파악할 수 있다.[71]

　그 외에도 고구려 토기 호류와 옹류, 장동호류, 동이류, 심발류의 구연형태의 구성비 차이를 통해 유적간의 시간적 차이를 분석할 수 있다. 이들 기종의 구연부는 구순 말단의 처리에 따라 네 유형으로 구분된다(삽도 95). 첫째는 구연부가 거의 직선으로 외반하며, 구단부를 둥글게 처리한 것(A형)이고, 둘째는 직선으로 외반한 구연부의 말단이 각지게 처리된 것(B형)으로 이 경우 구단부 바깥쪽으로 침선이 돌아가는 경우가 많다. 셋째는 둘째 유형과 유사하지만 구단부 하단이 들리고 홈이 파진 것(C형)이며, 넷째는 구연부를 밖으로 말아서 접은 것(D형)이다.

　남한지역 각 유적별 고구려 토기의 구연부 형태의 분포는 삽도 96과 같다. 그간의 연구 결과에 따르면 단순하게 처리된 A형과 B형 구연보다 구단부를 밖으로 말듯이 둥글게 접은 D형이 시간적으로 늦게 사용되는 것으로 밝혀지고 있는데,[72] 이러한 구연형태 구성비는 유적별로 차이가 있어서 구연형태의 구성비에 따라 각 유적 간 시간적 차이를 추론할 수 있다. 각 유적별로 D형 구연의 구성비를 많은 유적부터 순서대로 살펴보면 용마산 2보루, 시루봉보루, 홍련봉 2보루, 홍련봉 1보루, 아차산 4보루, 호로고루 등이며, 이 유적들은 D형 구연의 비율이 50%를 넘는다. 반면에 몽촌토성은 D형 구연의 비율이 6.6%, 은대리

---

71)　崔鍾澤, 2006, 「南韓地域 高句麗 土器의 編年 硏究」『先史와 古代』24, 韓國古代學會, 242~299쪽.

72)　崔種澤, 1999b, 『高句麗土器 硏究』, 서울大學校 大學院 博士學位論文, 38쪽.

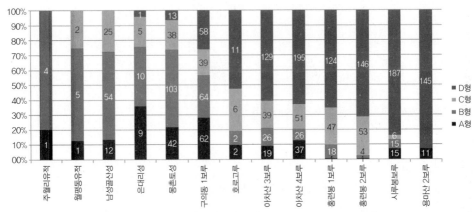

삽도 96 _ 남한지역 유적별 고구려 토기 구연형태 백분율분포도(숫자는 최소개체수)

성은 4.0%이며, 월평동유적과 남성골산성, 주월리유적의 경우는 D형 구연이 하나도 없다. 반면 A형이나 B형 구연의 구성비는 대체로 이와 반대의 분포를 보인다.

이러한 구성비를 참조한다면 아차산 일원의 보루들과 호로고루는 몽촌토성이나 은대리성, 월평동유적, 남성골산성, 주월리유적 보다 상대적으로 늦은 시기의 유적으로 판단할 수 있다. 이를 다시 토기질이나 표면색조, 문양 등 제 속성의 분석결과와 함께 고려하다면 남한지역 고구려 토기가 출토되는 유적은 주월리유적(4세기 후반) – 남성골산성, 월평동유적, 은대리성, 몽촌토성(5세기 후반) – 호로고루와 아차산 보루(6세기 전반)의 순으로 배열할 수 있다. 물론 아차산 고구려 보루도 상대적으로 이른 시기와 늦은 시기로 구분할 수 있겠으나 구연형태만으로 시기를 세분하기에는 무리가 있다.

다음으로는 남한지역 출토 고구려 토기 중 기종별로 형식의 차이가 시간적 차이를 잘 반영하는 것으로 알려진 몇 개 기종의 형식분류를 통해 고구려 토기의 편년을 검토해 보기로 한다. 남한지역 고구려 토기 중 형태상 가장 특징적인 기종은 사이장경옹류이다. 이 기종은 고구려 토기 중 가장 특징적인 기종이기도 하면서 시간의 변화에 따른 형태상의 변화가 잘 관찰되는 기종으로 많은 연구자들이 토기 편년의 기준으로 이용하였다.

사이장경옹은 나팔처럼 벌어지는 긴 목과 네 개의 대상파수가 특징이다. 이 기종에 대해서 그간 많은 형식 분류와 편년연구가 이루어져 왔는데, 대체로 목의 형태를 중심으로 분류가 이루어져 왔다. 魏存成은 목의 형태에 따라서 목이 꺾이지 않고 곧바로 외반되는 형태(I型)와 목이 한번 꺾여서 외반되는 형태(II型)의 두 형식으로 나누고, I型은 점차 목이 길어지고 II型은 목이 점차 짧아지는 형태로 변화한다고 하였다.[73] 그러나 목의 형태에 따른 분류는 모든 개체에 적용하기 어려운 면이 있으며, 특히 이 기종의 특징이 나팔처럼 벌어지는 목이기 때문에 모든 개체들이 정도의 차이는 있지만 꺾여서 벌어지는 목을 가지고 있다. 따라서 어느 정도에서 목의 꺾임 정도를 구분할 것인가 하는 것이 문제이다. 또, 동체부의 형태에 있어서도 球形과 細長形의 변이가 관찰되는데, 이러한 점도 형식 분류에 있어서 고려되어야 한다.

이러한 문제를 보완하고자 필자는 사이장경옹류의 형식 분류에 있어서 口徑比[전체 높이에 대한 구경의 비율: (구경/높이)×100]와 胴體球率[동체의 둥글기 정도: (최대경/동체높이)×100] 속성을 사용하여 사이장경옹류에 대한 형식 분류를 시도한 바 있는데, 그 결과 고구려 토기 사이장경옹류는 5개 형식으로 분류된다.[74] 각 형식별 특징을 보면 I유형과 II유형은 구경비는 비슷하지만 동체구율에 있어서 차이를 보이는데, 이는 목높이의 차이로 보인다. 즉, II유형에 속하는 것들이 I유형에 비해 목높이가 낮은 특징을 가진다. 또, III유형은 II유형과 동체구율은 비슷하지만 구경비가 높은데 이것도 역시 목높이의 차이로 II유형에 비해 III유형의 목높이가 높은 것을 알 수 있다. V유형에 속하는 개

73) 魏存成, 1985,「高句麗四耳展沿壺的演變及有關的幾個問題」『文物』85-5.

74) 崔種澤, 1999b,『高句麗土器 研究』, 서울大學校 大學院 博士學位論文, 27
    ~33쪽.

區分	四耳長頸壺類	四耳甕類	四耳長頸甕類	長頸壺類
	JSM196			
300年	국내성			
		주월리	JSM332 마선구1호	
400年		JYM2325	삼실총 장천1호 몽촌토성	JYM3105 JQM1196
500年			문악리1호	
600年		집안현	토포리대표 동구하구	
渤海	0 50cm		동경성	영안유지

삽도 97 _ 고구려 토기 사이장경옹류 변천도

체는 土浦里大墓 출토품 1점뿐인데, 목도 세장하면서 동체부도 세장한 형태를 하고 있으며, 구경도 작은 편이다(삽도 97).

이러한 형식 분류에 의하면 사이장경옹류는 동체부가 둥근 형태에서 細長한 형태로의 순으로 배열이 가능하다. I유형의 麻線溝1호분 출토품은 고분의 구조상 고구려 전기나 중기,[75] 또는 4세기후반으로 편년되고 있다.[76] 그리고 II유형의 禹山 41호분 출토품과과 III유형의 長川 2호분 출토품은 5세기 중엽으로 편년되고 있다. 이러한 고분의 편년관에 따르면, 사이장경옹은 I유형에서 V유형으로의 변화를 상정할 수 있으며, 이는 결국 동체구율상의 변화로 설명된다. 즉, 四耳長頸甕類는 동체구율이 큰 것에서 작은 것으로, 바꾸어 말하면 동체가 둥근 것에서 세장한 형태로 변화해 가는 것을 알 수 있다. 이러한 형식변천 및 편년관에 의하면 몽촌토성 출토 사이장경옹은 삼실총 및 장천 1호분 출토품보다는 늦고 문악리 1호분 출토품보다는 이른 시기의 것으로 볼 수 있으며, 그 구체적인 연대는 고구려가 한성을 함락한 직후인 5세기 후반 경으로 추정할 수 있다.

구형호류는 공처럼 둥근 동체부에 짧게 외반된 목이 달린 것 중에서 동체부에 파수가 부착되지 않는 것들이다. 구형호류는 구연부를 포함한 목의 형태와 동체부의 형태에 따라 3가지 형태로 구분되는데, A형은 동체부가 대체로 구형을 이루나 최대경이 어깨 쪽에 있으며, 무엇보다도 목과 구연부가 거의 직립에 가까운 것을 특징으로 한다. B형은 동체부가 눌린 공 모양의 편구형이며, 목은 짧게 직립하다가 밖으로 꺾이는 형태를 하고 있다. C형은 동체부가 대체로 구형을 이루고 있으나, 다른 유형에 비해 세장한 형태이고, 목은 외반되어 있으나 B형에 비해 짧은 것이 특징이다(삽도 98).

A형 구형호류는 주로 集安 우산고분군의 연접식적석총에서 출토되

---

75) 魏存成, 1985, 「高句麗四耳展沿壺的演變及有關的幾個問題」『文物』85-5.
76) 東潮, 1997, 『高句麗考古學硏究』, 吉川弘文館, 426쪽.

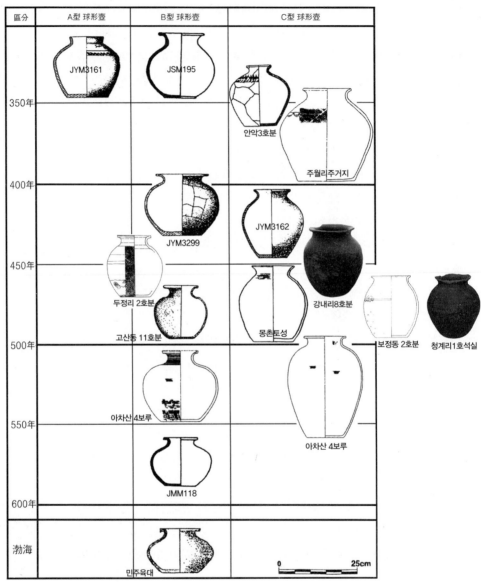

區分	A型 球形壺	B型 球形壺	C型 球形壺

삽도 98 _ 고구려 토기 호류 변천도

는데, 연대는 대략 4~5세기로 편년되고 있다. 이와 유사한 형태의 토기가 4세기대로 편년되는 朝陽 袁台子壁畵古墳과 本溪 晋墓 등에서도 출토되고 있어서 三燕地域 토기의 영향을 받은 것으로 추정된다. A형 구형호류의 어깨에는 두 줄의 침선을 횡으로 돌려 문양대를 구성하고 그 내부에 중호문을 시문한 예가 많으며, 고구려 토기의 문양 중에서 비교적 이른 시기의 형태이다.

B형 구형호류는 구형호류 중 가장 많은 양을 차지한다. 태토는 粗質과 泥質이 모두 있으나 니질이 많으며, 문양이 시문된 토기는 1점에 불과해 A형과는 다른 특징을 보인다. B형 구형호류 중 발해시기의 집안 民主六隊遺蹟 출토품의 경우 목이 짧고 동체부가 납작한 편구형을 이루고 있으며, 고구려 전기로 편년되는 山城下 195호분(JSM195) 출토품의 경우 목이 길고 동체부가 구형을 이루고 있다. 따라서 B형 구형호류는 동체부가 구형에서 편구형으로, 긴 목에서 짧은 목으로의 변화된 것으로 추정된다.

C형 구형호류는 최대경이 어깨에 있으며, 목이 좁은 유형과 최대경이 동체 중앙부나 중상부에 있지만 어깨가 발달하지 않은 유형으로 세분된다. 전자의 경우 357년에 축조된 황해도 안악 3호분에서 3점이 출토되었는데, 어깨에 중호문이 시문되어 있다. 또, 임진강 남안의 파주 주월리유적에서 출토된 토기도 이와 같은 형태이며, 역시 어깨에 중호문이 시문되어 있는데, 안악 3호분의 연대로 보아 4세기 중·후반경으로 편년할 수 있다. 구형호류 중 최대경이 동체 중앙부에 있는 것들은 점차 동체부가 길어지는 양상을 보이는데, 구의동이나 아차산 보루에서 출토된 것들은 6세기 대에 속하는 것이며, 몽촌토성 출토품은 이보다 약간 이른 5세기 후반 경으로 편년된다. 한편 최근 조사된 연천 강내리고분, 용인 보정리고분, 화성 청계리고분, 충주 두정리고분 등에서 출토된 구형호류도 몽촌토성 출토품과 유사한 5세기 후반으로 편

년된다.[77]

　이상으로 남한지역 고구려 토기와 관련된 절대연대와 토기의 제작 기법, 형식변천 등에 대한 분석을 통해 각각의 편년적 위치를 살펴보 았다. 고구려 토기의 제작기법상의 특징과 구연형태의 구성비, 기종별 편년, 역사적 상황 등을 종합해 볼 때 남한지역 고구려유적의 편년적 위치는 다음과 같이 정해 질 수 있다. 남한지역에서 출토된 가장 이른 시기의 토기자료는 주월리유적에서 출토된 구형호이며, 이를 통해 주월리유적 고구려 토기의 연대는 4세기 후반대로 비정할 수 있다. 그 다음으로는 남성골산성, 월평동유적, 은대리성, 몽촌토성 등의 유적인데, 이들 유적의 고구려 토기는 대략 5세기 후반대로 편년된다. 각 유적별 절대연대를 비정할만한 자료가 충분치는 않지만 몽촌토성의 경우는 고구려의 한성공함 연대(475년)를 상한으로 한다. 몽촌토성 고구려유적의 하한은 토기의 편년 결과를 통해서 짐작할 수 있는데, 몽촌토성 고구려 토기의 형식변이가 없는 크지 않은 점을 고려할 때 그 존속 기간을 25년 정도로 보면 대략 500년을 전후한 시점이 몽촌토성 고구려유적의 하한이 될 것으로 생각된다. 다음으로는 구의동 1보루, 호로고루, 아차산 4보루, 시루봉보루 등 아차산일원의 고구려 보루와 임진강유역의 유적 일부가 이에 해당하는데, 양주지역의 일부유적도 이 시기에 속할 것으로 생각된다. 이들 유적의 절대연대에 대해서는 홍련봉 2보루에서 출토된 『庚子』명 토기가 있는데, 그 연대가 520년에 해당하므로 이들 유적의 연대는 6세기 전반 경으로 비정할 수 있다. 상한은 몽촌토성유적의 하한연대를 참고하여 500년을 전후한 시점으로 비정하고, 하한연대는 백제가 한강유역을 회복하는 551년으로 비정할 수 있다.

---

77)　崔鍾澤, 2011, 「南韓地域 高句麗古墳의 構造特徵과 歷史的 意味」『한국고고학보』 81집, 한국고고학회, 139~176쪽.

2. 아차산 보루 출토 기와류와 와당

홍련봉 1보루에서는 남한에서는 처음으로 고구려 와당이 출토되었으며, 상당량의 기와류가 함께 출토되었다. 와당은 동일한 유형으로 6점이 확인되었으며, 기와는 2기의 건물지 주변에서 집중적으로 출토되었는데 그 내용은 표 3과 같다.[78]

모두 5,368개체분의 기와류가 확인되었는데, 1호 건물지에 비해 12호 건물지 주변 기와의 양이 다소 많다. 암키와는 대부분은 승문이며, 반면에 수키와는 무문이 많은데, 무문일 경우에도 승문을 타날한 후 나중에 지운 것이 많다. 기와의 색조는 회황색이 많으나 순수한 회색기와는 소수에 불과하고 대부분 적색이나 황색을 띠고 있다(삽도 99).

표 3 _ 홍련봉 1보루 출토 기와류 일람표(숫자는 최소개체수)

구분	회황색기와		적색기와		합계
	1호 건물지	12호 건물지	1호 건물지	12호 건물지	
승문	942	1,663	449	523	3,577
무문	749	586	336	120	1,791
합계	1,691	2,249	785	643	5,368
	3,940		1,428		

기와류에 대한 분석은 소수의 완형 및 문양 형태가 양호한 기와류를 통해 타날판을 복원한 뒤 문양과 색조에 따라 크게 구분하여 실시하였다. 문양은 모두 승문으로, 승문의 굵기에 따라 太繩文, 中繩文, 細繩文으로 분류하였다. 색조는 눈으로 확연히 구분되는 것은 적색, 회색

---

78) 기와류는 모두 파편 상태로 출토되었는데, 개체의 중복을 최대한 피하고자 사방 10cm 이상의 기와를 대상으로 개체수를 파악하였다. 표 3은 현장에서 파편 개체를 대상으로 통계처리 한 결과이고, 분류별로 대표적인 기와는 채집하여 별도로 이에 대한 분석을 하였다.

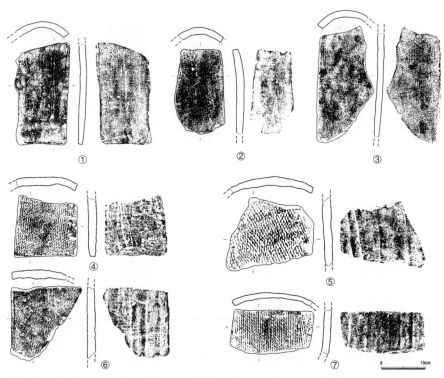

삽도 99 _ 홍련봉 1보루 출토 기와류 각종(ⓒ고려대학교고고환경연구소)

및 황색, 황백색 등은 회황색으로 구분하였다. 경도에 따른 구분은 손
으로 만졌을 때 심하게 묻어나오는 것은 연질, 만졌을 때 묻어나오지
않고 회청색경질토기와 비슷한 경도를 가진 것은 경질로 구분하였다.
그 외에 시간적인 양상을 파악할 수 있는 기술적인 속성, 즉 타날판 문
양 및 타날방향, 측면 분할 방법 및 상·하단부 조정방법, 포목흔, 분
할돌대흔 등을 관찰하였다.

　홍련봉 1보루 출토 기와는 평기와는 모두 승문 타날되었으며, 승문
의 굵기에 따라 태승문과 승문, 세승문으로 구분된다. 일반적으로 나
타나는 승문은 굵기 0.2cm, 간격 0.4cm이나, 세승문의 경우 굵기와
간격이 모두 0.1cm 정도이다. 태승문은 승문의 굵기는 0.3cm이며,
간격은 0.4~0.6cm이다.

타날 방향은 종방향과 횡방향의 2가지 형태가 확인되는데, 종방향의 타날이 절대적으로 많다. 길림성과 요령성 지역 출토 기와에서는 종방향의 타날이 적게 나타나는 반면에, 임진강 유역 출토 기와는 종방향의 타날이 절대적인 비중을 차지하고 있는 점79)과 홍련봉 1보루에서도 다른 방향의 타날은 확인되지 않고 종방향의 타날이 대다수인 것으로 보아 타날 방향은 지역적인 차이를 반영하고 있는 것으로 판단된다. 또한 이 지역에서만 횡방향의 승문이 확인되고 있는 점은 앞으로 좀 더 많은 사례를 두고 관찰하여야 할 것으로 보인다. 박자는 대부분 장판을 사용한 것으로 보이며, 일부는 중판을 사용하여 2~3번 두드린 것도 확인된다. 박자의 크기는 4×6cm 정도인 것으로 확인된다.

수키와는 처음부터 무문이었던 것이 아니라 승문 타날 후 물손질을 하거나 도구를 사용하여 승문을 지운 것으로 보인다. 고구려 수키와는 무문이거나 승문 타날 후 2차 정면으로 문양을 지워버린 경우가 많이 확인된다. 이는 제작기법상의 특징으로 겨울철 동파 방지의 목적으로 물이 기와에 머무를 수 있는 요소를 최대한으로 막기 위한 것으로 보고 있다.80) 기와의 색조는 적색이 가장 많으며, 회색과 황색계통이 나머지를 차지하고 있다. 기와의 표면에 모래를 뿌린 기와도 3점정도 확인되고 있는데, 이는 와통에서 분리할 때 보다 용이하도록 한 것이다.

홍련봉 출토 기와의 대부분이 파편으로 확인되어 기와의 측면 처리에 대한 방법을 살펴보기 어려우나 일부 와도흔이 남아있는 기와를 살펴보면 측면 분할은 부분분할과 완전분할 2가지로 구분된다. 부분 분할은 와도를 측면 일부에 그은 후 분리하여 와도가 닿지 않은 면은 깔끔하게 분리되지 않았다.81) 부분 분할은 다시 와도를 넣은 방향에 따

---

79) 백종오, 2001, 2005, 『高句麗 기와 硏究』, 檀國大學校 博士學位論文.

80) 백종오, 2005, 『高句麗 기와 硏究』, 檀國大學校 博士學位論文.

81) 백종오는 자신의 논문에서 고구려 평기와의 측면분할 방법은 완전분할을 특징으로 하며, 특히 임진강유역이나 한강유역 출토 기와는 완전분할이 특징이라고 하였다. 그러나 홍련봉 1보루 출토 기와에서는 완전분할과 부분분할

라 2가지로 구분되는데, 홍련봉 1보루 출토 기와에서는 안쪽에서 바깥쪽을 향해 그은 것만이 확인되고 있다. 완전 분할은 와도를 측면 전체에 그어 측면이 깔끔하게 분리되어 있는 것을 말한다. 이러한 분할방법은 내면의 깎기 방법에 따라 3가지로 세분된다. 첫 번째는 瓦刀로 측면을 직각으로 자른 뒤 등면과 배면쪽의 모서리를 다시 한 번씩 다듬어 와도의 흔적이 모두 3번 나타나고 있다. 두 번째와 세 번째는 기와의 측면을 수직으로 자른 뒤 전면과 배면 쪽을 각각 한 번씩 더 다듬은 경우이다.

와통은 모골와통과 원통와통, 일매와통으로 구분되는데, 기와의 배면에서 모골흔적이 확인되는 것으로 보아, 홍련봉 1보루 출토 기와는 모골와통을 사용하여 제작한 것이다. 모골의 너비는 3~3.5cm 내외이며, 일부는 4~4.5cm 정도로 폭이 넓은 것도 있다. 모골의 폭이 비교적 넓은 기와는 모골과 모골 사이로 태토가 밀려들어가 있는 경우가 많다.

기와의 내면에는 모두 포목흔이 남아있다. 이 포목흔은 기와 제작시 와통과 태토의 원활한 분리를 위해 와통에 씌우는 통보 때문에 남은 흔적으로 통보를 만들기 위해 마포를 연결한 흔적과 길이가 짧은 포목을 잇댄 흔적 등이 확인된다. 포목흔은 연질의 기와에서는 비교적 올수가 성글게 나타나는데 반해 경질의 기와에서는 올수가 촘촘하게 나타나는 것이 특징이라고 하겠다.

홍련봉 1보루 출토 와당은 6점 모두 꽃봉오리 형태의 연화를 선조와 부조로 표현한 연화복합문 와당이다(삽도 100). 자방은 반구형으로 융기된 형태이며, 외곽으로 2줄의 권선이 돌아가고 있다. 연화의 중앙에는 융기선이 표현되어 있어 강한 볼륨감을 나타내고 있다. 연화 사이에는 삼각형의 주문이 표현되어 있으며, 와당면과 주연부 사이에는 1줄의 권선이 돌아가고 있다. 주연부는 와당면보다 좀 더 높

이 함께 확인되고 있다.

게 돌출되어 있는 것이 특징이다. 주연부가 남아있는 와당을 통해 볼 때 대략 와당의 지름은 17~19cm정도이다. 와당의 두께는 가장 얇은 곳이 1.2cm, 가장 두꺼운 곳이 4.0cm 정도이다. 주연부의 너비는 1.4~1.6cm이고, 주연부의 높이는 1.0~1.2cm가량 된다.

와당의 색조는 대부분이 적색이며, 한 점만 회색을 띠고 있다. 적생 와당의 경우에도 표면에 붉은 색을 채색한 것이 아니라 산화염 소성에 의해 적색을 띠고 있다. 태토는 고운 니질점토를 사용하였으며, 자방과 연화에 分離沙를 사용한 것이 확인된다. 니질의 점토를 사용하였을 경우 와범과의 분리가 쉽지 않아 와당의 표면에 분리사를 사용한 것으

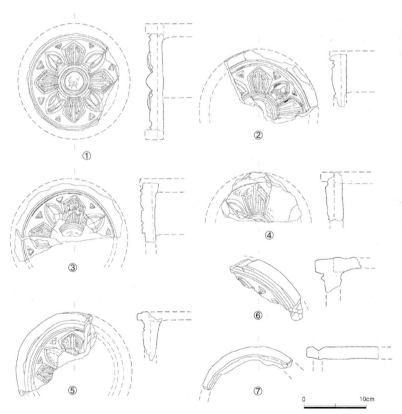

삽도 100 _ 홍련봉 1보루 출토 와당 각종(ⓒ고려대학교고고환경연구소)

로 판단된다. 와당면뿐만 아니라 주연부에서도 분리사가 확인된다. 와당의 절단면에서 2~3매의 점토판을 이용하여 접합한 것이 확인된다. 주연부는 와당면을 성형한 뒤 따로 제작하여 접합한 것으로 보인다. 와당의 뒷면은 도구를 사용하여 다듬었으며, ㄴ자 형태의 홈을 파서 수키와를 접합하였다(삽도 100).

와당면에서 확인할 수 있는 표현기법에서 몇 가지 공통점을 확인할 수 있었다. 와당면이 남아 있는 경우 부조로 표현한 연화의 끝이 외곽의 주연부와 이어져 있는 점을 모두 확인할 수 있다. 또한 부조로 표현된 연화의 크기가 일정하지 않으며, 연화의 오른쪽 끝부분이 왼쪽보다 높이가 낮다. 마지막으로 삼각 주문의 형태가 모두 같은 부분에서 작게 표현된 점을 확인할 수 있다. 이러한 특징들을 고려해 볼 때 홍련봉 1보루 출토 와당은 모두 동일 와범에서 제작된 것으로 보인다.

3. 아차산 보루 출토 철기류

1) 아차산 보루 철기류 출토양상

아차산일원의 고구려 보루에서는 제철과 관련된 시설은 확인된 바 없으나, 아차산 3 · 4보루와 용마산 2보루에서는 철기를 수리하거나 철 소재를 이용해 철기를 제작하였던 시설들이 조사되었다. 이들은 본격적인 단야시설이라기보다는 간이대장간의 역할을 한 것으로 보이는데, 아차산 4보루에는 건물지 외곽의 경사진 곳에 온돌 형태의 단야시설이 설치되어 있었고, 주변에는 수리를 위해 모아 둔 철기 수십 점이 함께 출토되었다. 아차산 3보루의 단야시설은 타원형의 수혈구덩이 바닥에 길이 80cm 가량의 단야로가 설치되어 있었다. 또 홍련봉 2보루에서는 단야구인 철제 집게가 출토되었고(삽도 101), 단야용 망치는 여러 보루에서 출토되었다. 이러한 점으로 미루어 아차산 일원의 보루

삽도 101 _ 홍련봉 1보루 출토 철제 집게(ⓒ고려대학교고고환경연구소)

에서는 제련을 통한 철을 생산하지는 않았으나 이미 생산된 철 소재를 이용해 철기를 제작하거나 사용 중 파손된 철기들을 수리하는 정도의 작업이 이루어졌던 것으로 이해된다.

고구려의 제철기술은 상당히 발달한 수준이었음은 유적에서 출토된 철기의 성분분석을 통해서도 일 수 있다. 철기는 제작과정상의 공정상의 차이로 인해 각각 다른 탄소 함량을 갖게 되며, 철기 조직내부에 포함된 탄소함량에 따라 純鐵과 鑄鐵 및 鋼鐵로 크게 구분되는데, 이들은 각각 다른 물성을 가지게 된다. 즉, 탄소 함량이 0.02% 미만인 경우 순철이라고 하며, 재질이 매우 무르기 때문에 가공이 쉬운 특성을 가지나 쉽게 변형되거나 마모가 쉬워서 공구로서의 기능에 적합하지 않다. 주철은 탄소 함량이 2% 이상인 철로 일정 수준 이상의 힘을 가했을 때 쉽게 부러지는 단점이 있다. 강철은 순철과 주철사이의 탄소 함량을 가지는 것으로 순철과 주철의 장점을 다 가지고 있다.

순철은 1,539℃의 고온에서 생성되므로 고대에는 순철을 얻기는 매우 어려웠으며, 일정량의 탄소와 불순물을 많이 함유한 철괴를 생산하여, 여러 방법을 통해 강철을 만드는 것이 중요하였다. 압록강유역과 남한에서 출토된 고구려 철기의 성분분석 결과를 보면 이미 탄소함량이 다양한 철기들이 제작·사용되었음을 알 수 있다. 즉, 담금질을 포함한 여러 기법의 열처리를 가하여 탄소함량이 다양한 강철을 만들어 용도에 적합한 재질의 강철을 만들어 사용했음을 알 수 있다. 예를 들면 도끼와 같은 공구에는 공구용 강철을 사용하였고, 창과 같은 무기류에는 구조용 강철을 사용하였다(삽도 102).

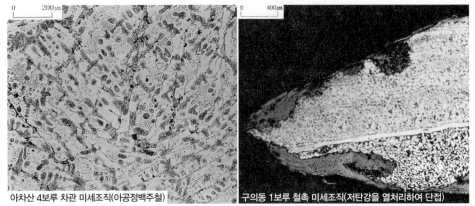

아차산 4보루 차관 미세조직(아공정백주철)   구의동 1보루 철촉 미세조직(저탄강을 열처리하여 단접)

삽도 102 _ 아차산 고구려 보루 출토 철기류 단면 미세조직(ⓒ서울대학교박물관)

　　하나의 철기에도 부위별로 서로 다른 성질의 강철을 이용하였는데, 아차산 보루에서 출토된 철기의 미세조직분석 결과 적어도 두 가지 이상의 제작기법이 사용되었음을 알 수 있다. 하나는 순철을 이용하여 최종적인 철기의 형태를 미리 만든 후 탄소를 많이 함유하고 있는 목탄과 함께 가열하여 철기의 표면에 탄소를 침투시킴으로써 철기의 표면 전체 또는 날과 같은 특정 부위만 강철이 되도록 하는 것이다. 이러한 기법을 浸炭技法이라고 하는데, 비교적 넓은 부위를 강철로 만들 수 있는 장점이 있기 때문에 삽날과 같이 사용할 때 넓은 부위의 마모가 예상되는 공구류의 제작에 이 방법을 주로 사용하였다. 다른 하나는 合鍛技法이라고 하는 것으로 형태를 이루는 대부분은 순철로 만들고 주요 기능을 하는 부위만 강철을 붙여서 만드는 것이다. 즉, 창끝과 같은 무기류는 날의 강도가 높아야하므로 몸체는 순철로 만들고 날 부위만 강철을 붙여서 만드는 것이다.[82]

　　일반적으로 고구려의 제철기술은 백제나 신라·가야에 비해 먼저 발

---

82)　崔鍾澤·張恩晶·朴長植, 2002, 『三國時代 鐵器 硏究-微細組織分析을 통해 본 鐵器 製作技術體系-』, 서울大學校博物館學術叢書 10, 서울대학교박물관.

달해 있었던 것으로 이해되고 있다. 그러나 아직 고구려의 제철기술에 대한 과학적인 분석이 자세히 이루어지지 못하고 있는 것도 현실이다. 다행히 아차산 일원의 고구려 보루 발굴을 통해 수천 점의 철기류가 출토되었고, 이에 대한 물리·화학적 분석이 이루어져 고구려 제철기술의 일단이 밝혀지고 있다. 지금까지의 분석에 따르면 아차산 일원에서 출토된 고구려 철기에는 중국의 제철기술 발달과정에서 보이는 거의 모든 기술이 반영된 것이 확인되고 있다. 비록 당시 고구려의 최전방에 위치한 소규모의 군사시설이라는 한계에도 불구하고 아차산 일원의 철기는 고구려 제철기술을 이해하는데 매우 중요한 역할을 하고 있다.

아차산 보루에서 출토된 철기류는 무기류, 마구류, 농공구류, 용기류, 생활용구류 등으로 분류되며, 모두 2,556점이 출토되었다(표 4). 무기류는 鐵鏃과 鐵刀, 鐵斧 등의 공격용 무기류와 방어용 무기류인 갑옷과 투구로 나뉜다. 철부는 單刃의 횡공부가 대부분이지만 兩刃의 월형부도 소량 출토된다. 소량이지만 마구류도 출토되는데, 아차산 4보루에서는 재갈과 등자가 모두 출토된다. 아차산 보루에서 출토된 무기류와 마구류에 대해서는 뒤에서 다시 상술하기로 한다.

종류별로 농공구류가 많이 출토되는데, 鐵鎌·보습·삽날·살포·쇠스랑 등의 농기구류와 끌·정·단조철부 등의 공구류로 크게 나뉘며, 집게와 망치 등 단야구도 소량 출토된다. 용기류는 주로 솥과 호가 출토되는데, 구의동 1보루에서는 아궁이에 솥과 호가 나란히 걸린 채 출토되었다. 반면에 다른 보루에서 완형으로 출토된 사례가 없으며, 이는 유적의 폐기상황과 관련된 것으로 생각된다. 즉, 구의동 1보루와는 달리 아차산의 보루들은 철솥과 무기 등 주요 물품을 거두어 철수한 것으로 추정된다. 생활용구들은 다양한 철기들이 포함되는데, 문고리가 가장 많은 양을 차지한다. 그밖에 홍련봉 1보루와 용마산 2보루에서는 문틀에 사용된 확쇠가 출토되었고, 구의동 2보루에서는 문장부 쇠가 출토되어 문짝의 구조를 복원하는데 중요한 자료가 되고 있다.

표 4 _ 아차산 고구려 보루 출토 철기류 일람표

번호	기종		보루	구의동 1보루	홍련봉 1보루	홍련봉 2보루	용마산 2보루	아차산 3보루	아차산 4보루	시루봉 보루	합계	총계
1	무기류	刀	刀	2	1	1	1	1	1		7	2,159 84.5%
2			鞘			4	5				9	
3		矛	鉾	10	3	8	2	2		4	29	
4			鐏	1		12	3	1	8	1	26	
5		斧	橫孔斧	4	1	3	2	1	2	2	15	
6			月形斧	1				4			5	
			鑄造鐵斧			1	1				2	
9			鏃	1300	33	209	16	65	51	33	1707	
10			冑						1	1	2	
11			札甲		23	54	68	80	123	9	357	
12	마구류		轡			2			2		4	17 0.7%
13			鐙子						1		1	
14			蹄鐵					1			1	
15			鉸具					1	6		7	
16			車轄	1		1		1	1		4	
17	농공구류		刀子	3	1	5	4	4	2	7	26	192 7.5%
18			鎌	4	3	6	5	4	7	4	33	
19			犁	1	1				1		3	
20			삽날	4			1	3	3	4	15	
21			鋤	7		4			17		28	
22			쇠스랑	2					5		7	
23			鑿	1	1	1		1	1	4	9	
24			釘		5	3	2	2	5		17	
25			鍛造鐵斧		1	1	5		31	2	40	
26			집게		1	1			1		3	
27			망치			1		1			2	
28			기타		8	1					9	
29	용기류		釜	1		2		1	4		8	32 1.3%
30			壺	1	3	2	1	5	8	1	21	
31			기타				1	1	1		3	
32	생활용구류			2	2	5	62	1	3		75	2.9%

번호	기종	보루	구의동 1보루	홍련봉 1보루	홍련봉 2보루	용마산 2보루	아차산 3보루	아차산 4보루	시루봉 보루	합계	총계
33	기타		8	10	6	22	4	31		81	3.1%
	합계		1,352	89	334	203	185	320	73	2,556	
	철촉과 찰갑 제외		52	33	71	119	40	156	31	502	

보루별로 철기류의 출토량에 차이가 있는데, 표 4를 보면 구의동 1보루의 출토량이 가장 많다. 구의동 1보루는 전소된 유적으로 모든 유물이 보루 내부에 남아있었던 것으로 추정되므로 철촉이 가장 많이 남아있다. 또한 보루별로 출토되는 찰갑의 양에도 차이가 있는데, 찰갑은 많은 수의 소찰로 이루어져 있으므로 각각의 소찰을 개체수로 파악할 수 없다. 따라서 전체 출토량에서 철촉과 찰갑을 제외하면, 아차산 4보루에서 156점의 철기가 출토되어 가장 많고, 용마산 2보루, 홍련봉 2보루, 구의동 1보루의 순으로 철기가 많이 출토된다. 한편 일부 지점만 조사된 아차산 3보루를 제외하면 시루봉보루와 홍련봉 1보루의 철기 출토량이 현저하게 적으며, 규모가 훨씬 작은 구의동 1보루보다도 적은 양의 철기가 출토되었다.

단일 기종으로는 철촉의 출토량이 가장 많으며, 다음으로는 찰갑의 소찰이 많이 출토된다. 가장 많이 출토되는 철촉의 경우에도 구의동 1보루를 제외하면, 홍련봉 2보루의 출토량이 현저히 많으며, 찰갑은 아차산 4보루의 출토량이 많다.[83] 한편 각 보루별 철기류의 출토상황을 종류별로 요약해 보면 표 5와 같으며, 이를 빈도로 나타내면 삽도 103과 같다.

삽도 103을 보면 전체 철기류에서 무기류가 차지하는 비율이 84%

---

83) 보루별 철기 출토량과 종류별 출토량의 차이는 기본적으로는 유적의 보존환경과 관련된 것이겠으나, 시루봉보루와 같이 현대의 군사시설에 의해 심하게 파괴된 경우를 제외하면, 보존환경에 큰 차이가 없으므로 보루별 철기의 출토비율은 폐기 당시의 상황을 어느 정도 반영하고 있는 것으로 생각된다.

표 5 _ 아차산 고구려 보루 출토 철기류 종류별 일람표(철촉과 찰갑은 제외)

종류 \ 보루	구의동 1보루	홍련봉 1보루	홍련봉 2보루	용마산 2보루	아차산 3보루	아차산 4보루	시루봉 보루	합 계
무기류	17	6	24	13	11	26	8	105
마구류	1	0	3	0	3	10	0	17
농공구류	22	12	29	20	14	73	22	192
용기류	2	3	4	2	7	13	1	32
생활용구류	2	2	5	62	1	3	0	75
기타	8	10	6	22	4	31	0	81
합계	52	33	71	119	40	156	31	502

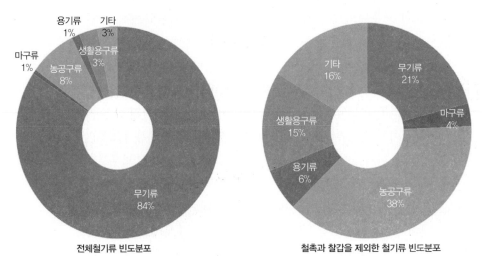

전체철기류 빈도분포

철촉과 찰갑을 제외한 철기류 빈도분포

삽도 103 _ 아차산 고구려 보루 출토 철기류 종류별 출토빈도

가 넘는다. 그러나 철촉과 찰갑을 제외하면 농공구류의 비율이 38%로 가장 높고, 무기류 21%, 생활용구류 15%의 순으로 높은 비율을 보인다. 이와 별도로 보루별 철기류의 종류별 출토비율은 차이를 보인다(삽도 104). 모든 유물이 출토된 것으로 추정되는 구의동 1보루의 경우 무기류가 32.7%, 농공구류가 42.3%, 생활용구류와 용기류가 각각 3.8%, 마구류가 1.9%의 비율을 보이는데, 농공구류의 출토 빈도가 무기류보다 높게 나타난다. 용마산 2보루의 경우 생활용구류가

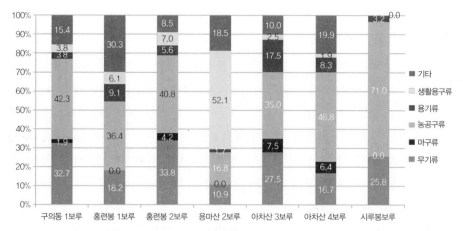

삽도 104 _ 아차산 고구려 보루별-종류별 철기류 출토빈도

52.1%로 가장 많이 출토되었는데, 문고리의 개체수가 많이 반영된 때
문으로 생각된다. 또 시루봉보루는 농공구류의 비율이 71%로 다른 보
루에 비해 월등히 높은데, 생활용구류와 용기류의 출토빈도가 상대적
으로 낮은 때문으로 생각되며, 기타 철기류가 보고되지 않았기 때문일
가능성도 있다. 아차산 4보루의 경우 농공구류의 비율이 46.8%로 비
교적 높게 나타나는 것은 파손된 단조철부가 대량으로 출토된 것을 반
영하는 것으로 이해된다. 이상과 같은 점을 고려하면 아차산 보루의 철
기류 출토비율은 대체로 구의동 1보루의 양상과 비슷할 것으로 생각되
는데, 무기류의 비율보다 농공구류의 비율이 더 높게 나타나는 것이 특
징이다. 이러한 현상은 아차산 보루에 주둔한 병사들이 평소에는 농사
에도 종사하였으며, 보루의 축조와 보수 등 각종 건축행위도 수행하였
음을 반영하는 것으로 이해된다.

2) 아차산 보루 출토 철제 무기류

앞에서 살펴 본 것처럼 아차산 보루에서는 다양한 철제 무기류가 출
토되었다. 출토된 무기류는 6세기 전반경의 무기류를 대표하는 것으로

생각되는데, 무기류의 종류별 특징에 대해 살펴보기 전에 고구려 무기체계의 특징에 대해 간략히 정리하기로 한다.

고구려의 무기체계는 우선 공격용무기와 방어용무기로 대별된다. 공격용무기는 활로 대표되는데, 실물자료로 출토된 예는 평양역구내고분 출토품이 유일하다. 벽화고분에도 다양한 형태의 활이 묘사되어 있는데 기본적으로는 길이가 짧은 단궁이다. 평양역구내고분 출토 활은 소의 갈비뼈를 붙여 만든 것으로 세부분으로 나뉘어 있으며, 안악3호분 행렬도에도 묘사된 활과 같은 형태의 것으로 보인다. 실물로 출토된 예는 없으나 문헌기록에는 원거리무기로 쇠뇌(弩)가 활과 함께 등장하는데, 4세기 이후 무기로 사용되기는 하였으나 6세기 이후 주요 무기로 사용된 것으로 보기도 한다.[84] 활과 함께 사용된 화살촉은 명적으로 사용된 삼익촉을 제외하면 착두형과 광엽형, 유엽형, 세장형 등으로 구분되며, 시기별로 변화양상을 보이며, 기능적인 차이도 함께 내포하고 있다.

근거리무기는 다시 단병기와 장병기로 나뉜다. 단병기는 刀로 대표되며, 벽화에는 환두도로 묘사되는 점으로 보아 실물로 출토되는 자료에 환두가 없더라도 당초 환두도였던 것으로 추정할 수 있다. 또 다른 단병기로 斧가 있는데, 한쪽에만 날이 있는 單刃의 횡공부가 주를 이루지만 쌍인부와 월형부 등 다양한 형태의 도끼도 함께 확인된다. 그밖에 이른 시기의 유적에서는 銎斧가 있는 주머니형 도끼가 출토되기도 한다.

장병기는 矛로 대표되는데, 목제 자루에 창날과 창고달이를 착장하여 사용한 것이다. 문헌에는 모를 길이에 따라 세 종류로 구분하여 묘사하고 있는데, 기병용 장창인 矟, 보병용 창인 矛, 단창인 鋋이 그것이다.[85] 矛는 형태에 따라 유관직기형, 유관연미형, 무관직기형 등으

---

84) 余昊奎, 1999, 「高句麗 中期의 武器體系와 兵種構成」『韓國軍事史研究』2, 國防軍事研究所, 13쪽.

85) 兵器有甲弩弓箭戟矟矛鋋.『周書』卷49 高麗傳.

로 나뉘며, 봉부의 형태에 따라 광봉형과 협봉형으로 구분하기도 하는데, 봉부의 형태가 시간적인 차이 및 기능적인 차이를 반영하는 것으로 이해된다. 벽화와 문헌기록에는 矛 외에도 고구려의 주요 장병기로 戟이 묘사되어 있으나 실물로 출토된 자료는 없다. 그밖에 출토유물 중에는 갈고리창과 다지창 등의 장병기가 출토되기도 한다. 또한 단병기로 구분되는 斧 중에서 월형부와 쌍인부 등도 장병기로 사용되었을 가능성이 크며, 농공구로 분류되는 鎌도 실전에서 자루를 길게 장착하면 무기로 사용될 수도 있다.

방어용무기는 甲冑로 대표되는데, 벽화에는 다양한 형태의 冑가 묘사되어 있으나 실물자료는 빈약하다. 갑옷은 모두 찰갑으로 札의 하변이 원형인 것과 모를 접은 것의 두 유형이 있는데 전자가 먼저 등장하는 것으로 알려져 있다. 防牌는 벽화에 등장하지만 실물자료는 확인되지 않는데, 장육각형 타원형 등 다양한 형태가 있다. 그밖에 무기체계에는 공성용무기와 성곽방어용 무기가 포함되어야 하겠으나 자료상의 한계로 자세한 내용을 알기는 어렵다.

고구려에서는 4세기 이전에 이미 弓矢, 刀, 矛를 근간으로 하는 무기체계가 갖추어진 것으로 보인다. 그러나 실물자료로는 이 시기 무기체계를 자세히 파악하기는 힘들다. 4~5세기에는 이전 시기에 없던 短兵器이자 打兵器인 斧가 등장하며, 이전 시기에 비해 세장한 형태의 화살촉이 본격적으로 사용되기 시작한다. 또한 이전 시기와는 달리 矛 중심의 무기체계가 확립되며, 刀는 여전히 사용되지만 지휘용이나 포로 참수용 등 제한적인 용도로 사용된 것으로 보인다. 矛에 있어서도 광봉형과 함께 협봉형이 사용되는 변화를 보인다. 이러한 변화는 甲冑의 발달과도 관련이 있는 것으로 보이는데, 화살촉에 있어서 관통력을 높인 세장형으로 변화함과 동시에 모에 있어서도 폭이 좁고 단면이 두꺼운 협봉형이 개발된 것으로 추론할 수 있다. 타병기로서의 부의 등장도 이러한 흐름과 궤를 같이 하는 것으로 이해된다. 6세기이후에는 화살촉이 세장형으로 정형화되는 경향을 볼 수 있으며, 矛도 협봉형 중심으로 변화하는 한편 월형부와 쌍인부, 갈고리창과 다지창 등 장병기가 다양화되는 경향도 감지할 수 있다. 이러한 무기체계의 변화양상은 3세기 중엽경의 상황을 전하는 魏略의 기사[86]와 6세기 중반경의 내용을 전하는 周書의 기사[87]를 비교분석한 결과와도 일치하며,[88] 고구려 국가의 발전단계와도 궤를 같이하는 것으로 생각된다.

표 6 _ 아차산 일원 보루출토 무기류 일람표

구분 / 유적명	鏃				刀	矛				斧			합계
	鑿頭形	細長形	三翼形	其他		有關直基	有關燕尾	無關直基	無關燕尾	橫孔斧	有銎斧	其他	
구의동 1보루		1300			2	7	1	2		4			1316
홍련봉 1보루		28		5	1	3				1		1	39
홍련봉 2보루		126				4	3	1		3		1	221
용마산 2보루		13		3	1	2			2	1		22	
아차산 3보루		65			1	2					1	1	70
아차산 4보루	5	32	1		1					2		4	58
시루봉보루		24		3		2	1			1			31
합계	5	1684	1	11	6	18	7	3		13	2	7	1757
	1701					28				22			

지금까지 아차산 보루에서는 모두 1,757점의 무기류가 출토되었는데(표 6), 중국이나 북한지역에서 보고된 무기류보다 훨씬 많은 양이다.[89] 무기류 중에서는 철촉이 가장 많은 양을 차지한다. 철촉은 아차

---

86) 有氣力便弓矢刀矛有鎧習戰. 『太平御覽』卷783 所引 魏略.

87) 兵器有甲弩弓箭戟稍矛鋋. 『周書』卷49 高麗傳.

88) 余昊奎, 1999, 「高句麗 中期의 武器體系와 兵種構成」『韓國軍事史研究』2, 國防軍事研究所.

89) 중국 환인지방에서는 227점의 무기류가 보고되었으며, 집안지방에서는 172점이 보고되었고, 북한지역에서는 39점의 무기류가 보고되었다(최종택, 2009, 「벽화와 유물을 통해 본 고구려의 군사체계」『제33회 한국고고학 전국대회 발표요지문』, 한국고고학회). 이처럼 고구려의 중심지에서 보고된

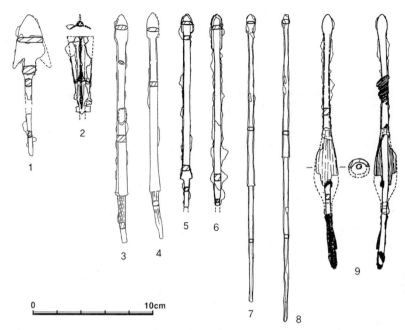

삽도 105 _ 아차산 고구려 보루 출토 철촉 각종(각 보루별 보고서에서 편집)

산 4보루에서 출토된 삼익촉 1점과 착두형촉 5점 및 소량의 기타 형식
을 제외하면 모두 세장형촉이다(삽도 105). 세장형촉은 오각형의 납작
한 촉두와 단면 방형의 긴 촉신에 좁고 긴 슴베를 가진 형태로 전체 길
이는 25cm 가량 된다. 이러한 촉은 2세기대로 편년되는 칠성산 871
호분에서 출토된 예가 있지만 대체로 4세기 이후에 유행한 것으로 보
인다. 또한 환인지역의 오녀산성이나 집안지역의 환도산성, 심양 석대
자산성, 무순 고이산성 등 방어기능이 강조되는 성곽에서 주로 출토되
는 점으로 미루어 고구려 중기 이후에는 인마살상용의 대표적인 화살
촉으로 사용된 것으로 이해된다.

자료가 빈약한 상황에서 아차산 보루에서 출토된 무기류는 고구려 무기체계
의 연구에 중요한 자료가 되고 있다.

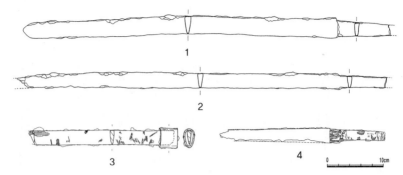

삽도 106 _ 아차산 고구려 보루 출토 철도 각종(각 보루별 보고서에서 편집)

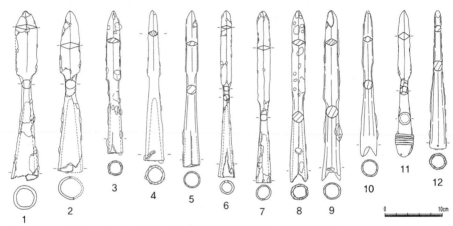

삽도 107 _ 아차산 고구려 보루 출토 철모 각종(각 보루별 보고서에서 편집)

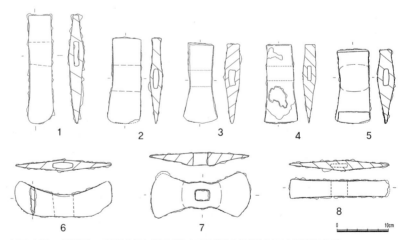

삽도 108 _ 아차산 고구려 보루 출토 철부 각종(각 보루별 보고서에서 편집)

刀는 6점 모두 환두부가 유리된 채로 출토되었으나 잔존하는 병부의 형태로 보아 원래는 환두도로 추정된다. 아차산 4보루 출토 철도의 병부 쪽에는 얇은 철판을 타원형으로 접어서 만든 鞘口金具가 남아있다. 구의동 보루에서 출토된 도가 가장 완전한 형태인데, 현존하는 길이는 68.3cm 이다.

矛는 28점 중 25점이 관부가 형성된 형태이며, 관부가 없이 봉부로 이어지는 형태는 3점에 불과하다. 유관철모 중 공부 하단이 직기형인 것이 연미형에 비해 빈도가 높다. 모는 봉부의 형태에 따라 광봉형과 협봉형으로 나뉘는데, 구의동 1보루 출토품 일부를 제외하면 모두 협봉형이다. 봉부의 길이도 장봉과 단봉이 있으나 단봉이 많다.

斧는 거의 모든 보루에서 확인되는데, 대부분이 횡공부이다. 횡공부 외에 銎部가 있는 철부도 있으나 이는 무기로 보기 어렵다. 그밖에 초승달모양의 月形斧와 雙刃斧 등 특수한 형태의 도끼도 소량 출토되었다.

방어무기로는 아차산 4보루에서 복발이 있는 小札胄 1식과 다양한 형태의 찰갑편이 출토되었다. 札은 크기와 모양에 따라 3형식으로 구분되지만 기본적으로는 상단이 직선이고 하단부는 모를 접은 형태인데, 이에 대해서는 다음 절에서 자세히 살펴보기로 한다.

4. 아차산 보루 출토 갑주와 마구

이 절에서는 그간 아차산 보루에서 출토된 철기류 중 甲胄와 馬具類에 대해서 자세히 살펴보고자 하는 바, 그 까닭은 지금까지 실물로 출토된 고구려의 갑주와 마구의 예가 적기도 하거니와 특히 마구의 경우 고구려 고고학 편년의 주요 근거로 활용되고 있는 상황에서 새로운 자료로 활용될 수 있을 것으로 판단되기 때문이다. 아차산 일대의 고구려 보루는 역사적인 정황에 의하면 고구려가 백제 漢城을 공함한 475년 이후에 축조되어 551년까지 존속한 것으로 명백한 시간적 맥락을 가지고 있다. 더욱이 최근의 연구 성과에 따르면 아차산 일대 고구려 보루들은 500년을 전후한 시점에 축조되어 551년까지 존속한 것으로 밝혀지고 있다. 따라서 보루에서 출토된 자료는 편년체계가 안정적이지 못한 고구려 고고학 연구에 있어서 주요한 자료로 활용될 수 있을 것으로 생각된다.

1) 小札冑

아차산 4보루의 1호 건물지 내부에 설치된 8호 온돌 아궁이에서 출토된 것으로 覆鉢 1개와 52매의 小札로 이루어져 있다.[90] 복발은 소위 몽고발형으로 半球形이며, 평면은 타원형에 가까운 말각삼각형으로서 전면이 좀 더 뾰족하게 돌출되어 있다(삽도 109-1). 복발의 하단부는 마치 遮陽처럼 짧게 벌어져 있는데, 여기에 1.5~2.0cm 간격으로 작은 구멍이 2개씩 뚫려 있어 가죽 끈을 이용해 다른 소찰들과 연결하도록 하였다. 복발의 지름은 16.2×14.4cm, 높이는 7.2cm, 두께는 0.3cm 가량 된다.

복발에 연결되었던 소찰은 모두 52매가 확인되었으나 출토 시에 이미 冑의 원형이 파괴된 상태였기 때문에 전체 형태의 복원이 쉽지 않다. 소찰은 두께 0.2cm 내외의 얇은 철판을 이용해 외형을 제작한 후 각 테두리 중간 부분에 2개 혹은 1개씩의 구멍을 뚫은 것이 대부분인데, 크게 3가지 유형으로 구분된다.

첫 번째 유형은 전체의 2/3를 차지하는데, 외형과 구멍배치 면에서 비교적 일관된 정형성을 보이고 있다. 대체로 소찰의 상부 V자형으로 오목하게 들어간 부분에 한 개의 구멍이 있고 다른 모서리에는 각 2개씩의 구멍을 가지고 있으며, 일부 추가로 구멍을 더 뚫은 것들도 있다

---

90) 임효재·최종택·양성혁·윤상덕·장은정, 2000, 『아차산 제4보루 -발굴조사 종합보고서-』, 서울대학교박물관, 163~164쪽.

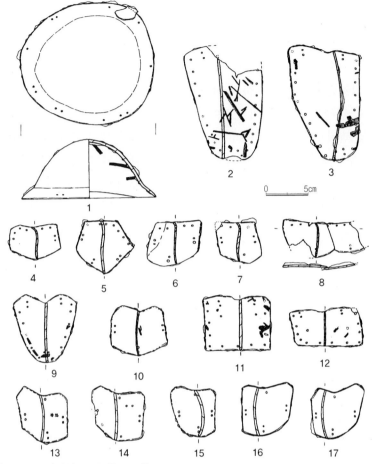

삽도 109 _ 아차산 4보루 출토 소찰주

(삽도 109-13~17). 이 소찰들은 가로·세로 방향에서 완만한 곡선을
그리며 휘어져 있는데 그 정도가 대체로 비슷한 것으로 보아 본래부터
가지고 있던 형태였을 것으로 생각된다. 또한 이들 중에는 2~3매가
함께 부착된 채 출토된 것들이 있어 이를 통해 본래의 결합방식을 추정
할 수 있을 것으로 생각되나 구멍간의 관계 등이 자연스럽지 않아 이들
이 폐기 후 퇴적과정을 거쳐 현 상태로 남게 된 것일 가능성도 고려해
야 한다. 같은 형태의 소찰들은 홍련봉 2보루(삽도 114의 4, 5)에서도

확인된다.

두 번째 유형은 전체의 1/3 가량을 차지하며, 그 형태가 매우 독특하고 개별적이어서 이들이 특정 부위에 부착되었던 것이라 생각되나 그 정확한 위치는 확인하기 어렵다. 이들 중 일부는 위쪽 모서리를 따라 등 간격으로 4개씩의 구멍이 뚫려 있고 폭 약 0.6cm 정도를 바깥쪽으로 꺾었으며 다른 모서리에는 역시 2개씩의 구멍을 중간지점에 뚫었다. 보존처리 과정에서 이러한 소찰에 부착된 일부의 녹편이 복발의 차양에 부착되어 있는 녹의 일부와 들어맞는 것이 확인되어 이들이 복발과 직접 연결되는 최상단에 배치되었을 가능성을 말해주고 있다(삽도 109의 4~8). 아차산 4보루의 다른 지점에서도 같은 형태의 소찰 2점이 확인되었다(삽도 114의 10, 11).

세 번째 유형은 다른 소찰에 비해 넓고 길며, 두 점 밖에 출토되지 않아 좌우 볼 가리개로 사용되었던 것으로 추정된다(삽도 109의 2, 3). 같은 형태의 소찰 1점이 구의동 1보루에서 확인되는데, 크기에 있어서는 아차산 4보루 출토품에 비해 작다(삽도 114-12).

소찰들 중 일부는 표면에 목질로 보이는 흔적이 뚜렷하게 남아있는 것들도 있으며, 다른 유기물질이 유착된 것으로 보이는 예들도 있다. 남은 유기물은 대체로 그 폭이 0.2~0.3cm인데 구멍의 지름이 대체로 이와 같으므로 이들이 소찰들의 결합 시에 사용된 가죽 끈 등과 관련된 것으로 보인다. 이상과 같은 소찰들의 형태적 특징을 감안하면 아차산 4보루 출토 소찰주는 삽도 110과 같은 구조로 연결되었을 것으로 추정된다.

지금까지 실물로 출토된 고구려의 胄로는 고이산성과 농오리산성 출토

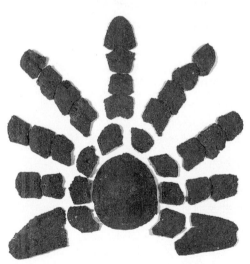

삽도 110 _ 아차산 4보루 출토 소찰주

품 등 2예가 알려져 있으며, 2점 모두 縱長板胄에 속한다. 아차산 제4
보루출토 小札胄는 고구려지역에서는 처음으로 출토된 실물자료이며,
최근 같은 형태의 소찰이 桓仁의 五女山城 서문지에서 1점 출토되었는
데, 아차산 4보루 출토품에 비해 다소 크다.[91] 경기도 양주시의 胎峰
山堡壘에서도 지표조사를 통해 같은 형태의 소찰이 확인되고 있다.[92]
실물자료는 아니지만 같은 형태의 소찰주는 5세기대의 三室塚 2실 서
벽 벽화나 通溝 12호분 벽화에서도 확인할 수 있다. 또한 가야지역에
서는 6세기 전엽의 陜川 磻溪堤 가A號墳이나 玉田 M3號墳에서도 같
은 형태의 소찰주가 출토되어 같은 계통으로 추정되나, 가야지역 소찰
주의 경우는 방형 소찰이 주로 사용되는 점에서는 차이가 있다.[93]

2) 아차산 보루 출토 札甲

완전한 찰갑의 형태를 갖추고 출토된 예는 없으나 아차산 일대의 고
구려 보루에서는 총 280점에 달하는 찰갑편이 출토되었다.[94] 형태가
불분명하거나 소찰주에 사용된 것으로 보이는 것이 있으나 극소수에
불과하며, 대부분은 찰갑에 사용된 것으로 추정되는 장방형의 소찰들
이다. 이 중 전체 길이와 폭을 확인할 수 있는 개체는 112점인데, 크기
와 형태에 따라 세 형식으로 구분된다.

---

91) 遼寧省文物考古硏究所, 2004, 『五女山城 −1996~1999, 2003年桓仁五女
     山城調査發掘報告』, 38쪽의 圖41-10.
92) 국립문화재연구소, 2006, 『남한의 고구려유적』, 104~105쪽.
93) 송계현, 1999, 「우리나라 甲胄의 變化」 『고대 전사와 무기』, 부산복천박물
     관, 101쪽.
     송계현, 2005, 「桓仁과 集安의 고구려 갑주」 『북방사논총』 3호, 고구려연
     구재단, 177~178쪽.
94) 각 보루별 보고된 찰갑편의 개체수는 홍련봉 1보루 19점, 홍련봉 2보루 54
     점, 아차산 3보루 80점, 아차산 4보루 123점, 시루봉보루 4점 등이며, 용
     마산 2보루 출토품과 아차산 4보루 및 시루봉보루 추가발굴품은 포함되지
     않은 숫자이다.

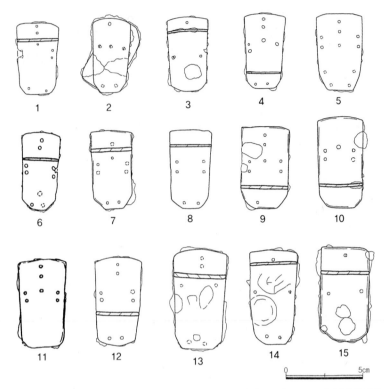

삽도 111 _ 형식 소찰 각종(1, 5, 7~10, 12~15:아차산 3보루, 2~4:홍련봉 2보루, 6:시루봉보루, 11:아차산 4보루)

　첫 번째 형식은 길이 4.6~6.5cm, 폭 2.1~3.6cm 가량의 소형 札 이다(삽도 111). 길이 5.5cm를 기준으로 두 개의 소그룹으로 구분이 가능하나 전체적인 형태나 구멍의 배치는 동일하다. 이 형식에 속하는 소찰은 38점으로 전체의 34%를 차지하며, 아차산 3보루에서 가장 많은 개체가 확인된다. 전체적으로 장방형을 이루는데, 상변은 직선에 가까운 호형을 이루며, 하변으로 내려갈수록 점차 좁아진다. 하변은 양쪽을 접은 사다리꼴이 대부분이나 일부 완만한 호형을 이루는 경우도 있다. 남아있는 구멍의 수는 개체별로 차이가 있으나, 개체별로 확인된 내용을 종합해 보면 일정한 정형성을 보인다. 구멍은 상변 가운데에 세로로 2개, 하변에는 가로로 2개가 배치되어 있으며, 장변의 중앙

상단부에 세로로 2개씩, 장변과 하단부가 만나는 지점에 각각 하나씩의 구멍이 있다. 일부 개체에서는 소찰 중앙부 상단과 하단에도 하나씩의 현수공이 확인되기도 한다(삽도 111-6, 7).

같은 형식의 소찰은 경기도 양주시의 태봉산보루[95]와 환인의 오녀산성에서도 출토된다.[96] 집안지역에서는 麻線 2100호,[97] 千秋墓,[98] 太王陵,[99] 禹山下 41호분[100] 등에서 확인되는데, 마선 2100호와 천추묘 출토품은 금동제이며, 이를 冑의 볼가리개와 首尾部의 소찰로 보기도 한다.[101] 그런데, 집안지역의 4~5세기 대 고분에서 출토되는 이 형식의 소찰은 상변이 둥글고 하변이 직선형인데 비해, 아차산 보루 출토품과 태봉산보루 및 오녀산성 출토품은 상변은 직선에 가까운 호형, 하변은 사다리꼴을 하고 있는 점에서는 차이가 있다.

두 번째 형식은 길이 7.2~10.7cm, 폭 2.1~3.6cm 가량으로 I 형식 소찰과 폭은 같으나 길이가 길어서 세장방형을 띠고 있다(삽도 112). 길이 9cm를 기준으로 대소 두 그룹으로 구분이 가능하지만 전체적인 형태와 구멍의 배치는 동일하다. 이 형식의 소찰은 모두 53점으로 전체의 47%를 차지하며, 가장 일반적인 형태의 소찰이다. 소찰의 상하 폭은 차이가 없이 일정한 편이며, 상변은 직선형 또는 완만한

95) 국립문화재연구소, 2006, 『남한의 고구려유적』, 104~105쪽.

96) 遼寧省文物考古研究所, 2004, 『五女山城 −1996~1999, 2003年桓仁五女山城調査發掘報告』, 213쪽의 圖215.

97) 吉林省文物考古研究所·集安市博物館, 2004, 『集安高句麗王陵 −1990~2003年集安高句麗王陵調査報告』, 150쪽의 圖120, 160쪽의 圖127.

98) 吉林省文物考古研究所·集安市博物館, 2004, 『集安高句麗王陵−1990~2003年集安高句麗王陵調査報告』, 182쪽의 圖146.

99) 吉林省文物考古研究所·集安市博物館, 2004, 『集安高句麗王陵 −1990~2003年集安高句麗王陵調査報告』, 280쪽의 圖213.

100) 吉林省博物館文物工作隊, 1977, 「吉林集安的兩座高句麗墓」『考古』1977年 2期, 圖10.

101) 송계현, 2005, 「桓仁과 集安의 고구려 갑주」『북방사논총』 3호, 고구려연구재단, 174~176쪽.

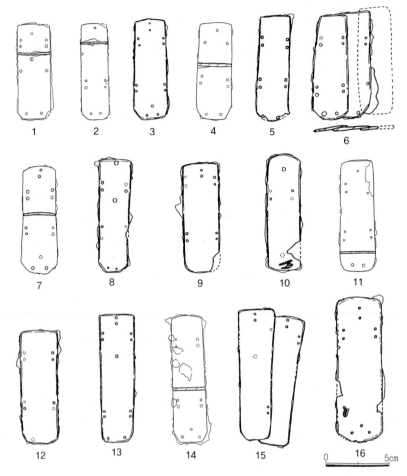

삽도 112 _ Ⅱ형식 소찰 각종(1, 2, 14:홍련봉 2보루, 4:아차산 3보루, 7:시루봉보루,
3, 5, 6, 8~10, 12, 13, 15, 16:아차산 4보루)

호형을 이루고, 하변은 모서리를 접어 사다리꼴을 이룬 경우가 대부분
이다. Ⅰ형식의 소찰과 기본적인 형태는 같으나 훨씬 세장하다. 구멍의
배치는 상변 중앙에 세로로 2개, 하변 중앙에 가로로 2개가 있으며, 장
변의 상단부와 하단부 외연에 각각 두 개씩의 구멍이 세로로 배치되어
있다. 장변의 중앙 상부와 하단부 중앙에 각각 하나씩의 현수공이 뚫린
경우도 있다. 구멍의 배치 역시 Ⅰ형식과 같으나 장변에 두 개씩의 구멍

이 추가된 것에 차이가 있으며, 이는 찰이 길어진 것과 관련된 것으로 생각된다.

역시 같은 형태의 소찰이 같은 형식의 소찰은 경기도 양주시의 태봉산보루와 환인의 오녀산성 및 집안지역의 고분군에서도 출토되는데, 집안지역 고분 출토품의 경우 상변이 둥글고, 하변이 직선인 점에서는 차이가 있다.

세 번째 형식은 길이 11.7~16.0cm, 폭 2.9~3.4cm 가량으로 Ⅱ형식 소찰에 비해 훨씬 더 세장하며, 장변의 중앙부가 약간 축약된 형태이다(삽도 113-1~5). 길이 15cm를 기준으로 두 그룹으로 세분되

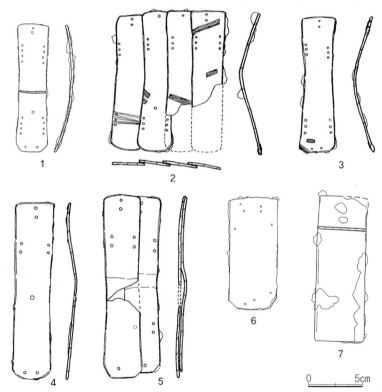

삽도 113 _ Ⅲ형식 및 기타 소찰 각종(1:홍련봉 2보루, 2~5:아차산 4보루, 6:홍련봉 1보루, 7:아차산 3보루)

는데, 길이의 차이뿐만 아니라 구멍의 배치에서도 약간의 차이를 보인다. Ⅲ형식 소찰은 모두 10점으로 전체의 9%를 차지한다. 소찰의 장변은 직선이며, 하변은 호형을 이루거나 귀를 접은 사다리꼴이다. 구멍의 배치는 기본적으로는 Ⅰ, Ⅱ형식의 소찰과 유사하나 장변에 뚫린 구멍의 개수가 많다. 상변 중앙에 세로로 2개, 하변 중앙에는 가로로 2개의 구멍이 뚫려있으며, 장변의 중앙이나 중앙부 바로 아래에 현수공이 있다. 장변에는 Ⅱ형식과 마찬가지로 상하로 나뉘어 각각 2개씩의 구멍이 배치된 예도 있으나, 3개씩 또는 4개식의 구멍이 뚫려 있는 경우도 있다. 이 중 아차산 4보루에서 출토된 5점의 소찰은 중앙부가 꺾여 있는데(삽도 113-2, 3), 頸甲이나 腰甲 부위로 추정된다.

한편 몽촌토성의 85-4호 저장공에서 출토된 骨製札甲의 소찰들도 Ⅲ형식 소찰들과 크기나 외형, 구멍의 배치 등에 있어서 거의 일치한다.[102] 물론 형태적인 유사성만으로 판단할 수는 없는 문제이기는 하지만 몽촌토성에서 다양한 종류의 고구려 유물이 출토되는 점으로 미루어 볼 때 이 골제찰갑도 고구려 유물일 가능성이 크다고 생각된다.

그밖에 이상의 형식에 속하지 않는 소찰이 몇 점 있는데, 정확한 부위를 알기 어렵다(삽도 113-6, 7, 삽도 114-1~3). 그러나 삽도 114의 4~11은 형태상의 특징으로 보아 小札胄에 사용된 것으로 판단된다.

이상의 소찰은 대부분 낱개로 유리된 채로 출토되어 결구기법이나 부위를 파악하기는 어렵다. 다만 일부 소찰들은 여러 매가 연접된 상태로 출토되고 있어서, 본래 같은 형태의 구멍을 가진 札을 종횡으로 나란히 포개어 결합했음을 알 수 있다. 이들은 가죽 끈을 구멍에 통과시켜 연결시켰을 것으로 생각되는데, 실제로 구멍 주위에 가죽 끈 등의 유기물 흔적이 뚜렷하게 남아있는 있는 경우도 있다. 특히 일부 남아있는 유기질 흔적으로 미루어 보아 각 札을 연접한 상태에서 횡방향으로 연결시켜 나갔을 가능성이 있는 것으로 생각되나 정확한 횡결기법

---

102) 夢村土城發掘調査團, 1985, 『夢村土城發掘調査報告書』, 110쪽.

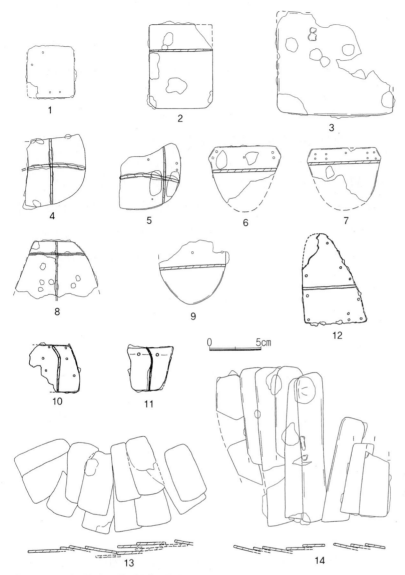

삽도 114 _ 기타형식 소찰 각종(1:홍련봉 1보루, 2, 3, 6, 7, 9, 13, 14:아차산 3보루,
4, 5:홍련봉 2보루, 10, 11:아차산 4보루, 12:구의동 1보루)

을 파악하기는 쉽지 않다. I형식의 소찰은 소찰주에 사용된 것으로 볼
수도 있겠으나, 아차산 4보루에서 특이한 형태의 소찰주가 확인된 점
으로 미루어 볼 때 찰갑에 사용된 것으로 판단된다. 소찰 자체만으로

는 각 형식별 사용된 부위를 구분하기 어려우나 身甲의 일부가 아닐까 생각되며, Ⅰ형식은 신갑의 상부, Ⅱ형식과 Ⅲ형식은 腰甲 또는 頸甲으로 추정하고자 한다.

3) 아차산 고구려보루 출토 馬具

(1) 銜

아차산 4보루와 홍련봉 2보루에 각각 2점씩 출토되었으며, 모두 銜과 引手만 남아있다(삽도 115). 형태가 잘 남아있는 아차산 4보루 출토품의 경우 타원형의 環板이 함께 출토되고 있어서 環板銜로 추정된다(삽도 115-2).

銜은 2節式으로 각 마디는 단면 원형인 鐵棒의 양 끝을 구부려 타원형 고리를 만든 후 그 끝을 두 번 정도 철봉에 감아 마무리하였다. 함의 내환은 외환에 비해 작으며, 내환과 외환이 각각 수직과 수평을 이루고 있다. 각각의 외환은 그 크기와 형태가 비슷하나, 내환은 한쪽은 크고 다른 한쪽은 작다. 引手 역시 함과 같은 방식으로 꼬아서 제작하였는데, 고삐와 이어지는 외환은 내환보다 큰 직경을 가지고 있으며 함과 마찬가지로 철봉을 중심으로 내환과 외환이 수직과 수평을 이루고 있다. 함의 길이는 각각 11.4, 10.1cm, 지름은 0.7cm, 내환의 외경은 각각 2.3, 1.4cm, 함외환의 외경은 4.3cm이며, 인수의 길이는 각각 15.3, 14.8cm, 지름은 0.7cm, 내환의 외경은 2.2cm, 외환의 외경은 4.0cm이다(삽도 115-2).

나머지 3점은 함과 인수가 각각 1개씩 연결된 채로 출토되었다. 4점 모두 철봉을 구부려 환을 만든 후 2~3회 감아서 마무리 하였는데, 형태상으로 다소의 차이가 있다. 아차산 4보루 출토품의 경우 함은 단면 원형에 가까운 말각방형의 鐵棒 양끝을 구부려 고리를 만든 후 두 번 정도 철봉에 감아 마무리하였다. 함 외환 1개와 인수 1개체분이 연결되어 있는데, 인수의 내환과 외환의 크기가 비슷하며, 내환은 말각

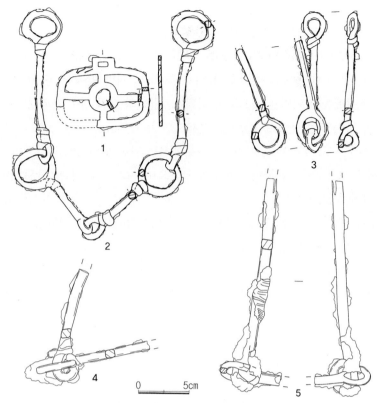

삽도 115 _ 아차산 고구려보루 출토 轡 각종(1~3:아차산 4보루, 4, 5:홍련봉 2보루)

삼각형에 가까운 형태이다. 함의 잔존 길이는 10cm, 외환의 외경은 3.3cm이며, 인수의 길이는 13.0cm, 내환과 외환의 외경은 2.2cm 가량이다(삽도 115-3).

홍련봉 2보루 출토품 역시 함과 인수가 각각 1개씩 남아있으며, 아차산 4보루 출토품과 같은 방식으로 제작된 것으로 추정되나, 이 중 1 점은 인수의 잔존길이가 20cm로 아차산 4보루 출토품에 비해 길다(삽 도 115-4, 5).

이상의 함과 인수 외에 아차산 4보루에서는 環板 1점이 출토되었 다. 두께 0.3cm, 폭 0.7cm의 철판으로 제작하였는데, 장타원형 환 판의 외곽 하단은 작은 돌기가 달려 있으며, 상단에 폭 2.2cm, 길이

0.9cm의 장방형 立聞이 부착되어 있다. 환판의 내부는 十字形을 기본으로 하고 중심부에는 銜孔이 뚫려 있는데, 함공의 외경은 3.0cm 가량 된다. 함에 연결되지 않은 상태로 출토되었지만 앞에서 본 鑣와 같은 형식에 연결되었던 것으로 추정되며, 별도의 장치 없이 함외환에 직접 연결하였던 것으로 보인다. 전체 길이는 6.6cm, 폭은 9.1cm 이다(삽도 115-1). 한편 아차산 4보루에서는 환판의 입문에 연결되었던 鉤金具로 보이는 유물이 1점 출토되었으나 서로 유리된 채 출토되어 확실치는 않다.[103]

최근 이와 유사한 형태의 환판비가 오녀산성에서 출토되었는데, 환판의 크기와 모양은 아차산 4보루 출토품과 거의 같으나 인수의 제작기법은 다소 차이가 있다. 오녀산성의 같은 지점에서 비슷한 모양의 경판이 달린 경판비도 1점 출토되었으며, 역시 인수의 제작기법에서는 차이를 보인다.[104]

(2) 鐙子

아차산 4보루에서 출토된 것으로 터널형의 輪鐙으로서 주조품이다(삽도 116-1). 柄部는 輪部 위에 약간의 목을 세운 뒤, 抹角梯形의 懸垂部를 90° 틀어서 부착한 형태이다. 輪部는 단면 원형으로서 두께는 일정한 편이나 柄部에서 輪部 중앙과 踏受部에 이르기까지 그 두께가 소폭 감소한다. 발이 직접 닿는 踏受部의 평면 형태는 柳葉形이며, 그 바닥의 외측 중앙과 양 측면은 길게 突線을 만들어 보강하였다. 柄部는 끝으로 갈수록 얇아지는데, 아래쪽으로 내려오면서 일정한 비율로 두꺼워져 병부와 연결되는 목 부분에서는 輪部의 丸奉과 같은 굵기가 된다. 柄部의 중앙에 장방형의 懸垂孔이 뚫려 있다. 등자의 전체 길이

103) 임효재 · 최종택 · 양성혁 · 윤상덕 · 장은정, 2000, 『아차산 제4보루 -발굴조사 종합보고서-』, 서울대학교박물관, 371쪽의 도면 117-⑤.

104) 遼寧省文物考古研究所, 2004, 『五女山城-1996~1999, 2003年桓仁五女山城調査發掘報告』, 173쪽의 圖183.

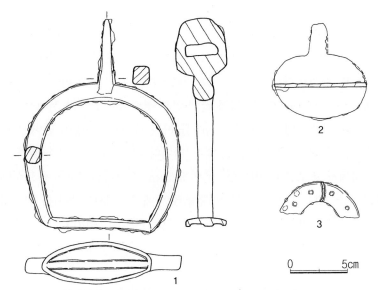

삽도 116 _ 鐙子, 편자 및 행엽형 철기(1:아차산 4보루, 2:홍련봉 1보루, 3:아차산 3보루)

는 17.6cm, 최대폭은 13.5cm, 柄部 길이는 5.5cm, 懸垂孔 크기는 2.9×1.0cm 가량 되고, 輪部 최대두께는 1.5cm, 踏受部 최대폭과 길이는 3.6×9.0cm 가량 된다.

이와 유사한 형태의 鐙子 2점이 集安市 冷飮廠西院遺址에서 出土된 바 있는데, 1점은 답수부의 모양까지 유사하지만 현수공의 방향이 다르며, 다른 한 점은 답수부의 모양은 자세히 묘사되지 않아서 알 수 없으나 현수공의 방향은 아차산 4보루 출토품과 유사하다.[105] 또 이와 함께 車輨 1점이 출토되었는데, 아차산 4보루에서도 이와 유사한 차관이 출토되어 비슷한 세트관계를 보여주고 있다(삽도 118-2). 유사한 형태의 등자는 집안시 下解放大塚에서도 출토되었는데, 답수부 바닥 중앙부에 돌선이 없는 점에서는 차이가 있다.[106]

---

105) 董峰, 1993, 「國內城中新發現的遺迹和遺物」『高句麗硏究文集』, 延邊大學 出版社, 191쪽

106) 東潮, 1997, 『高句麗考古學硏究』, 吉川弘文館, 427쪽.

(3) 편자(蹄鐵)

아차산 3보루에서 출토된 것으로 납작한 철판을 둥글게 돌려 만든 반원형의 철기이다(삽도 116-3). 철판의 단면은 약간 휘어 있는데, 두께는 0.2cm 내외이다. 양쪽 끝이 일부 결실되어 있으나 전체적으로 반원형에 가까우며, 철판의 중심부를 따라 네 개의 구멍이 남아있다. 잔존하는 최대 폭은 7.2cm로 작은 편이다. 유사한 형태의 편자가 몽촌토성에서 출토된 바 있으며, 폭이 8.8cm로 아차산 3보루 출토품에 비해 다소 크다.[107] 집안지역의 將軍塚의 배장묘에서도 유사한 형태의 편자가 출토된 바 있는데, 폭 10cm 내외로 다소 큰 편이다.[108]

(4) 鉸具

아차산 4보루에서 완형의 鉸具 4점, 아차산 3보루에서 1점이 출토되었다(삽도 117). 아차산 4보루 출토 교구는 두 가지 형식으로 분류되는데, 첫째는 가는 丸棒을 말아 가죽 끈을 끼울 수 있는 둥근 고리를 만들고 그 양끝은 꺾어 접어서 加熱·打擊하여 보다 넓은 면적을 갖는 직사각형 단면을 갖는 兩脚을 형성하였다. 이렇게 형성된 兩脚의 끝에 兩脚의 간격을 유지하면서 가죽을 체결할 수 있도록 고정된 鉸軸을 하나 놓고, 여기서부터 안쪽으로 띄어서 다시 'T'자형의 회전형 鉸針을 놓았다. 鉸針의 끝은 둥근 고리의 외곽선에 일치하는 경향을 보인다(삽도 117-3, 4). 전체 길이는 7.3cm, 9.4cm, 폭은 4.1cm, 4.8cm 가량이다. 같은 형태의 교구는 오녀산성 철기저장소 JC구역에서 다량

---

107) 夢村土城發掘調査團, 1985, 『夢村土城發掘調査報告書』, 215쪽의 도면 36-⑤.
서울대학교박물관, 1997, 『서울대학교박물관 발굴유물도록』, 274쪽의 사진 236.

108) 吉林省文物考古研究所·集安市博物館, 2004, 『集安高句麗王陵 -1990~2003年集安高句麗王陵調查報告』, 361쪽의 圖270-12~14.

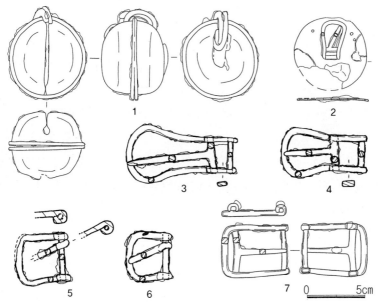

삽도 117 _ 방울, 좌목선교구 및 교구 각종(1, 2:홍련봉 2보루, 3~6:아차산 4보루,
7:아차산 3보루)

으로 출토된 바 있다.[109]

두 번째는 단면 원형의 鐵棒을 'ㄷ'자로 구부려 테두리를 만든 뒤 그
兩脚에 역시 단면 圓形의 鉸軸을 가로질러 고정함으로써 전체적으로
정사각형에 가까운 테를 형성하고 있다(삽도 117-5, 6). 이 중 1점은
테두리 兩脚을 두드려 그 면적을 넓힌 뒤 구멍을 내어 그곳에 鉸軸을
고정시킨 반면에 다른 1점은 테두리 兩脚이 鉸軸을 말아 감아서 고정
시키고 있다. 두 점 모두 鉸針은 단면 원형의 철봉을 사용하였으며, 그
한쪽 끝은 鉸軸보다 약간 큰 고리를 갖도록 말아서 鉸軸 상에서 자유롭
게 이동하거나 회전할 수 있도록 되어있고 다른 한쪽 끝은 테두리 외곽
선에 이르게 되어 있다.

---

109) 遼寧省文物考古研究所, 2004, 『五女山城 -1996~1999, 2003年桓仁五
      女山城調査發掘報告』, 178쪽의 圖187.

아차산 3보루 출토품은 단면 원형의 철봉을 'ㄷ'자형으로 구부려 테두리를 만든 뒤 그 양각에 교축을 가로질러 고정시켜 직사각형의 테두리를 만들고, 그 반대편으로 'T'자형의 교침을 끼워 넣은 특이한 형태이다. 전체 길이는 5.6cm, 폭은 4.6cm이다.

그밖에 원형의 철판에 소형 교구가 부착된 좌금구가 홍련봉 2보루에서 출토되었다(삽도 117-2). 지름 6.3cm 크기의 얇은 원판 가운데에 길이 3.3cm 가량의 교구가 달려 있으며, 원판의 둘레에는 작은 구멍이 뚫려있다. 안장을 고정하던 座木先鉸具로 추정되는데, 역시 오녀산성에서 유사한 형태의 좌목선교구가 출토된 바 있다.[110]

(5) 馬鈴

홍련봉 2보루에서 1점이 출토되었다. 전체적으로 구형이며, 몸통의 가운데에 2조의 돌선이 돌아가는 것으로 보아 반구형 철판을 두 개 이어붙인 것으로 보인다. 방울 내부는 비어 있으며, 상부의 홈에는 철제 고리가 연결되어 고들개 등에 매달도록 고안되었다(삽도 117-1). 방울의 크기는 7.7×6.8cm이다.

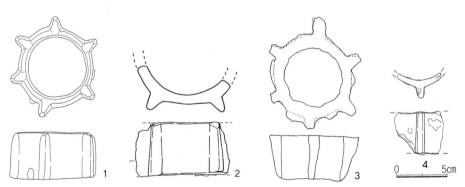

삽도 118 _ 車輨 각종(1:홍련봉 2보루, 2:아차산 4보루, 3:구의동 2보루, 4:아차산 3보루)

---

110) 遼寧省文物考古硏究所, 2004, 『五女山城 -1996~1999, 2003年桓仁五女山城調査發掘報告』, 174쪽의 圖184.

(6) 기타

이상의 마구 외에도 홍련봉 1보루에서는 행엽형 철기가 1점 출토되었다(삽도 116-2). 폭 8.2cm 가량의 타원형 원판에 짧은 병부가 달려있다. 원판의 가장자리는 약간 돌출되어 있으며, 하단부는 약간 돌출되었다. 발굴 당시 원판의 뒷면에 목질이 유착되어 있었던 점과 鉤金具를 연결하는 立門部가 없는 점으로 보아 행엽이라기 보다는 장식의 일종일 가능성이 크다. 그러나 아차산과 연결되는 水落山堡壘[111)]에서 이와 유사한 형태의 심엽형 행엽 2점과 여러 점의 辻金具가 출토된 점으로 보아 행엽일 가능성을 완전히 배제할 수는 없다.

아차산일대의 보루에서 출토된 것은 아니나 夢村土城 85-3호 저장공에서 출토된 말 족쇄가 1점 있다.[112)] 이 유물은 기존에 S字形鑣鑾로 알려져 왔으나, 최근 몽골지방의 마구와의 비교를 통하여 '토샤(TUSHAA)'라고 불리는 마구의 일종으로 재인식되었다. 즉, 말을 잠시 세워 둘 경우 말의 앞다리 두 개에 이를 연결하여 말이 멀리 움직이지 못하게 하는 장치이다.[113)] 이 유물의 소속이 백제인지 고구려인지는 명확하지 않으나 아무튼 삼국시대 마구에 새로운 자료를 추가한 것으로 중요한 의미가 있는 것으로 생각되며, 고대의 말 족쇄로서 실물로 전하는 것은 유일한 자료가 아닌가 생각된다. 또한 이러한 마구의 전통이 북방에 있음을 고려할 때 이 유물 또한 고구려 마구일 가능성이 큰 것으로 생각된다. 한편 족쇄부분에 자물쇠가 달린 말 족쇄가 오녀산성에서 출토된 바 있는데,[114)] 형태상으로는 차이가 있으나 지금까지 우

---

111) 국립문화재연구소, 2006, 『남한의 고구려유적』, 184~186쪽.

112) 夢村土城發掘調査團, 1985, 『夢村土城發掘調査報告書』, 108쪽.
     서울대학교박물관, 1997, 『서울대학교박물관 발굴유물도록』, 275쪽의 사진 237.

113) 양시은, 2000, 「夢村土城出土 所謂 '馬銜' 再考」 『서울大學校博物館年報』 12, 79~86쪽.

114) 遼寧省文物考古研究所, 2004, 『五女山城 -1996~1999, 2003年桓仁五

리가 인식하지 못했던 새로운 종류의 마구로 생각된다.

그밖에 구의동 2보루와 홍련봉 2보루, 아차산 3보루, 아차산 4보루에서는 각각 1점씩의 車轄이 출토되었다. 모두 주조품으로 내부는 원형이며, 외부에는 여섯 개의 이가 달려있다. 그런데 구의동 2보루에서는 목재를 감싸던 원형 철판도 함께 출토되었는데, 集安의 丸都山城 2호 문지에서도 같은 형태의 차관과 원형철판이 결합된 채로 출토되었다.[115] 이로보아 일반적으로 차관으로 불리는 철기 중 일부는 문지에 사용된 확쇠로 사용되었음을 알 수 있다. 구의동 2보루에서 출토된 차관과 원형철판은 분리된 채로 출토되었지만 정황상 문지에 사용된 확쇠와 문장부를 감싸던 철판으로 추정된다.[116]

이상에서 아차산 일원의 고구려 보루에서 출토된 갑주와 마구에 대하여 살펴보았다. 지금까지 아차산 일대에서 7개의 보루가 발굴되었는데, 소찰주 1점을 비롯해 280여 점에 달하는 다량의 찰갑 소찰과 마구류가 출토되었다. 아차산 일대의 고구려 보루는 500년을 전후한 시점에 축조되어 551년까지 존속한 것으로 밝혀지고 있어서, 출토된 갑주와 마구류의 연대를 6세기 전반으로 비정하는데 무리가 없다. 아차산 4보루에서 출토된 소찰주는 5세기대 고분벽화에서 그 존재를 확인할 수 있었지만 실물로는 처음 출토된 것이다. 같은 형태의 소찰들이 아차산의 홍련봉 2보루와 양주 태봉산보루 및 환인 오녀산성에서도 출토되었다. 5세기 대의 유적에서는 종장판주가 주로 확인되는 것을 염두에 두면 6세기 대에는 소찰주가 주로 사용되었던 것으로 추정할 수 있다.

女山城調査發掘報告』, 179쪽의 圖188.

115) 吉林省文物考古硏究所 · 集安市博物館, 2004, 『丸都山城 -2001~2003年集安丸都山城調査試掘報告』, 48쪽의 圖33.

116) 일반적으로 차관으로 불리는 철기는 수레굴렁쇠 축으로 사용된 것으로 이해되고 있어 아차산 보루에서 출토된 차관도 마구와 함께 검토하였으나 구의동 2보루 출토품의 사례로 보아 문비에 사용된 확쇠로 추정하는 것이 옳을 것으로 판단된다.

함께 출토된 찰갑의 소찰들은 3가지 형식으로 일정한 정형성을 가지는데, 5세기대의 고구려고분에서 출토된 소찰들이 상원하방형인 것과 비교된다. 이러한 차이는 갑주에 있어서의 변화가 있었음을 의미하는 것이며, 향후 고구려 전역에 걸친 자료와의 비교분석이 요구된다.

아차산 보루에서 출토된 마구류는 고분출토품에 비해 수량은 적지만 환판비, 등자, 편자, 방울, 교구, 좌목선교구 등 다양한 종류를 망라하고 있다. 특히 환판비와 등자는 집안이나 환인지역의 6세기 이후의 고구려 마구와 형태상 유사하다. 특히 오녀산성의 철기저장소(鐵器窖藏)에서 출토된 마구류와 가장 유사한데, 오녀산성의 철기저장소는 5세기대로 추정되는 제4기 문화층에 해당하는 것으로 보고되었으나 그 연대는 재고되어야 할 것으로 생각된다. 아무튼 아차산 고구려보루에서 출토된 갑주와 마구류는 6세기 전반 최전방의 소규모 보루에도 갑주로 무장한 병사들이 상주하였음을 보여주는 것이다. 비록 종류나 수량에 있어서 제한적이기는 하지만 아차산 보루에서 출토된 갑주와 마구류는 6세기 전반 갑주와 마장문화 및 당시 변방에 상주하던 상비군의 모습을 그려볼 수 있는 중요한 자료로 판단된다.

아차산 고구려 보루의
구조와 역사적 성격

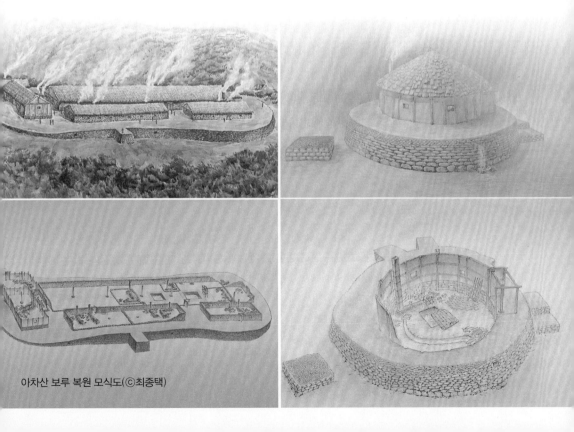

아차산 보루 복원 모식도(ⓒ최종택)

1. 아차산 고구려 보루의 입지와 분포

아차산은 현재의 서울시와 구리시의 경계를 이루고 있는데, 서쪽으로 용마봉, 북쪽으로 망우산 등 주변 산지를 포함하여 아차산이라 부른다. 백두대간의 분수령에서 갈라진 한북정맥의 주맥은 양주군 광릉의 주엽산에서 남하하면서 천보산 · 수락산 · 불암산 · 검암산(구릉산) · 망우산 · 용마산 · 아차산으로 이어지는데, 아차산 일대의 산지는 이 산줄기의 끝자락이며, 아차산은 이 산줄기가 한강에서 끝나는 마지막 봉우리이다.[117] 이 산줄기는 서울시와 경기도의 경계를 이루고 있으며, 서쪽으로는 중랑천, 동쪽으로는 왕숙천을 끼고 있다(삽도 119). 풍수지리학적으로 볼 때 아차산은 北岳(土德)을 중심으로 남쪽의 冠岳山(火德), 서쪽의 桂陽山(金德), 북쪽의 紺岳山(水德)과 더불어 동쪽의 木德을 이루고 있는 五德丘 중의 하나로 南行山으로 불리기도 하였다.[118]

아차산 일대의 산지는 서울화강암으로 이루어진 해발고도 300m 내외의 구릉성 산지이다. 쥬라기에 서울화강암의 저반이 관입한 이후 온난 습윤한 중생대와 신생대 제3기에 심층 풍화된 상부의 지층이 제거되었다. 이렇게 지표에 노출된 화강암은 지표와 평행한 절리체계가 발달되는데, 이러한 판상절리를 따라 암괴들이 기계적으로 붕괴 · 제거됨으로써 아차산은 박리 돔 형태를 띠며,[119] 아차산 각 보루와 아차산성의 성벽과 건물벽체는 바로 이러한 암괴들을 이용하여 축조한 것이다. 또한 아차산과 용마산 정상에는 화학적 풍화작용으로 만들어진 지형이 일부 나타난다. 절리로 쪼개진 모서리 부분은 특히 화학적 풍화작용을 많이 받아 옅은 적색을 띠는 석비례가 형성되어 있으며, 일부 지역에서

---

117) 나각순, 1997, 『서울의 산』, 서울특별시사편찬위원회.

118) 김기빈, 1983, 『600년 서울 땅이름 이야기』, 살림터.

119) 손명원, 1994, 「지리적 배경」 『아차산의 역사와 문화유산』, 구리시 · 구리 문화원.

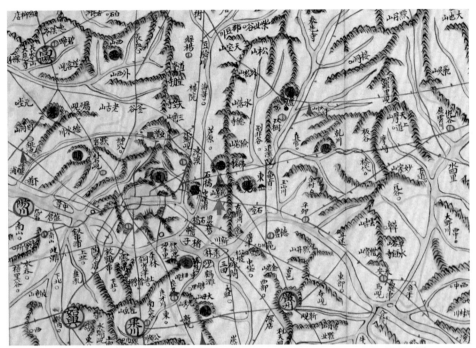

삽도 119 _ 東興圖 속의 아차산(동여도 14첩 4열 전국지도, ⓒ서울대학교규장각한국학연구원)

는 완전히 풍화된 석비례 내의 원괴암 절리면을 따라 검붉은 집적대가
형성되었다. 호상편마암으로 구성된 아천리단층 북쪽의 산지와 아차산
의 동남부는 오랜 삭박작용을 받아 해발고도 200m 정도의 완만한 구
릉지를 이룬다. 화강암지역이 石山을 이루고 있는 것과는 대조적으로,
호상편마암지역은 장기간에 걸친 화학적 풍화로 두꺼운 토양층이 많이
형성되어 土山을 이루고 있다.[120]

아차산 일대의 산줄기 좌우로 흐르는 중랑천과 왕숙천 유역에는 저
평한 충적평야가 넓게 발달해 있어 육로 교통상에서 아주 중요한 위

---

120) 손명원, 1994, 「지리적 배경」『아차산의 역사와 문화유산』, 구리시 · 구리
     문화원.

치를 차지하고 있다. 이들 강 유역은 동서로 가로막힌 지형적 장애물이 없어 예로부터 동두천·철원 방면에서 한양도성으로 진입하는 주요한 교통로였으며, 현재에도 3번 국도와 47번 국도가 이곳을 따라 나 있다. 또한 아차산 남쪽 광진교 부근의 광나루는 한강을 통해 도성에서 충청·강원·경상도로 향하는 교통로의 시발점이었다. 아차산은 해발 285m, 용마산은 해발 348m로 비록 높지는 않지만 한강변에 위치하고 있어 산 위에 서면 서울시를 둘러싼 모든 산과 한강변의 경관을 조망할 수 있다. 때문에 아차산은 그리 높은 산지는 아니지만, 충적평야지대와 한강에 인접하여 위치하고 있어 주변 지역을 조망하는데 있어서 최상의 위치라 할 수 있다. 아차산에서는 남으로는 한강 남안의 풍납토성과 몽촌토성 일대가 한눈에 들어오며, 중랑천변과 왕숙천변을 이용한 육로를 조망할 수 있으며, 한강을 통한 적의 접근까지 조망 할 수 있다. 이러한 까닭에 아차산은 고대부터 현대에 이르기까지 군사적으로 중요한 자리를 차지하고 있으며, 아차산 고구려 보루의 입지도 이러한 지리적·지형적 이점을 바탕으로 하고 있다(삽도 120, 121).

　삼국시대에 들어와 아차산 일원은 교통과 통신의 요충지로서 그 중요성이 더욱 부각되었다. 이 지역을 최초로 점유한 세력은 백제인데, 阿旦城으로 비정되는 아차산성이 아차산에 위치해 있으며, 바로 한강 남안에는 한성기 백제의 도성인 풍납토성과 몽촌토성이 자리하고 있다. 몽촌토성 남쪽으로는 석촌동고분군, 방이동고분군, 가락동고분군 등이 있으며, 아차산 동쪽 한강 남안에는 미사리유적과 암사동유적 등 백제의 취락유적이 위치하고 있다. 475년 백제가 웅진으로 천노한 이후 이렇다 할 백제유적은 확인되지 않으며, 고구려유적이 주로 확인된다. 고구려유적은 주로 관방유적으로 아차산 일원에는 21개소의 보루가 남아있으며, 한강 남안의 몽촌토성도 한동안 고구려 군에 의해 재사용되었다. 553년 이후 일대는 신라가 차지하는데, 아차산성은 신라의 북한산성으로 사용되었으며, 동남쪽의 하남시에 위치한 이성산성은 신라가 새로 설치한 新州의 治所로 사용된 것으로 보인다. 그밖에 아차산

삽도 120 _ 남쪽 상공에서 본 아차산 일대[121)]

삽도 121 _ 남서쪽 상공에서 본 아차산 일대 전경

---

121) 1966년 촬영된 항공사진을 수치표고모델(DEM)에 기반하여 ArcScene
10.0으로 렌더링한 것임. 이하 본 장에 사용된 항공사진의 내용은 이와 동
일함.

서남쪽의 중곡동고분군과 아차산 일대의 고분군, 방이동고분군, 가락동고분군 등은 신라에 의해 축조된 것이다.

한편 고려시대에 들어 풍수도참사상에 입각하여 楊州에 南京을 설치하면서 아차산은 남경 오덕구 중 동쪽의 목덕으로 여겨졌으며, 북쪽에서 남쪽으로 달려간 남행산으로 불리기도 하였다.[122] 성리학을 바탕으로 성장한 신흥사대부가 주체가 되어 건립된 조선왕조는 지금의 서울인 한양을 도읍으로 정했다. 이에 도읍으로 삼은 곳만을 한양부로 하고 옛 한양부의 나머지 지역을 양주라 불렀으며, 양주의 치소를 한때 아차산 남쪽의 東村 大同里로 옮겼다가 다시 몇 년 뒤 옛 현주의 치소가 있던 곳으로 옮겼다. 바로 이 동촌 대동리가 현재 양주군 古楊州面에 해당된다. 조선시대의 아차산 일원은 도읍과 가까운 곳에 위치한 관계로 그 중요성이 더욱 부각되어 왕도와 관련한 여러 가지 기능을 갖게 된다. 초기 태조와 태종 때부터 아차산 서쪽기슭은 사냥터로 각광을 받았으며, 살곶이목장이라는 국가에서 운영하는 목마장을 설치하였는데, 목마장의 동쪽 경계가 바로 아차산이었다. 이후 역대 왕들에 의해 뚝섬에 聖德亭과 華陽亭이 마련되고 기마병들의 열무행사를 시행하였다.[123]

아차산 일원은 조선왕조의 능침지로서 어떤 곳보다도 가장 많이 이용되었던 곳이다. 동구릉과 용마봉 기슭에는 두 개의 조선시대 능침지가 있다. 동구릉은 아차산 북쪽 줄기인 구릉산 자락에 있으며, 1408년 태조 이성계의 健元陵이 이곳에 자리를 잡은 뒤, 총 17위의 왕과 왕비의 능 아홉이 이곳에 있다. 원래 구릉산은 儉岩山이라 불리었으나, 이름에 '칼'을 연상하는 글자가 들어있어 역대 왕의 영혼이 잠들어 있는 곳에 불길한 조짐이 보인다 하여 구릉산으로 바뀌게 된 것이다. 또

---

122) 나각순, 1997, 『서울의 산』, 서울특별시사편찬위원회.
123) 류기선, 1994, 「중세」 『아차산의 역사와 문화유산』, 구리시·구리문화원, 주 20).

한 지금은 이장되었지만, 일시나마 헌종의 아버지인 익종의 綏陵이 용마봉 아래에 위치하였다. 본래 수릉은 현재 경희대학교 뒷산인 천장산 북동편에 있었는데, 헌종 즉위 후 그의 아버지 문조를 익종으로 추존하고, 1846년 이곳으로 능을 옮기고 일시 살곶이목장을 폐쇄하였다. 그후 1855년 다시 구릉산으로 옮겼다. 순종황제의 황태자비였던 순명황후 민씨의 裕陵 역시 용마산 서쪽자락인 오늘날 어린이대공원 자리에 마련되었다가 1926년 순종이 세상을 떠나자 남양주시 금곡의 유릉으로 옮겨졌다.[124] 아차산 동남쪽 기슭 아천동에는 태종의 후궁인 명빈 김씨의 묘역이 마련되어 있다.

또한, 조선시대에는 아차산 일원에 봉수를 설치하였는데, 「新增東國輿地勝覽」 등의 기록에 의하면 봉화산의 아차산봉수는 조선시대 도성으로 이어지는 5로의 봉수 중 제1로의 제1횃불길목으로 북쪽의 한이산 또는 대이산에서 연락을 받아 서쪽의 목멱산 봉수로 연결되는 중요한 봉수였다.[125] 그 후 1950년 6·25전쟁 발발 시 중부전선의 인민군 주력부대가 왕숙천변을 따라 남하하여 서울로 진입하였으며, 국군의 반격도 바로 아차산 줄기를 따라 북상하면서 이루어졌다. 이렇듯 아차산 일대는 예로부터 서울 동쪽의 주요한 교통과 통신의 요지였으며, 삼국시대이후 현재에 이르기까지 군사적으로 매우 중요한 위치를 차지하고 있다.

아차산 일원의 고구려 보루는 1994년 구리문화원에서 실시한 지표조사를 통해 구체적인 내용이 알려지게 되었다. 이후 1997년 실시된 발굴조사와 지표조사를 통하여 현재 아차산 일원의 보루는 모두 22개소로 확인된다(삽도 122~124). 그러나 조사 전에 파괴된 정립회관보루 등을 고려하면 더 많은 수의 보루가 있었을 것으로 추정 된다. 일제

124) 류기선, 1994, 「중세」『아차산의 역사와 문화유산』, 구리시 · 구리문화원, 주 20).
125) 나각순, 1997, 『서울의 산』, 서울특별시사편찬위원회.

봉화산보루

망우산보루

시루봉보루

7 4 5
6 3
용마산보루

4
아차산보루
3
6 2
5
1

암사동유적

중곡동고분군

아차산성

2
1
홍련봉보루

구의동보루
1 2

풍납토성

몽촌토성

한 강

삼성동토성

방이동고분군

가락동고분군

석촌동고분군

탄

천

0 0.5 1   2   3   4
Kilometers

삽도 122 _ 아차산 일대 고구려 보루 분포도 1(배경지도는 구글맵을 사용함)

강점기에 조사된 내용에 따르면 아차산성 동북쪽 현재의 워커힐호텔 경내의 작은 구릉에도 보루가 있었던 것으로 추정되며, 홍련봉보루 서북쪽 400m 지점의 백련봉에도 보루가 있었던 것으로 추정된다. 그밖에도 고양군 독도면의 광장리 · 능리 · 중곡리 · 구의리 일대에 아차산성을 포함한 10개소의 성지와 봉수가 있었다고 하며, 양주군 노해면 상계리 · 중계리에 3개소, 중하리와 아천리 일대에도 5개소의 성지와 봉수가 있었다고 한다.[126] 실제로 발굴과정에서 새로운 보루의 존재가 확인되기도 하는데, 2005년 아차산 3보루 발굴조사 당시 아차산 2보루 서쪽 능선 등산로에서 방앗간시설의 일부가 확인되어 아차산 6보루로 명명된 바 있다. 또한 아차산 3보루 바로 북쪽에도 석축시설이 확인되며, 아차산 1보루 북쪽 등산로 상에서도 보루로 추정되는 지점이 확인되는 점 등으로 보아 향후의 조사 성과에 따라서 더 많은 수의 보루가 확인될 가능성이 크다.[127]

한편, 1970년대 초 잠실화양지구개발사업으로 아차산 남쪽의 한강변 일대의 지형에 많은 변화가 있었는데, 삽도 122와 삽도 123, 124를 통해 확인할 수 있다. 삽도 124는 1972년도에 간행된 지형도를 바탕으로 재작성한 지형도와 수치표고모델을 중첩시킨 것이고,[128] 삽도 123은 1966년에 촬영된 항공사진을 수치표고모델과 중첩시킨 것이다. 삽도 123과 삽도 124를 비교해 보면 1966년과 1972년도의 지형에는 큰 변화가 없이 대체로 비슷하나, 삽도 122와 비교해 보면 한강의 수로가 크게 변한 것을 확인할 수 있다. 1970년대 말 강남의 잠실지구와 강북의 화양지구에 대한 개발이 이루어지면서 한강 본류와

---

126) 강진갑 · 류기선 · 손명원 · 심광주 · 윤우준 · 이달호 · 이도학 · 주강현, 1994, 『아차산의 역사와 문화유산』, 구리시 · 구리문화원, 187쪽.

127) 崔鍾澤 · 李秀珍 · 吳恩妊 · 吳珍錫 · 李廷範 · 趙晟允, 2007, 『紅蓮峰 第1 堡壘 發掘調査 綜合報告書』, 高麗大學校考古環境研究所.

128) 배경지도는 서울대학교박물관 조가영연구원이 1972년도 간행된 지형도를 바탕으로 작성한 것을 제공받아 필자가 일부 수정하였다.

봉화산보루

망우산보루

시루봉보루

용마산보루

아차산보루

암사동유적

중곡동고분군

아차산성

한
강

홍련봉보루

광진교

풍납토성

구의동보루

한
강

몽촌토성

삼성동토성

방이동고분군
가락동고분군

석촌동고분군

탄
천

0 0.5 1 2 3 4
Kilometers

삽도 123 _ 아차산 일대 고구려 보루 분포도 2(배경지도는 1966년 촬영된 항공사진)

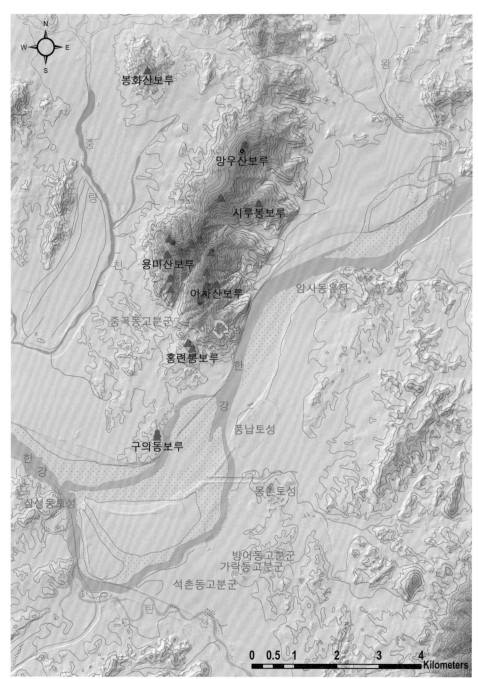

봉화산보루

망우산보루

시루봉보루

용마산보루

아차산보루

중곡동고분군

홍련봉보루

암사동유적

구의동보루

한 강

풍납토성

삼성동토성

몽촌토성

방이동고분군
가락동고분군

석촌동고분군

0 0.5 1 2 3 4
Kilometers

삽도 124 _ 아차산 일대 고구려 보루 분포도 3(배경지도는 1972년 간행된 지형도)

지류가 정비되었는데, 1977년 구의동보루가 발굴될 당시까지는 삽도 123과 같은 지형이 유지되었던 것으로 보인다. 개발 이전 아차산 남쪽의 한강은 두 줄기로 갈라져 잠실과 신천 일대를 둘러싸고 있었으며, 한강 본류의 폭도 50m 내외로 좁았다. 몽촌토성 북벽 쪽으로는 성내천이 곡류하고 있으며, 석촌동고분군 남서쪽으로는 탄천이 사행천을 이루고 있다. 또한 아차산의 서쪽으로는 중랑천이 여러 갈래로 나뉘어 흐르고 있으며, 아차산 동쪽으로는 왕숙천이 곡류하여 한강으로 유입된다. 암사동유적 북안의 동쪽과 남안의 서쪽 강변에는 넓은 모래톱이 형성되어 있으며, 하중도 형태를 띠고 있는 잠실과 신천 일대도 모래톱이 넓게 형성되어 있다.

아차산 좌우의 중랑천과 왕숙천 일대는 하천을 따라 남북으로 긴 평지를 이루고 있으며, 해발 50m 내외의 얕은 구릉을 제외하고는 지형적 장애물이 전혀 없다. 아차산 서북쪽 평지에는 해발고도 160m의 봉화산이 독립구릉을 이루고 있는데, 여기에 보루가 설치되어 있으며, 조선시대 아차산 봉수대가 이곳에 설치되었다. 아차산 서남쪽 중곡동고분군 남쪽에서 구의동보루 사이에는 얕은 구릉이 형성되어 있는데, 지형적 특성으로만 보면 이 일대에 또 다른 보루 등의 유적이 있었을 가능성이 크다. 반면에 아차산 일대에서 가장 높은 용마봉은 해발 348m, 아차산은 해발 285m 등이며, 그 자체로는 그리 높지 않으나 주변이 모두 평지인 때문에 비고가 높아 우뚝 솟은 느낌을 준다(삽도 125). 이상과 같은 지형적 특성 때문에 아차산 좌우는 고대로부터 남-북간 교통의 요충으로 활용되었으며, 아차산 일원에 설치된 보루도 이러한 지형적 요인을 고려하여 배치된 것으로 이해된다.

아차산 일원의 보루는 입지에 따라 평지의 단독 구릉상에 위치한 것과 아차산 능선의 봉우리에 배치된 것으로 나뉜다(삽도 125). 단독 구릉에 입지하는 보루는 봉화산보루와 구의동 1·2보루 및 홍련봉 1·2보루 등 5기가 있으며, 구의동보루는 한강 바로 북안에 인접해 있어서 최전방 초소의 역할을 한 것으로 생각된다. 봉화산보루는 중랑천변 평

삽도 125 _ 아차산 일대 고구려 보루 분포도 4(배경지도는 1966년 촬영된 항공사진)

지의 북쪽 끝에 위치하며, 북쪽의 수락산보루와 함께 양주일대의 보루와 연락을 위한 보루로 추정된다. 홍련봉 1·2보루는 아차산 능선의 최말단과 연결되는 지점에 위치하는데, 평지와 아차산 줄기가 만나는 중간지점에 해당된다. 한편 아차산 줄기는 용마산 5보루 지점에 이르러 용마산 능선과 아차산 능선의 두 줄기로 갈라지는데, 각 능선에 6~7개의 보루가 배치되어 있으며, 시루봉보루는 동쪽으로 뻗어 내린 능선의 끝자락에 위치한다.

각각의 보루는 위치에 따라 감시대상지역의 차이가 있었던 것으로 보이는데, 주요 보루의 가시권역 분석결과[129]에 잘 나타나있다(삽도 126). 가장 북쪽의 단독 구릉에 위치한 봉화산보루는 아차산 서쪽 중랑천변 전역을 가시권역으로 하고 있는데, 구의동보루와 한강 이남지역까지도 조망할 수 있으며, 망우산 3보루 북쪽 능선이 잘린 지점을 통해 아차산 동쪽 일부 지점도 조망이 가능하다. 망우산보루 중 가장 높은 곳에 위치한 망우산 2보루는 아차산 좌우의 평지를 모두 가시권역으로 하는데, 이는 보루가 남북으로 이어지는 좁은 능선 상에 위치하고 있기 때문이다. 망우산 2보루에서는 봉화산보루와 시루봉보루는 물론이고 아차산 2·3·4·6보루와 용마산 3·4·5·7보루 등도 조망할 수 있다.

아차산과 용마산 줄기가 만나는 곳에 위치한 용마산 5보루는 아차산 서남쪽 일부 지역과 한강 이남의 풍납토성 주변을 제외한 거의 모든 지역을 가시권역으로 하고 있다. 또한 용마산 1·2·6·7보루와 아차

---

129) 가시권역분석은 ArcGis 10.0을 이용하였으며, 1:5000 수치표고모델(DEM)에서 TIN(Triangulated Irregular Network)을 생성하고, 이를 다시 Raster로 변환한 후 래스터 표면에서 분석을 수행하였다. 분석에 사용된 수치표고모델은 현대의 지형정보를 반영한 것이지만 산지의 경우 지형변화가 거의 없었으므로 보루가 사용될 당시와 차이가 없을 것으로 생각된다. 다만 현재 멸실된 구의동보루의 경우 발굴조사 당시의 지형으로 보정한 후 분석을 실시하였다.

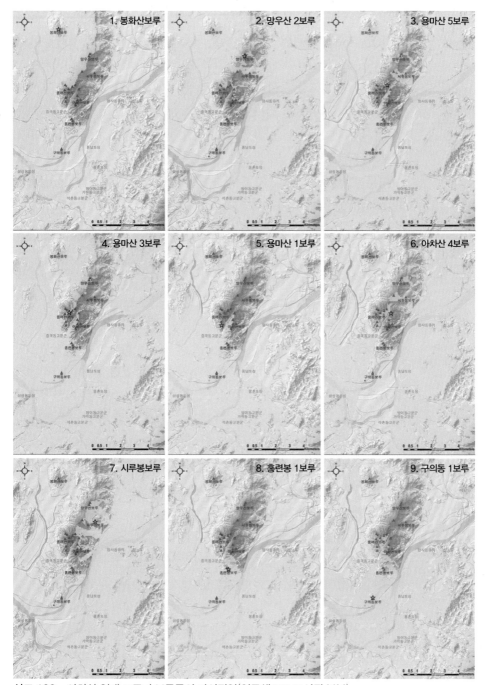

삽도 126 _ 아차산 일대 고구려 보루들의 가시권역(연두색으로 표시된 부분)

산 1·5보루를 제외한 나머지 보루 모두가 조망되는 좋은 입지를 가지고 있다. 아차산 일대에서 가장 높은 봉우리에 위치한 용마산 3보루는 아차산 주변 전역을 가시권으로 하고 있으나, 아차산 능선의 동쪽 바로 아래 지역과 아차산성 건너편 지역은 조망할 수 없는 위치에 입지하고 있다. 용마산 1보루는 아차산 서남쪽 일대를 가시권으로 하며, 구의동보루와 홍련봉보루, 아차산 능선의 보루들도 조망된다.

시루봉보루는 아차산 서쪽 왕숙천변 일대와 한강 이남의 풍납토성 및 몽촌토성 일대를 가시권역으로 하고 있으며, 망우산보루와 아차산 2·3·4·6보루 및 용마산 4·5보루를 조망할 수 있는 위치에 입지하고 있다. 아차산 능선의 최북단에 위치한 아차산 4보루는 왕숙천변 평지와 한강 이남의 동쪽지역을 가시권역으로 하는 점에서 시루봉보루의 가시권역과 중첩된다. 그러나 아차산 4보루에서는 아차산 서남쪽 한강 이남지역을 조망할 수 있는 점에서 시루봉보루보다 넓은 지역을 조망할 수 있는 우월한 위치에 입지하고 있다. 아차산 능선 말단에 위치한 홍련봉 1보루는 한강 이남지역 전역과 서쪽 중랑천변 일부를 가시권역으로 하며, 구의동보루와 용마산 1·2·3·4·5보루 및 아차산 1보루를 가시권역 안에 두고 있다. 아차산 일대 보루 중 가장 남쪽의 한강변에 연하여 위치한 구의동보루는 얕은 구릉임에도 불구하고, 한강 이남지역 전역과 북쪽의 봉화산보루까지 조망되는 좋은 위치에 입지하고 있다. 또한 구의동보루에서는 홍련봉보루는 물론 아차산과 용마산의 주요 보루들이 조망된다.

이상에서 살펴 본 바와 같이 아차산 일대의 보루들은 각각의 위치에 따라 감시할 수 있는 대상지역에서 차이가 있으며, 보루를 축조할 당시 이러한 지형적 요건을 고려한 것으로 생각된다. 즉, 서쪽의 용마산 줄기를 따라 늘어서 있는 보루들은 주로 중랑천 일대를 감제하기 위하여 배치되었으며, 아차산 줄기의 보루들은 왕숙천변과 한강 이남의 감시를 위하여 배치 된 것으로 보인다. 봉화산보루는 북쪽의 보루들과 연락을 위한 중간지점에 배치되었으며, 홍련봉과 구의동 일대의 보루들은 한강 이남과 한강의 수로를 조망하기 위하여 배치된 것으로 보인다. 또한 각 보루들의 가시권역은 서로 중첩되는 현상을 보이는데, 한강이남 지역이 가장 많이 중첩되는 것으로 보아 한강 이남지역을 주요 감제 대상으로 하고 있음을 알 수 있다.

한편 구의동보루와 홍련봉보루는 각각 2기의 보루가 독립구릉 상에 쌍으로 배치된 점을 특징으로 하나 나머지 아차산 능선상의 보루들은 일정한 거리를 두고 떨어져있다. 구의동보루와 홍련봉보루는 직선거리로 2km 가량 떨어져 있으나 능선상의 보루들은 대략 400~500m 가량 떨어져 있다. 용마산 능선상의 보루들과 아차산 능선상의 보루들은 마주보고 있는데, 음성이나 수신호로 연락이 가능한 위치에 자리 잡고 있다. 각각의 보루는 독립적으로 위치하지만 선형으로 배치되어 있어 유기적인 관계를 가지고 있으며, 아차산 전체가 하나의 요새와 같은 기능을 할 수 있었던 것으로 이해된다.

2. 아차산 고구려 보루의 구조

아차산 일원의 보루는 모두 22개소가 조사되었으며, 규모와 형태를 알 수 없는 백련봉보루와 정립회관보루를 포함하면 24개에 달한다. 이 중 발굴조사가 실시된 보루는 모두 8개소이며, 구의동 1, 2보루와 홍련봉 1, 2보루, 아차산 4보루, 시루봉보루는 발굴조사가 완료되었고, 용마산 2보루와 아차산 3보루는 추가 발굴조사가 필요한 상태이다(표 7). 보루 중에서 용마산 정상에 위치한 용마산 3보루가 가장 높은 지점에 위치하고, 구의동보루가 가장 낮은 지점에 위치한다. 보루의 평면 형태와 규모는 지형의 영향을 크게 받는 것으로 보이는데, 보루의 평면형태는 타원형이나 장타원형이 주를 이룬다. 규모는 아차산 3보루가 가장 커서 둘레는 420m로 추정되고, 내부 면적은 4,200m²로 추산된다. 가장 작은 보루는 아차산 2보루로 둘레는 40m, 내부 면적은

표 7 _ 아차산 일원 고구려 보루 일람표

번호	명칭	평면형태	해발고도(m)	규모(둘레:m)	면적(m²)	비고
1	구의동 1보루	원형	53	46	172	1977년 발굴 후 멸실
2	구의동 2보루	-	48	-	-	1977년 발굴 전 파괴
3	홍련봉 1보루	장타원형	116	140	1,583	2004, 2012년 발굴완료
4	홍련봉 2보루	장타원형	117	218	2,704	2005, 2012, 2013년 발굴완료
5	아차산 1보루	원형	250	103	688	
6	아차산 2보루	원형	214	40	104	
7	아차산 3보루	장타원형	296	420	4,200	2005년 일부 발굴
8	아차산 4보루	장타원형	285	256	1,518	1997~1998년 발굴
9	아차산 5보루	원형	265	-	-	
10	아차산 6보루	-	275	-	-	2005년 방앗간확인
11	용마산 1보루	장타원형	183	77	366	
12	용마산 2보루	장타원형	230	150	1,350	2005~2006년 발굴
13	용마산 3보루	장타원형	348	216	1,605	삼각점, 체육시설
14	용마산 4보루	장타원형	326	228	1,848	헬기장
15	용마산 5보루	장타원형	316	110	572	헬기장
16	용마산 6보루	장타원형	230	123	810	
17	용마산 7보루	장타원형	250	40	113	
18	시루봉보루	장타원형	206	205	2,184	1999~2000년 발굴
19	망우산 1보루	원형	280	126	1,120	군사시설
20	망우산 2보루	-	281	-	-	공동묘지
21	망우산 3보루	-	275	-	-	공동묘지
22	봉화산보루	장타원형	160	249	3,416	봉화대

104m²로 추산되며, 이는 한강변 독립구릉상에 위치한 구의동 1보루보다도 작은 규모이다. 그러나 이는 지표조사를 통해 추정된 규모이므로 정확하지는 않다. 그동안의 발굴조사 결과를 통해 볼 때 지표조사에서 확인된 보루의 규모는 발굴조사 실시 후 훨씬 더 큰 것으로 확인되는 경향이 있으므로 아차산 2보루나 용마산 7보루, 용마산 1보루 등 아차산 능선에 위치한 작은 보루들의 규모는 다소 확장될 것으로 생각된다.

표 8 _ 발굴된 아차산 고구려보루의 유구현황[130)

번호	명칭	둘레 (m)	방어시설	건물지	저수 시설	저장 시설	기타
1	구의동 1보루	46	성벽, 치(4)	1	1		배수시설
2	구의동 2보루	-	목책		1		
3	홍련봉 1보루	140	성벽, 목책	18	2		담장, 수혈유구(2), 배수시설
4	홍련봉 2보루	218	성벽, 치(7), 목책, 외황	9	2	2	담장, 방앗간, 소성유구, 집수정(3), 배수시설, 단야시설
5	아차산 3보루	420	성벽, 치	8		1	담장, 단야시설, 방앗간, 배수시설, 방형석단(2)
6	아차산 4보루	256	성벽, 치(5), 목책	17	2		담장, 배수시설, 단야시설
7	용마산 2보루	150	성벽, 치(2)	6	3		담장, 수혈유구, 배수시설
8	시루봉보루	205	성벽, 치(4), 목책, 외황	12	1		담장, 집수정, 배수시설

각각의 보루는 성벽과 목책 및 외황 등의 방어시설과 내부의 담장, 건물지, 저수시설, 배수시설 등으로 구성되어있다. 발굴조사가 실시된 보루의 유구 현황은 표 8과 같은데, 보루별로 유구의 종류나 수량에 차이가 있다. 일반적으로 보루의 규모는 내부의 수용인원 및 기능과 관련된 것으로 생각되며, 구체적으로는 건물지의 수를 통해 주둔 인원의 수를 파악할 수 있다. 홍련봉 1보루의 경우 보루의 규모에 비해 건물지의 수가 월등히 많은데, 건물지 중 일부는 신라시대에 축조된 것도 있고, 축조시점에 선후관계가 있으므로 동시에 존재한 건물의 수는 10기 미

---

130) 구의동 2보루는 발굴조사를 실시하기 전에 파괴되어 목책과 저수시설 이외의 유구내용을 알 수 없으며, 아차산 3보루는 보루의 남쪽 일부 지점만 발굴되었으므로 유구의 수량은 전체 보루의 내용을 반영하지 못한다. 용마산 2보루의 저장시설로 보고된 유구는 저수시설에 포함하였다.

만으로 추정된다. 다른 보루에서도 유구들의 중복이 존재하고, 축조시점에 차이가 있는 경우가 있으므로 이를 감안하여 수용인원을 산정할 필요가 있다. 이에 대해서는 본 장의 4절에서 자세히 다루기로 하고, 아래에서는 유구별 구조와 특징에 대하여 분석하기로 한다.

1) 성벽과 방어시설

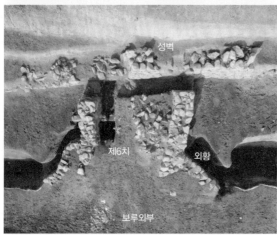

삽도 127 _ 홍련봉 2보루 외황 전경(ⓒ한국고고환경연구소)

보루 외곽의 방어시설은 바깥쪽에서부터 外湟, 城壁과 雉, 이중의 木柵 등으로 구성되어 있으며, 안쪽 목책의 내부에 석축 담장이 있다. 그러나 안쪽 목책과 석축담장은 방어의 기능보다는 보루 내부의 시설물을 둘러싸고 있는 울타리와 같은 기능을 한 것으로 보인다. 성벽은 모든 보루에서 확인되지만 외황은 홍련봉 2보루와 시루봉보루에서만 확인되고, 아차산 3보루와 용마산 2보루에서는 목책이 확인되지 않는다.

외황은 홍련봉 2보루에서 전모가 드러났는데, 성벽에서 2~3m 가량 떨어져 보루를 감싸고 있으며, 전체 길이는 228m 가량 된다. 외황은 치를 포함한 성벽을 감싸고 있으나(삽도 127의 위), 치를 관통하는 경우도 있으며, 일부 지점에는 황을 설치하지 않았는데, 이는 보루의 출입시설과 관련된 것으로 보인다. 즉, 홍련봉 2보루의 제 6치 좌우에서 황의 폭이 좁아지며 안으로 만곡하여 치 밑으로 지나고 있으며(삽도 127의 아래), 제 1치 동쪽과 제 7치 남쪽에서 외황이 끊겨있는데, 이곳에 출입시설이 설치되어 있다. 또한 홍련봉 2보루의 남쪽 제 5치 서남쪽의 황 안쪽 사면에는 암반을 굴착한 방형의 홈이 있는데, 출입을 위한 다리 등을 걸쳐놓아 고정시키기 위한 것으로 보인다. 외황의 폭은 1.5~2m 가량 되고, 깊이는 0.6~2.5m 정도이며, 단면은 U 또는 V자 모양을 이루고 있다. 외황의 곳곳에는 배수시설이 설치되어 물이 고이지 않도록 하였는데, 배수구의 좌우는 석축을 하여 보강하였다. 그밖에 보루 좌우의 지반이 약한 곡부는 지반이 약하여 성벽 외곽에서부터 외황의 내벽을 돌로 축조하여 보강하였다. 시루봉보루에서는 서남

삽도 128 _ 시루봉보루 외황 전경(ⓒ최종택)

쪽 곡부의 성벽 외곽에는 양쪽 벽을 모두 석축으로 쌓은 외황의 일부가 조사되었다. 시루봉보루의 외황 바닥에서는 주공이 확인되는데, 일부만 조사되어 정확한 용도는 알기 어려우나 방어시설의 일부로 생각된다(삽도 128).

성벽은 주변에서 구하기 쉬운 석재를 사용하였는데, 아차산 4보루의 경우 면석은 화강암석재를 정교하게 치석하여 비교적 규격화된 석재를 사용하였다(삽도 129). 석재의 크기는 너비 20~30cm, 길이 30~50cm, 높이 15~25cm 가량 된다. 아차산 4보루를 제외한 나머지 보루들은 정교하게 치석하지 않은 석재를 사용하는 경우가 대부분이다. 성벽의 기초가 암반인 경우 그렝이공법을 사용한 경우도 있으나 대부분 지면을 평탄하게 다지고 성벽을 쌓았으며, 일부는 불다짐을 한 경우도 있다. 성벽의 기초부에는 비교적 큰 석재를 사용하는 경우가 일반적이며, 위로 올라가면서 조금씩 들여쌓았으나 들여쌓는 정도는 심하지 않아 성벽은 수직에 가깝다. 성벽의 높이는 지형에 따라 다른데, 높은 곳은 4~5m 가량 되었던 것으로 추정된다.

삽도 129 _ 아차산 4보루 동북치 남쪽 성벽 전경(ⓒ국립문화재연구소)

성벽을 쌓는 방법은 보루마다 약간씩 차이가 있으며, 동일 보루에서도 지점에 따라 세부적인 축조기법의 차이가 있다. 그러나 크게 보면 성벽은 외면쌓기를 하였으며, 석축의 폭은 1m 내외이다. 홍련봉 1보

삽도 130 _ 홍련봉 1보루 서북구간 성벽 전경(ⓒ최종택)

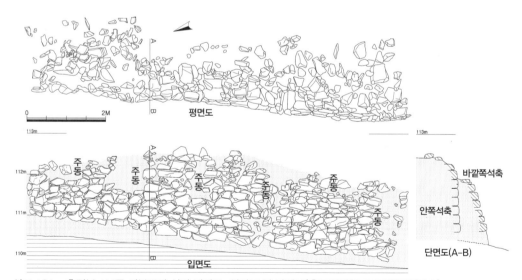

삽도 131 _ 홍련봉 1보루 서북구간 성벽 평면도, 입면도 및 단면도(ⓒ고려대학교고고환경연구소)

삽도 132 _ 홍련봉 1보루 서쪽구간 성벽(좌) 및 동쪽구간 성벽 전경(우)(ⓒ최종택)

루는 성벽을 두 겹으로 축조하였으며, 안쪽 성벽에는 이른바 柱棟이 등
간격을 이루고 있는 것이 확인된다(삽도 130, 131). 안쪽 성벽의 폭
은 70~80cm 정도로 내벽도 줄을 맞추어 쌓았으며, 때문에 바깥쪽 성
벽에 비해 폭이 넓다. 바깥쪽 성벽은 내벽에 면석을 한 줄 더 붙인 정도
가 일반적이며, 안쪽 성벽과의 사이는 작은 할석이나 점토를 채웠다.
일부 구간에서는 바깥쪽 성벽 하단에 잇대어 한 겹의 성벽을 더 보축한
경우도 있다(삽도 132의 좌).

　한편 성벽 안쪽에서 성벽과 나란한 방향으로 목책열이 확인된다. 목
책열은 2열을 설치하였는데, 보루별로 위치에는 차이가 있다. 홍련봉
1보루의 경우 안쪽의 목책열은 성벽에서 3m 가량 떨어져 있고, 바깥
쪽 목책열은 성벽과 중복되어있으며(삽도 133의 상), 시루봉보루의 목
책열도 이와 같은 배치를 보인다(삽도 133의 중). 그러나 아차산 4보
루의 바깥쪽 목책열은 성벽으로부터 3~5m 가량 떨어진 지점에 위치
하며, 여기에서 다시 3~4m 떨어진 지점에 안쪽 목책열이 위치한다
(삽도 133의 하). 목책의 위치를 보면 안쪽 목책열은 목책공의 바깥

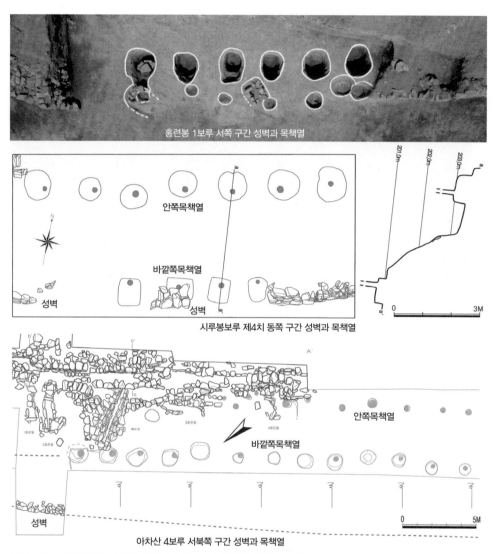

홍련봉 1보루 서쪽 구간 성벽과 목책열

안쪽목책열

바깥쪽목책열

성벽

성벽

시루봉보루 제4치 동쪽 구간 성벽과 목책열

안쪽목책열

바깥쪽목책열

성벽

아차산 4보루 서북쪽 구간 성벽과 목책열

삽도 133 _ 아차산 각 보루별 목책과 성벽의 관계(ⓒ상:한국고고환경연구소,
중:서울대학교박물관, 하:국립문화재연구소, 일부 필자 수정)

쪽에 목책을 세웠으며, 바깥쪽 목책열은 목책공의 안쪽에 목책을 세웠
다. 홍련봉 1보루에서는 이중의 목책열과는 별도로 성벽 바로 바깥쪽
에도 주공이 확인되기도 한다(삽도 132의 우, 133의 상). 목책간의

横長木孔 labels visible:
- 횡장목공
- 횡장목공
- 횡장목공
- 횡장목공
- 바깥쪽목책

삽도 134 _ 홍련봉 2보루 제3치 남쪽구간 성벽 뒷채움층(ⓒ최종택)

거리는 1.5~1.8m 가량이고, 목책열 사이의 거리는 3m 내외이다. 목책공의 크기는 일정하지는 않지만 대체로 직경 70~80cm, 깊이는 50~100cm, 목책의 지름은 20~30cm 정도이다.

　성벽의 뒷채움층 또는 목책열 내부는 마사토와 점토를 번갈아 다져 쌓았는데, 홍련봉 2보루에서는 뒷채움층 중간에서 횡장목공이 확인되고, 일부 종장목공의 흔적도 확인된다(삽도 134). 횡장목공의 간격은 일정하지는 않으나 대체로 100cm 내외이고, 횡장목의 직경은 10cm 내외이다. 뒷채움층 점토보다는 마사토가 주를 이루며, 정교하게 다져지는 않았다. 홍련봉 2보루 제 3치 남쪽 성벽구간의 경우 뒷채움층의 높이는 4m 가량 된다.

　이상에서 살펴본 바와 같이 아차산 고구려보루의 성벽은 석축성벽과 목책이 결합된 형태이며, 보루마다 약간씩의 차이가 있으나 그 구조는 다음과 같이 정리할 수 있다. 아차산 보루의 성벽과 관련된 구조물은 보루 외곽에서부터 외황-외부주공-석축성벽-바깥쪽목책-뒷채움층-안쪽목책-석축담장의 순으로 구성되어 있다(삽도 135). 이 중에서 보

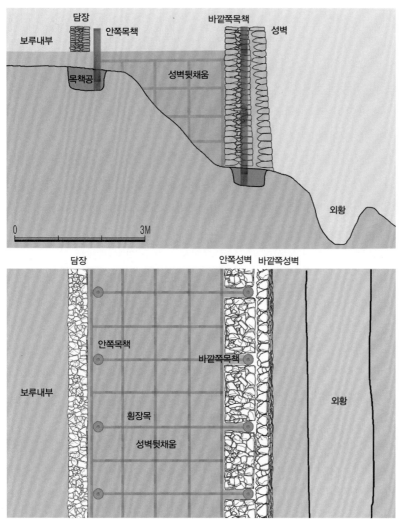

삽도 135 _ 아차산 고구려 보루 성벽구조 개념도

루 내부의 석축 담장이 가장 늦게 축조된 시설물인데, 주로 안쪽 목책
바로 안쪽에 설치되지만 일부는 안쪽 목책과 중복되기도 한다. 석축성
벽은 폭 1m 내외로 성벽 내부도 면을 맞추어 쌓았으며, 홍련봉 1보루
에서는 두 겹으로 쌓았다. 바깥쪽 목책과 석축성벽은 같은 지점에 위치

하는데, 아차산 4보루의 경우 목책 바깥쪽으로 3m 정도 떨어진 지점에 성벽을 쌓았다. 성벽 뒷부분과 안쪽 목책열 사이는 횡장목과 종장목으로 가구하고, 마사토와 점토를 겹겹이 쌓아 뒷채움을 하였으며, 이때 바깥쪽 목책은 영정주의 역할을 한 것으로 판단된다.

성벽의 구조는 위와 같이 이해되지만 각각의 시설물의 축조시점과 기능에 대해서 몇 가지 가능성을 상정해 볼 수 있다. 우선 목책의 기능과 관련된 것으로 이중의 목책열이 단독으로 기능한 木柵塗泥城의 구조일 가능성과 성벽을 구성하는 구조물의 하나로 기능했을 가능성을 생각해 볼 수 있다. 전자와 같이 목책이 목책도니성의 기능을 하였다면 당연히 석축성벽은 나중에 추가로 축조된 시설물이 되고, 후자의 경우는 목책과 성벽이 동시에 축조된 시설물이라고 할 수 있다.

현재까지 조사된 고구려의 목책도니성으로는 충북 청원의 남성골산성을 들 수 있다. 남성골산성의 목책도니성은 아차산 보루와 같이 이중의 목책열을 축조하였으며, 목책의 바깥쪽에는 작은 석재와 점토를 섞어 쌓았다. 목책열의 폭은 4~4.5m로 아차산 보루보다 약간 넓으나 목책공 사이의 거리는 1.5~1.6m로 아차산 보루와 유사하다. 그러나 남성골산성의 경우 바깥쪽 목책열은 길게 구를 파고 그 안에 목책을 세웠다는 점에서는 세부적인 차이가 있다.[131]

세부적인 차이에도 불구하고 구조상으로만 보면 아차산 보루의 목책도 목책도니성으로 기능했을 가능성도 있다. 그러나 남성골산성과 아차산 보루의 바깥쪽 목책과 외부 석축 사이에는 큰 차이가 있다. 남성골산성은 바깥쪽 목책의 외부에 붙여서 작은 석재와 점토를 섞어서 쌓았으나 아차산 보루의 경우는 외부목책이 석축성벽 중간, 즉 안쪽성벽의 바깥쪽 끝에 위치한다(삽도 134). 또한 안쪽 성벽의 내벽도 면을 이루고 있으며, 뒷채움은 이 면과 직접 맞닿아있다. 또한 홍련봉 2보루

---

131) 차용걸 · 박중균 · 한선경 · 박은연, 2004, 『淸原 南城谷 高句麗遺蹟』, 忠北大學校博物館, 28~40쪽.

삽도 136 _ 홍련봉 2보루 제3치 남쪽구간 성벽과 목책 및 뒷채움층(ⓒ최종택)

의 제 3치 남쪽 성벽트렌치에서 보면 성벽의 기초는 불을 놓아 다진 것
으로 확인되는데, 이 성벽 기초부가 석축성벽 바깥쪽에서 뒷채움층 안
쪽으로 계속 이어지고 있다(삽도 136의 우). 만약 목책도니성을 축조
한 후 나중에 바깥쪽에 석축성벽을 덧붙였다면 이러한 구조는 나올 수
가 없다. 따라서 아차산 보루의 성벽은 목책열과 동시에 축조된 구조물
로 이해하는 것이 자연스럽다. 즉, 바깥쪽 목책열과 안쪽 목책열 사이
에 횡장목과 종장목을 사용해 결구를 한 후 바깥쪽 목책열 사이사이에
석축성벽을 쌓으며 뒷채움층을 다져 성벽을 구축한 것으로 판단된다.
이상과 같이 바깥쪽 목책열과 안쪽 성벽의 공간적 배치를 통해볼 때 바
깥쪽 목책열과 성벽의 축조가 동시에 이루어졌음은 분명하지만 안쪽
목책열도 동시에 축조되었는지 여부는 분명하지 않다. 보루의 규모와
주둔인원을 감안할 때 이처럼 복잡한 구조의 성벽을 단기간에 축조하
기에 무리가 있었다고 생각된다. 따라서 안쪽 목책을 먼저 세우고 내부
를 평탄화한 후 주둔에 필수적인 시설물을 먼저 구축하고 나중에 외부
목책열과 성벽을 구축했을 가능성은 여전히 남아있다. 물론 그렇다고
해도 두 시설물 축조의 시차는 그리 크지 않을 것이며, 연속되는 일련

의 공정 하에서 이루어졌을 것으로 생각된다.

한편 안쪽 성벽과 바깥쪽 목책열이 함께 위치한 지점의 단면이 양호한 상태로 조사된 바가 없어서 확인하기는 어려우나 바깥쪽 목책 부분의 안쪽 성벽은 단절되어 있었을 가능성이 크다. 그런데 평양의 대성산성 소문봉구간의 성벽에서 이와 유사한 구조가 확인되어 비교할 수 있다(삽도 137). 대성산성 소문봉의 성벽은 안쪽 벽과 중간 벽, 바깥벽의 세부분으로 구성되며, 중간 벽에는 주동이 확인된다. 주동 사이의 거리는 2m이며, 중간벽은 주동을 기준으로 2m씩 단절되어 있다.[132]

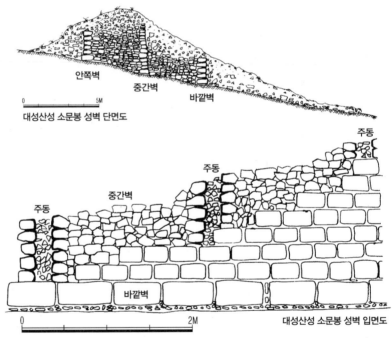

삽도 137 _ 대성산성 소문봉 구간 성벽 단면도 및 입면도(ⓒ김일성종합대학출판사)

132) 김일성종합대학 고고학 및 민속학강좌, 1973, 『대성산의 고구려유적』, 김일성종합대학출판사, 18~21쪽.

대성산성의 성벽은 규모면에서는 아차산 보루와 차이가 있으나 구조적인 면에서는 유사하며, 대성산성의 예로 보아 아차산 보루의 안쪽 성벽도 목책공을 기준으로 단절되어 있을 가능성이 크다(삽도 135의 하).

이러한 성벽의 구조는 홍련봉 1보루와 홍련봉 2보루의 조사결과를 바탕으로 한 것이며, 다른 보루에서는 약간씩 차이가 있다. 시루봉보루의 제4치 동쪽 구간 성벽의 경우는 바깥쪽 목책열 외곽에 붙여 석축성벽을 쌓았으며, 성벽도 한 겹으로 축조하였다(삽도 133의 중). 또한 아차산 4보루 서북쪽 구간의 성벽은 바깥쪽 목책열에서 밖으로 3~4m 정도 떨어진 지점에 축조되었으며, 성벽 하부에는 별도의 목책공이 확인되지 않는다(삽도 133의 하). 아차산 4보루의 다른 지점에서는 목책열이 조사되지 않아 이와 같은 현상이 보루 전체에 걸친 것인지 분명하지는 않다. 그런데 아차산 4보루의 서북치를 조사하는 과정에서 치의 벽체 하단에서 목책공이 조사된 점으로 미루어 다른 구간의 성벽에도 목책이 설치되었으나 조사되지 않았을 가능성이 크다(삽도 138). 그럼

삽도 138 _ 아차산 4보루 서북치 성벽과 목책공(ⓒ국립문화재연구소)

에도 불구하고 아차산 4보루의 성벽이 홍련봉 1·2보루의 성벽과 같은 구조인가에 대해서는 의문이 남는다. 이에 대해서는 몇 가지 가능성을 생각해 볼 수 있다. 첫째는 아차산 4보루의 서북구간의 성벽이 당초 홍련봉 1·2보루와 같은 구조로 축조되었으나 일정시간이 흐른 뒤 붕괴되어 현재 확인되는 성벽을 새로 구축하였을 가능성이다. 실제 목책열이 조사된 지점이 워낙 급경사를 이루고 있어서 성벽은 거의 유실되었으며, 조사된 성벽도 구조가 명확하지 않다. 두 번째는 아차산 4보루는 남성골산성과 같이 목책도니성의 구조로 축조되었으며, 나중에 그 외부에 석축성벽을 축조하였을 가능성이다. 세 번째는 보루 내부 쪽에서 확인된 주공이 안쪽 목책열이 아니라 내부 시설물과 관련된 주공일 가능성이다. 특히 조사된 상황을 보면 안쪽 목책열로 인식되는 부분에는 목책공의 흔적이 확인되지 않고 주공만 확인되고 있어서 이러한 추정의 가능성이 적지 않다. 또한 시루봉보루나 홍련봉 2보루의 경우 내부 담장과 나란한 방향으로 여러 기의 주공이 확인되고 있는데, 이 역시 이러한 추정을 뒷받침해 준다. 그럴 경우 현재의 바깥쪽 목책열이 안쪽 목책열이 되고, 원래의 바깥쪽 목책열은 성벽과 함께 유실된 것으로 이해할 수 있다. 현재 남아있는 구조로만 보면 어떤 가설이 더 타당한지 가늠하기 어려우나 서북치의 성벽유실구간에서 목책공이 확인되는 점으로 미루어 세 번째 가설의 가능성이 가장 높아 보인다. 그럴 경우 아차산 4보루의 성벽도 바깥쪽 목책의 외면에 붙여 쌓은 구조로 이해할 수 있다.

그밖에 시루봉보루의 동북쪽 11호 건물지와 12호 건물지에서는 특이한 형태의 구멍이 확인된다. 구멍의 크기는 일반적인 주공의 크기와 비슷하지만 구멍의 주위에 돌을 돌려 시설하였으며, 지표에도 돌을 깔아서 마감하였다는 점에서 주공으로 보기 어렵다(삽도 139). 형태상으로만 보면 五女山城, 高儉地山城, 丸都山城 등의 여장 안쪽에서 확인되는 石洞 또는 柱桶과 유사한데, 방어시설의 일부로 추정되고 있

삽도 139 _ 시루봉보루 동북쪽 돌구멍(©최종택)

다.[133] 시루봉보루의 돌구멍은 안쪽 목책열 안쪽에 위치하고 있는데, 역시 방어시설의 일부로 추정된다.

성벽 외곽에는 치를 설치하였는데, 홍련봉 1보루[134]를 제외하고 모든 보루에 복수의 치가 설치되었다. 발굴조사가 이루어진 보루에서 모두 23개의 치가 확인되며, 홍련봉 2보루에 가장 많은 7개의 치가 설치되었다(표 9). 규모가 작은 구의동 1보루에도 4개의 치가 설치된 점으로 보아 보루의 규모와 치의 수량은 반드시 비례하지는 않는 것으로 생각된다.

---

133) 梁時恩, 2013, 『高句麗 城 研究』, 서울大學校 大學院 博士學位論文, 202
   ~205쪽.

134) 홍련봉 1보루는 남동쪽 치가 있었을 가능성이 있는 지점이 훼손되어 그 내용을 알 수 없으며, 북쪽으로 홍련봉 2보루를 향하는 지점에 치와 같은 형태의 출입시설이 있다. 현재 남아있는 출입시설은 신라시대에 시설된 것이지만 그 하부에 고구려 당시의 치가 있었을 가능성이 크다. 특히 출입시설 바깥쪽으로 한 줄의 석축이 남아있는데, 이로 보아 용마산 2보루나 아차산 3보루의 복합구조 치와 같은 형태가 있었을 것으로 추정된다.

표 9 _ 아차산 고구려보루의 치 일람표[135]

번호	명 칭	평면형태	연결방식	구조	내부충전	규모(cm)		
						길이	안쪽너비	바깥너비
1	구의동 1보루 제1치	제형	연결형	단독	土石	160	150	180
2	구의동 1보루 제2치	제형	연결형	단독	土石	140	150	170
3	구의동 1보루 제3치	횡장방형	부착형	단독	土石	100	300	330
4	구의동 1보루 제4치	방형	분리형	단독	石	310	310	310
5	홍련봉 2보루 제1치	장방형	부착형	복합	空	855	365	535
6	홍련봉 2보루 제2치	제형	부착형	단독	土	≦ 440	440	≦ 520
7	홍련봉 2보루 제3치	방형	부착형	단독	土	≦ 280	494	≒ 500
8	홍련봉 2보루 제4치	제형	부착형	단독	土	≦ 280	460	≦ 560
9	홍련봉 2보루 제5치	장방형	분리형	복합	空	700	460	470
10	홍련봉 2보루 제6치	장방형	분리형	단독	土	≧ 380	540	540
11	홍련봉 2보루 제7치	장방형	분리형	단독	土	≒ 500	415	430
12	아차산 3보루 제1치	장방형	연결형	단독	石	1200	≒ 640	≒ 640
13	아차산 4보루 제1치	장방형	연결형	복합	土, 石	1460	650	760
14	아차산 4보루 제2치	방형	연결형	단독	土	500	620	620
15	아차산 4보루 제3치	장방형	연결형	단독	土	620	600	600
16	아차산 4보루 제4치	제형	연결형	단독	土	600	540	≒ 640
17	아차산 4보루 제5치	방형	연결형	단독	土	570	640	680
18	용마산 2보루 제1치	제형	부착형	복합	石	≧ 1500	440	700
19	용마산 2보루 제2치	방형	부착형	단독	石	500	550	550
20	시루봉보루 제1치	제형	분리형	단독	土	740	650	860
21	시루봉보루 제2치	제형	부착형	단독	石	480	380	680
22	시루봉보루 제3치	방형	분리형	단독	土	580	650	680
23	시루봉보루 제4치	제형	부착형	단독	石	400	400	540

치의 평면형태는 방형, 장방형 또는 제형을 이루는데, 방형 또는 장방형의 경우라도 바깥쪽이 안쪽 보다 약간 넓은 형태를 이루고 있다.

---

135) 홍련봉 2보루의 치의 규모는 현장에서 약측한 결과로 약간의 오차가 있을 수 있으며, 다른 보루들의 경우 보고서에서 한쪽 너비만 제시한 경우가 많아 필자가 도면을 계측하여 반영한 것이므로 일부 오차가 있을 수 있다.

치와 보루를 연결하는 방식에도 차이가 있는데, 부착형과 연결형 및 분리형의 세 유형으로 구분된다. 부착형은 성벽을 마무리한 후 성벽에 붙여서 치를 구축하는 것으로 가장 일반적인 방식이다(삽도 140-③). 연결형은 성벽과 치의 벽체가 연결되도록 축조한 것으로 치의 내부에는 성벽을 쌓지 않는 특징이 있다(삽도 140-①). 아차산 4보루의 5개 치가 모두 이러한 유형에 속하는데, 성벽을 마무리하고 치의 벽체를 구축한 경우와 마무리된 치의 벽체에서 성벽을 이어쌓는 방식의 두 가지가 있어서 성벽의 축조과정을 알 수 있다. 분리형은 마무리된 성벽에 치를 직접 연결하지 않고 1m 내외의 공간을 띠우고 분리하여 치를 축조하는 것이다(삽도 140-②).

대부분의 치는 단독으로 구성되지만 일부는 이중 또는 3중의 복합구조를 가지고 있다. 복합구조 치는 홍련봉 2보루의 제 1치와 제 5치, 아차산 4보루의 제 1치, 용마산 2보루의 제 1치 등 4기이며, 이는 다시 두 유형으로 구분된다. 홍련봉 2보루의 제 1치는 성벽에 부착하여 장

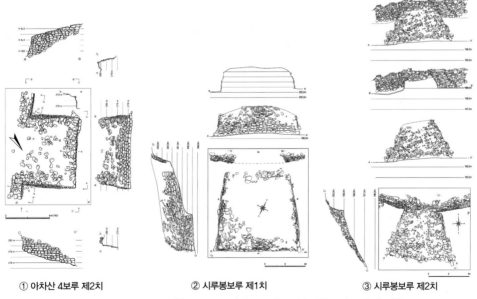

① 아차산 4보루 제2치   ② 시루봉보루 제1치   ③ 시루봉보루 제2치

삽도 140 _ 아차산 고구려보루 치 각종(ⓒ국립문화재연구소:①, 서울대학교박물관:②, ③)

삽도 141 _ 홍련봉 2보루 제 1치 전경(ⓒ한국고고환경연구소)

방형의 치를 구축한 후 치의 바깥쪽으로 방형의 구조물을 덧붙인 형태인데, 바깥쪽 구조물의 폭이 더 넓다. 또한 치의 내부 벽체가 면을 이루고 있는데, 발굴 당시 치 내부에는 건물이나 소성시설 벽체의 잔해를 의도적으로 폐기한 상태였으나 기능을 할 당시에는 내부가 비어있었던 것으로 생각된다(삽도 141). 홍련봉 보루 제 5치도 형태는 이와 같으나 치가 성벽에서 떨어진 분리형이라는 점에서 차이가 있다. 발굴과정에서 이처럼 치 내부에 공간을 만든 이유에 대해서 알 수 있는 증거는 확보하지 못하였으나 치의 원래 기능이 방어시설이라는 점을 감안하면 내부 공간이 초소와 같은 기능을 하였을 것으로 추정할 수 있다.

복합구조 치의 또 다른 유형으로는 아차산 4보루의 제 1치와 용마산 2보루의 제 1치가 있다. 아차산 4보루의 제 1치는 성벽과 연결하여 치를 구축 한 후 그 바깥쪽으로 2m정도 거리를 띠우고 방형의 석단을 구축하였다. 안쪽의 치는 내부를 점토로 채웠으나 바깥쪽의 석단에는 점토를 채우고 상면은 석채를 채웠다(삽도 142-①). 한편 치와 석단 사이의 공간 가운데에는 목책공과 같은 규모의 구덩이가 하나 설치되어 있고, 주위에는 네 개의 석축을 쌓아 방형의 공간을 만들었다. 치와 석단의 벽체는 잘 다듬은 석재를 이용해 정교하게 쌓았으나, 두 시설물 사이의 석축은 대충 치석된 석재로 거칠게 쌓았다. 이러한 점으로 보아 당초 두 시설물 사이의 공간은 비어있었으나 나중에 석축을 쌓았던

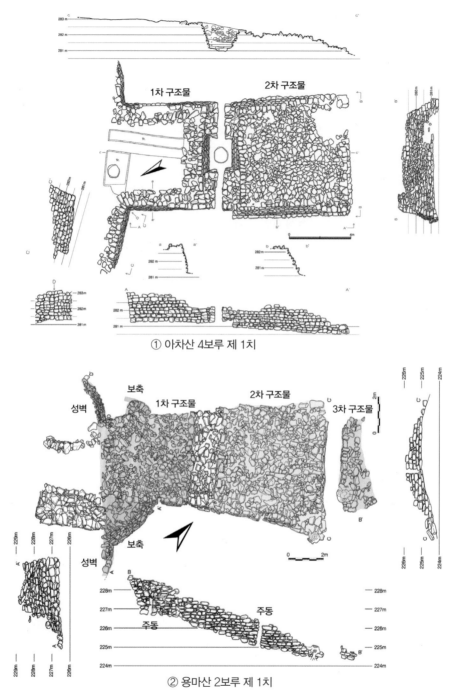

① 아차산 4보루 제 1치

② 용마산 2보루 제 1치

삽도 142 _ 복합구조 치 각종(ⓒ국립문화재연구소:①, 서울대학교박물관:②)

것으로 생각된다. 용마산 2보루의 제1치도 이와 유사한 구조이나 2차 구조물 바깥쪽에 3차 구조물을 시설하였으며, 치와 2차 구조물 사이의 공간을 나중에 완전히 채워 막은 점에서는 차이가 있다(삽도 142-②). 이러한 복합구조의 치 역시 일차적으로는 방어기능을 하였겠지만 다른 보루와 연결되는 지점에 축조된 점으로 보아 출입과 관련된 기능을 겸하였던 것으로 추정할 수 있다. 그밖에 아차산 3보루의 제1치도 출입 시설의 기능을 겸하였던 것으로 추정되는데, 위의 두 치와 같은 복합구조는 아니나 전체적인 형태에 있어서는 유사하다.

보루의 출입시설은 앞에서 살펴 본 복합구조의 치를 들 수 있으나 명확한 구조를 복원하기는 쉽지 않다. 아차산 3보루의 제1치는 바깥쪽으로 계단형태를 하고 있으며, 아차산 4보루 제1치의 2차 구조물과 용마산 2보루 제1치의 2차 구조물도 비슷한 형태를 하고 있다. 그러나 이러한 구조물이 다른 보루와 연결되는 등산로에 위치하고 있어서 훼손에 심하기 때문에 원래 계단형태였는지는 불분명하다. 원래 모습이 계단형태가 아니었다고 한다면 목제사다리 등의 기구를 이용해 출입하였을 것으로 생각되는데, 용마산 2보루의 동벽 쪽에서 탄화된 목제사다리가 출토된 점이 이러한 추정을 뒷받침해 준다.

이상의 구조물과는 달리 홍련봉 2보루에서는 비교적 명확한 구조의 출입시설이 확인되었다. 홍련봉 2보루 제1치와 제7치 사이는 외황이 설치되지 않았으며, 이 구간의 성벽 일부가 안쪽으로 꺾여 들어가 단을 이루고 있다(삽도 143). 안쪽으로 꺾여 들어간 성벽의 폭은 5m 가량 되고, 양쪽은 성벽을 마무리하여 면을 이루고 있으며(삽도 143-③, ④), 성벽 바깥쪽으로는 석축 기단이 남아있다. 또한 이 지점의 성벽 안쪽으로는 담장과 연결되는 석축이 성벽 쪽으로 연결되고 있는데, 2005년도 조사 당시 여기에 문비석이 1점 확인 되었으며, 담장의 한쪽 벽에는 계단이 설치되어 있었다(삽도 143-②). 이러한 구조로 보아 치와 치 사이의 성벽을 안으로 들여쌓아 구분하고 목제 사다리 등을 이용해 보루 내부로 출입하는 시설이 있었으며, 성벽 안쪽에는 문이 설치되었

삽도 143 _ 홍련봉 2보루 출입시설과 세부(ⓒ한국고고환경연구소:①,③,④, 최종택:②)

던 것을 알 수 있다.[136] 문의 구조와 규모는 알기 어려우나 문비석이 출
토된 지점의 벽체 폭이 430cm이므로 이보다 크지는 않았을 것이다. 문
비석이 1점뿐인 점과 계단의 폭이 1m 내외인 점을 고려하면 문짝이 하
나만 설치되었을 가능성이 크다. 한편 홍련봉 1보루에서는 문틀 상부에
설치하였던 확쇠가 한 쌍 출토되었으며(제1장의 삽도 29 참조), 구의동
2보루에서는 문장부쇠가 1점 출토되어 문의 구조를 이해할 수 있다.

2) 건물지

발굴조사가 이루어진 8기의 보루에서 확인된 건물지는 모두 71기에
달하며, 각각의 내용은 표 10과 같다.[137] 보루별로 건물지의 수량에

---

136) 구의동 1보루의 제 3치 주변에도 성벽을 안쪽으로 꺾어 쌓은 곳이 있으며,
　　그 안쪽으로 수혈건물의 출입구가 설치되어 있어서 홍련봉 2보루와 유사한
　　구조로 생각된다.
137) 표에 제시된 각 건물지의 제원은 해당 보고서의 내용을 참고하였으나 상당

차이가 있는데, 홍련봉 1보루와 아차산 4보루가 각각 18기와 17기로 가장 많으며, 구의동 1보루를 제외하면 용마산 2보루의 건물지가 가장 적다. 그런데, 홍련봉 1보루의 경우 상당수의 건물이 신라시대에 축조되었거나 재사용된 것이고, 이를 제외하면 고구려 당시에 축조된 건물은 10여 기 내외였던 것으로 보인다. 한편 건물지는 보루 내부를 두르

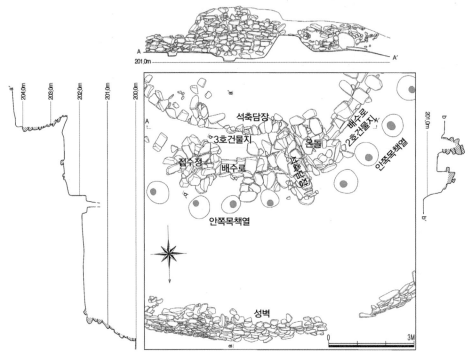

삽도 144 _ 시루봉보루 3호 건물지 주변 유구 배치도(ⓒ서울대학교박물관)

수의 건물지가 훼손되어 일부만 남아있는 경우가 많으며, 원래 건물지의 윤곽이 명확하지 않아 보고서에서 정확한 규모를 제시하지 않은 경우 필자가 도면을 통해 규모를 추정하여 계측한 것이므로 오차가 있을 수 있다. 또, 각 건물지의 번호는 원 보고서의 내용을 따랐으나 편의상 일부는 필자가 번호를 수정하였다(이 책 제1장의 각 보루별 유구배치도 참조).

표 10 _ 아차산 고구려보루의 건물지 일람표

번호	명칭		평면형태	형식	온돌	장축(m)	단축(m)	비고
1	구의동 1보루		원형	수혈	―	7.6		
2	홍련봉1보루	1호	장방형	지하	무	7.9	2.9	기와
3		2호	장방형	지상	무	5.5	3.5	
4		3호	장방형	지상	무	5.5	3.5	신라
5		4호	장방형	지상	무	5.5	3.5	신라
6		5호	장방형	지상	ㄱ	5.0	3.0	
7		6호	장방형	지상	―	5.5	4.0	
8		7호	장방형	지상	무	6.8	3.4	신라
9		8호	장방형	지상	무	8.9	3.1	신라
10		9호	장방형	지상	무	5.4	4.1	
11		10호	장방형	지상	―(2)	7.0	3.5	
12		11호	방형	지상	ㄱ	4.5	3.5	
13		12호	방형	지하	―	3.2	2.6	
14		13호	장방형	지상	무	6.0	3.8	신라
15		14호	장방형	지상	무	8.1	3.1	신라
16		15호	장방형	지상	―	6.5	4.0	신라
17		16호	장방형	지상	무			신라
18		17호	장방형	지상	무			신라
19	홍련봉2보루	1호수혈	방형	수혈	무	4.5	4.4	
20		1호	장방형	지상	무	7.0	3.0	부속
21		2호	방형	지상	―	5.4	5.0	
22		3호	방형	지상	―	6.0	3.0	
23		4호	방형	지상	―	5.0	4.5	
24		5호	방형	지상	―	5.5	5.0	
25		6호	장방형	지상	무	6.0	3.0	부속
26		7호	장방형	지상	무	9.5	3.0	창고
27		8호	방형	지상	―쌍고래	5.4	5.4	
28		9호	부정형	지상	―	3.5	3.0	
29	아차산3보루	1호	장방형	지상	―	5.4	4.0	
30		2호	방형	지상	무	5.1	4.8	
31		3호	장방형	지상	ㄱ쌍고래	13.2	6.5	2기
32		4호	방형	지상	―	5.9	5.2	
33		5호	장방형	지상	―	13.3	4.0	2기
34		6호	장방형	지상	―	5.8	3.3	
35		7호	장방형	지상	ㄱ	4.5	3.5	
36		8호	장방형	지상	ㄱ쌍고래	5.2	3.4	
37	아차산4보루	1호	장방형	지상	―(2)	12.4	7.7	축대
38		2호	장방형	지상	무	7.2	3.7	부속
39		3호	방형	지상	ㄱ	5.8	5.4	
40		4호	방형	지상	ㄱ	4.8	4.5	
41		5호	방형	지상	ㄱ	7.0	5.8	
42		6호	장방형	수혈	ㄱ	8.5	5.0	
43		7호	장방형	지상	―	6.0	4.0	
44		8호	장방형	지상	무	6.0	4.0	
45		9호	장방형	지상	―	7.0	4.0	
46		10호	장방형	지상	―	7.0	4.0	
47		11호	장방형	지상	ㄱ	6.5	4.5	
48		12호	장방형	지상	―	6.0	4.0	
49		13호	장방형	지상	무	9.6	5.0	부속
50		14호	장방형	지상	―	4.5	3.0	
51		15호	장방형	지상	―	4.5	3.0	
52		16호	장방형	지상	―	4.5	3.0	
53		17호	장방형	지상	―	4.5	3.0	
54	용마산2보루	1호	방형	지상	ㄱ	8.0	5.0	
55		2호	부정형	지상	ㄱ	6.6	3.4	
56		3호	방형	지상	―			
57		4호	방형	지상	무			
58		5호	장방형	지상	무	6.1	2.4	부속
59		6호	장방형	지상	무			창고
60	시루봉보루	1호	방형	지상	―	7.0	5.2	
61		2호	장방형	지상	―	7.0	3.0	
62		3호	장방형	지상	―	5.0	3.0	
63		4호	장방형	지상	―	5.0	3.0	
64		5호	장방형	지상	―	5.0	3.0	
65		6호	장방형	지상	―	5.0	3.0	
66		7호	장방형	지상	―	6.0	3.0	
67		8호	장방형	지상	―(2)	9.7	2.6	
68		9호	방형	지상	―	5.9	5.3	
69		10호	장방형	지상	―	5.0	3.0	
70		11호	장방형	지상	―	5.0	3.0	
71		12호	장방형	지상	―	5.0	3.0	

고 있는 석축담장을 경계로 내부에 설치된 것과 외부에 설치된 것으로 구분된다. 석축담장은 안쪽 목책열을 폐기하거나 또는 안쪽 목책열이 폐기된 후에 설치한 것으로 확인되고, 담장 밖에 위치한 건물은 폐기된 목책열 위에 축조한 것으로 확인되므로 담장 내부의 건물보다는 나중에 추가로 축조된 것이다(삽도 144). 따라서 아차산 4보루의 경우도 나중에 추가로 축조된 건물을 제외하면 초기에 설치된 건물은 10여 기 내외이다.

건물은 대부분 지상식이지만 일부 수혈식과 지하식 건물도 있다. 수혈식 건물은 구의동 1보루 건물지와 홍련봉 1보루 1호 수혈건물지, 아차산 4보루 6호 건물지 등 3기이며, 수혈을 파고 벽체에 기둥을 세운 구조이다. 구의동 1보루 건물지의 평면형태는 원형이며, 직경은 7.6m, 깊이는 0.6~0.7m인데, 내부에는 온돌과 저수시설을 설치하였고, 방형의 출입시설을 부가하였다. 홍련봉 1보루 1호 수혈식 건물은 4.5×4.4m의 방형으로 깊이는 0.8m이다. 수혈 내부 동벽과 남벽에는 壁溝를 설치하였으며, 벽체를 따라 8개의 주공이 남아있는데, 간

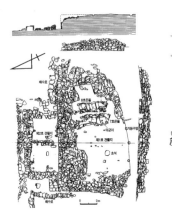

① 아차산 4보루 1, 2호 건물지

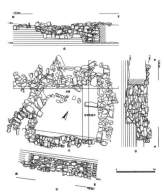

② 홍련봉 1보루 12호 건물지

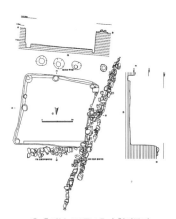

③ 홍련봉 1보루 1호 수혈건물지

삽도 145 _ 아차산 고구려보루 건물지 각종
(ⓒ서울대학교박물관:①, 고려대학교고고환경연구소:②,③)

격은 1.5~2m로 일정하지는 않다(삽도 145-③). 이 건물은 보루의 가장 남쪽에 위치하며, 건물 남벽 바로 외곽으로 목책열이 돌아가고 있다. 건물 내부에 시설물은 없으나 건물 남서모서리 바로 바깥지점에서 문틀에 사용된 철제 확쇠 2점이 출토되었으며, 발굴 전 지상에서 문비석이 1점 확인되었다. 이러한 점으로 미루어 이 건물 남서모서리 쪽의 목책에 출입을 위한 문비가 설치되었던 것으로 추정된다. 아차산 4보루의 6호 건물은 1호 건물의 서쪽 석축 바로 아래에 위치하며, 건물의 주공이 설치된 동벽 일부와 ㄱ자형 온돌만 확인되어 전체 규모는 불확실하지만 주변의 공간으로 보아 장방형으로 추정된다.

지하식 건물은 홍련봉 1보루에서 2기가 조사되었는데, 석재로 벽체를 쌓았다는 점에서 수혈식 건물과는 구조상 차이가 있다. 홍련봉 1보루 12호 건물은 암반을 정지한 후 석재를 이용해 방형의 벽체를 구축한 후 외부는 마사토와 점토를 쌓았다(삽도 145-②). 따라서 수혈을 파고 벽체를 쌓지는 않았지만 건물의 바닥은 지표보다 아래에 위치하게 된다. 건물 내부 북벽에 설치한 온돌은 경사를 이루며 올라와 건물 밖으로 빠져나오도록 하였다. 암반에서부터 석축의 높이는 1.1m 정도이나, 온돌이 위치한 건물 바닥에서부터 벽체의 높이는 0.8m 가량 된다. 홍련봉 1보루 1호 건물은 보루의 가장 북쪽 출입시설 안쪽에 위치하는데, 서벽은 유실되어 흔적이 불분명하지만 동벽과 남벽은 석축을 하여 건물 바닥은 지하에 위치하게 된다. 건물의 북벽은 안쪽 목책열을 그대로 이용하였는데, 목책공 중간에 판재의 흔적이 남아있어서 건물의 북벽은 판재로 마감하였던 것으로 추정된다.

이상 5기의 건물을 제외한 나머지는 모두 지상식 건물이다. 지상식 건물은 성토된 보루의 바닥면에 위치하는데, 아차산 4보루의 1호 건물은 석축을 쌓아 기단을 조성한 후 그 위에 벽체를 구축하였다(삽도 145-①). 건물의 평면 형태는 장방형 또는 방형이 대부분이나 일부 부정형도 있다. 부정형은 건물도 전체적으로는 방형이나 장방형을 이루나 한 벽이 호선을 이루는 형태로 지형적 요인에 의한 것으로 보이며

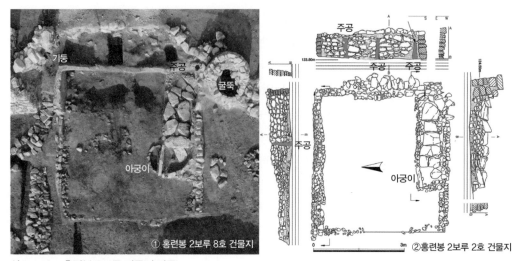

① 홍련봉 2보루 8호 건물지

② 홍련봉 2보루 2호 건물지

삽도 146 _ 홍련봉 2보루 건물지 각종
(ⓒ한국고고환경연구소:①, 고려대학교고고환경연구소:②,③)

예외적인 형태로 생각된다. 건물 전체의 구조가 잘 남아있는 경우 건물의 평면 형태는 장형에 가까우며, 내부에는 온돌을 설치하였다. 대표적인 예로 홍련봉 2보루의 2호, 4호, 8호 건물을 들 수 있는데, 건물의 규모는 5m 내외로 정방형에 가까우며, 건물의 모서리에 출입구를 설치하였고, 벽체를 따라 온돌을 설치하였다(삽도 146). 굴뚝은 벽체 밖에 설치하였는데, 8호 건물지의 굴뚝은 석재를 둥글게 쌓아 정교하며 규모도 크다. 벽체도 비교적 완전한 상태로 남아있는데, 먼저 지름 15cm가량의 기둥을 세우고 그 사이에 작은 할석과 점토를 섞어 쌓았으며, 다시 짚 따위의 유기물을 섞어 반죽한 점토를 발라 마감하였다. 마무리된 벽체의 두께는 20cm 가량 된다.

건물 내부에는 일반적으로 온돌을 설치하는데, 온돌은 평면형태가 ㄱ자형인 것과 직선형(一字形)인 것 두 종류가 있다. 지금까지 조사된 53기의 온돌 중 ㄱ자형은 13기에 불과하고 직선형 온돌이 40기로 훨씬 많다(표 10). 온돌의 벽체는 작은 할석과 점토를 섞어 쌓아 벽체를

삽도 147 _ 홍련봉 2보루 건물지 배치상태(ⓒ한국고고환경연구소)

만들고 그 위에 커다란 판석을 올려 고래를 만들었으며, 다시 벽체는 점토로 미장하였다. 아궁이는 고래와 직교하는 방향으로 설치하는데, 좁고 긴 석재를 세워 아궁이 틀을 만들고 그 위에 이맛돌을 얹었으며, 아궁이 내부에는 솥을 받칠 수 있도록 지각을 설치하였다. 아차산 4보루 5호 건물지 온돌과 같이 아궁이가 2개인 경우도 있으며, 아궁이 앞에 둥글게 돌을 돌려놓은 경우도 있다. 굴뚝은 건물 밖에 설치하는 것이 일반적인데, 굴뚝 하단은 방형으로 쌓은 것이 일반적이다. 굴뚝 바닥의 개자리는 온돌 고래보다 깊게 파고 자갈을 깔았으며, 아차산 4보루 5호 온돌의 경우 건물 밖에서 개자리의 재를 치우기 위한 시설을 마련하였다(삽도 148의 화살표). 각 보루에서 많은 양의 토제 연통이 출토되는 점으로 보아 굴뚝에는 토제 연통을 세웠던 것으로 보인다. 거의 모든 온돌이 외고래이지만 홍련봉 2보루의 8호 건물지와 아차산 3보루의 3호·8호 건물지와 같이 고래가 2개인 경우도 있다. 일반적으로 하나의 건물에 1기의 온돌을 설치하였으나 아차산 4보루 1호 건물과 같이 2기의 온돌을 설치한 경우도 있다.

건물의 지붕에 대한 자료는 거의 남아있지 않으나 구의동 1보루에서

삽도 148 _ 아차산 4보루 5호 건물지 온돌과 복원된 모습(ⓒ최종택)

는 판재를 이용해 지붕을 덮었던 흔적이 남아있으며, 홍련봉 1보루의 1호 건물과 12호 건물은 기와를 덮었던 것으로 추정된다. 현재까지 조사된 자료로는 그 이상의 추론이 불가능하지만 대부분의 건물이 짚이나 억새 등과 같은 유기물로 지붕을 덮었을 가능성이 크다고 생각된다.

한편, 건물 내부에 온돌이 설치된 점으로 보아 대부분의 건물이 주거용으로 사용되었던 것으로 보이나 일부 건물의 경우 주거용으로 보기 어려운 경우도 있다. 71기의 건물지 중 온돌이 확인되지 않은 건물은 21기에 달하는데, 이 중 상당수는 보존과정에서 온돌이 훼손되었을 가능성이 크다. 그러나 홍련봉 2보루의 1호 · 6호 건물과 아차산 4보루의 2호 건물 등과 같이 건물의 배치로 보아 주거용으로 보기 어려운 건물이 몇 기 있다(삽도 147의 좌). 이러한 건물의 용도를 알 수 있는 자료는 없으나 주거용 건물에 딸린 부속건물이나 저장용 창고와 같은 용도로 사용되었던 것으로 추정된다. 그밖에 홍련봉 2보루의 5호 건물은 내부에 온돌이 설치되어있기는 하지만 다른 건물과 달리 벽체를 두껍게 축조하였으며, 바닥에 소토와 점토가 깔려 있고, 커다란 판석이 놓여 있는 점으로 보아 주거용이 아닌 공방용 건물로 추정된다(삽도 147의 우). 또한 출입구 안쪽 우측에 토기태토로 보이는 회색 점토가 쌓여 있는 점으로 보아 토기를 제작하던 공방이었을 가능성이 큰 것으로 생각된다.

3) 저수시설

저수시설은 방형의 토광을 파고 바닥과 벽체에 방수시설을 한 것으로 지금까지 모두 12기가 조사되었다(표 11, 삽도 149). 저수시설은 평면 방형 또는 장방형으로 장축의 길이는 2.7m에서 9.5m에 이르기까지 다양하며, 토광의 깊이는 1.2~3.5m정도이다. 토광의 바닥에는 입자가 매우 고운 점토를 채워 넣었는데, 두께는 0.5~1.0m 가량이며,

표 11 _ 아차산 고구려보루의 저수시설 일람표[138]

번호	명칭	전체(m)			저수공간(m)			저수용량 (m³)	비고
		길이	너비	깊이	길이	너비	깊이		
1	구의동 1보루	2.70	2.70	2.30	1.50	1.50	2.00	4.50	
2	구의동 2보루	5.70	5.70	≒3.0	4.50	4.50	≒2.5	≒50.6	목재
3	홍련봉 1보루 1호	7.10	6.66	2.78	5.80	5.36	2.18	67.80	
4	홍련봉 1보루 2호	4.00	3.90	2.40	2.82	2.70	2.10	16.00	외부 주공
5	홍련봉 2보루 1호	5.50	5.30	2.60	4.20	4.00	2.10	35.30	목재
6	홍련봉 2보루 2호	4.20	3.90	1.90	3.00	2.80	1.30	10.90	목재
7	아차산 4보루 1호	6.70	5.10	3.50	4.30	3.00	2.30	29.70	목재
8	아차산 4보루 2호	4.95	4.30	3.10	3.50	3.10	2.40	26.00	
9	용마산 2보루 1호	3.50	3.40	2.00	2.40	2.50	1.70	10.20	
10	용마산 2보루 2호	3.50	3.40	1.50	2.20	2.10	1.20	5.50	
11	용마산 2보루 3호	6.50	4.50	2.00	4.50	2.50	1.60	18.0	저장시설
12	시루봉보루	9.50	6.30	3.20	6.90	3.70	2.60	66.40	

138) 용마산 2보루의 저수시설 규모는 보고서에 구체적으로 제시되지 않아 도면을 계측하였다. 또한 용마산 2보루에 3호 저수시설은 저장시설로 보고되었으나 구조상 저수시설과 같은 것으로 판단된다.

삽도 149 _ 홍련봉 2보루 저수시설 및 세부 전경(ⓒ한국고고환경연구소)

대체로 회색을 띠고 있다(삽도 149-②). 토광의 벽체에서 0.6~0.8m
정도 떨어진 지점에 목재를 가구하여 저수시설 내벽을 만들고 뒤쪽에
는 고운점토를 채워 방수처리를 하였다. 홍련봉 2보루 저수시설의 목
재는 각재를 사용하였으나, 아차산 4보루 1호 저수시설에는 통나무를
사용하였다. 홍련봉 2보루 1호 저수시설의 경우 바닥에 목재를 十字
로 가구한 흔적이 남아있어서 원래 바닥에도 얇은 판재를 깔았던 것으
로 보인다(삽도 149-③). 이와 유사한 구조의 저수시설은 청원 남성
골산성에서도 확인되는데, 바닥과 벽체는 두께 5cm 가량의 판재로 마

감하였으며, 벽체의 네 모서리와 중간에 기둥을 세웠다.[139] 한편 홍련봉 1보루 2호 저수시설의 토광 바깥쪽에서 여러 개의 주공이 조사되었는데, 이로 보아 저수시설 외부에 기둥을 세우고 지붕을 덮었던 것으로 생각되나 외부에 벽체가 있었는지 여부는 확실하지 않다.

한편 보루별로 저수시설의 수량에 차이가 있는데, 구의동 1보루와 구의동 2보루 및 시루봉 보루에는 각 1기씩의 저수시설을 설치하였고, 홍련봉 1·2보루와 아차산 4보루에는 각 2기씩, 용마산 2보루에는 3기의 저수시설을 설치하였다. 각 저수시설은 규모에 차이가 있으므로 저수용량에도 차이가 있는데, 구의동 1보루의 저수시설이 $4.5m^3$으로 가장 작고, 홍련봉 1보루의 1호 저수시설이 $67.8m^3$로 가장 크다. 보루별 저수용량을 보면 구의동 1보루 $4.5m^3$, 용마산 2보루 $33.7m^3$, 홍련봉 2보루 $46.2m^3$, 구의동 2보루 $50.6m^3$, 아차산 4보루 $65.7m^3$, 시루봉보루 $66.4m^3$, 홍련봉 1보루가 $83.8m^3$로 추산된다. 일반적으로 저수용량은 주둔 인원과 대체로 비례할 것으로 생각할 수 있으나, 보루별 저수용량은 보루의 규모와 반드시 비례하지는 않는다. 규모가 가장 작은 구의동 1보루에는 10명의 병사가 주둔하였던 것으로 추정되므로 저수용량만으로 보면 홍련봉 1보루에는 180명 이상의 병사가 주둔하였던 것으로 추산할 수 있으나 보루의 규모로 보면 그럴 가능성은 낮다. 또한 용마산 2보루의 저수용량은 보루의 규모에 비해서 현저히 작은데, 보루 주변에 별도의 수원지가 있었을 가능성도 있다. 아무튼 보루별 주둔인원을 고려하여 저수시설을 설치하였겠지만 저수용량만으로 주둔 인원을 추산하기는 곤란하다. 그밖에 보루에는 수원지가 없으므로 빗물을 받아서 저장하거나, 계곡 아래에서 길어왔을 것으로 추정된다.

---

139) 차용걸·박중균·한선경, 2008, 『淸原 南城谷 高句麗遺蹟』, 中原文化財研究員, 111~115쪽.

4) 배수시설

배수시설은 모든 보루에 설치되어 있으며, 보루 내부에서 보루 외부로 연결되어 있다. 배수로는 담장 안쪽의 저수시설 주변이나 건물지 주변에 주로 설치하였으며, 안쪽 목책열 또는 담장 바깥쪽으로 담장의 윤곽을 따라 보루 전체를 두르는 배수로를 설치하였다. 건물지 주면의 배수로는 건물 외부 생활면과 같은 높이에서 시작하지만 성벽 쪽으로 갈수록 점차 낮아져 보루 밖으로 연결되는데, 이러한 점으로 보아 건물을 축조하기 전에 배수로가 시설되었던 것으로 추정된다. 구체적으로는 보루의 안쪽 목책열을 설치하고 보루 내부를 평탄화하는 단계에서 배수로가 함께 설치된 것으로 이해된다.

배수로의 구조는 판석으로 벽석을 세우고 뚜껑을 덮은 암거식이지만 구의동 1보루의 수혈 내부는 석재를 사용하지 않고 작은 구를 파서 배수구로 활용하였다. 일반적으로 보루 내부에 위치한 배수로의 경우는 바닥에 판석을 깔지 않았으나(삽도 150-①), 담장 바깥쪽의 배수로는 바닥에 판석을 까는 경우가 많으며, 성벽을 관통하는 배수로는 모두 바닥에 판석을 깔고 틈새는 할석과 점토로 채워 물이 새지 않도록 하였다(삽도 150-②, ③). 한편 아차산 4보루 2호 건물지 동쪽, 2호 저수시설 남동모서리 사이의 배수로 끝부분에는 집수구를 설치하였다. 집수시설은 배수 끝에 약간 높게 설치하였으며, 큰 돌을 둘러 원형 공간을 만들고 내부에는 작은 자갈을 채워 이물질이 배수구로 흘러들지 못하게 하였다(삽도 150-④). 비슷한 구조의 집수구가 홍련봉 2보루 3호 건물지 서쪽에서도 확인된다(삽도 150-⑤).

홍련봉 2보루에서는 집수구보다 규모가 훨씬 큰 집수정을 3기 설치하였다. 1호 집수정은 보루의 북쪽 끝 평탄지에 위치하는데, 할석을 이용해 타원형의 구덩이를 쌓았으며, 석축의 외부는 마사토와 점토를 다져 쌓았다. 집수정은 아래로 내려가면서 점차 좁아지는데, 윗면의 장축은 2.56m, 단축은 2.20m이며, 깊이는 2.20m이다(삽도 150-⑥).

삽도 150 _ 아차산 고구려보루 배수시설 및 집수정(ⓒ고려대학교고고환경연구소:①~③,⑥, 서울대학교박물관:④, 한국고고환경연구소:⑤,⑦)

바닥에는 북쪽으로 빠져나가는 출수구가 설치되어있고, 동쪽으로는 그
보다 높게 입수구가 연결되어있으며, 입수구와 출수구는 각각 배수로
와 연결되어있다. 2호와 3호 집수정은 보루 남쪽을 두르고 있는 방형

삽도 151 _ 아차산 고구려보루 집수정과 배수로
    (ⓒ한국고고환경연구소:①,②,서울대학교박물관:③)

석축시설의 벽체를 그대로 이용하였기 때문에 형태는 1호 집수정과 다
르지만 석축 아래의 배수로와 연결된 입수구와 성벽 쪽으로 빠져나가
는 출수구가 설치되어있다(삽도 151-②). 그 외에도 시루봉보루 3호
건물지 내부에도 단장 외곽을 두르는 배수로와 연결된 집수정이 설치
되어 있다(삽도 151-③). 집수정에서 성벽을 관통하는 배수로는 판석
을 바닥에 깔고 점토와 할석으로 방수 처리를 한 암거식이 일반적이지
만 홍련봉 2보루 1호 집수정에서 성벽 뒷채움층을 관통하는 배수로는
통나무를 이용하였다. 또한 성벽을 관통한 배수구 앞에는 물받이를 설
치하였으며, 물받이를 통과한 하수는 외황의 내벽을 타고 흘러내려 외

황 외벽의 배수구를 통해 보루 밖으로 배출되도록 하였다(삽도 151-①). 물받이는 커다란 판석 몇 장을 바닥에 깔고 주위에 석재를 둘러막은 것으로 다른 지점의 성벽을 관통하는 배수구 아래에도 유사한 시설을 설치하였다.

5) 저장시설

저장시설은 저수시설과 유사한 형태의 방형수혈로 2005년 아차산 3보루의 조사를 통해 처음 확인되었다. 홍련봉 2보루에서도 2기의 저장시설이 조사되었는데, 2005년 조사 당시에는 저장시설의 일부만 조사하였기 때문에 내부 구조를 정확히 파악하지 못하여 저수시설로 보고하였었다. 아차산 3보루의 저장시설은 장축 6.7m, 단축 5.5m, 깊이 2.3m의 수혈로 형태상 저수시설과 동일하지만 바닥과 벽체에 방수처리를 하지 않은 점에서 뚜렷이 구별된다. 수혈의 상면에서 1m 가량은 풍화암반을 경사지게 단을 이루며 파내려갔으나 그 아래부터는 수직으로 굴광하였으며, 바닥에는 벽체를 따라 폭 15cm의 구를 설치하였는데, 습기를 제거하기 위한 시설로 생각된다.

홍련봉 2보루의 저장시설은 보루 북쪽구역 평탄면 가운데 나란히 2기가 설치되었는데, 2기 모두 내벽은 석축으로 마감하였다(삽도

삽도 152 _ 홍련봉 2보루 저수시설 및 주변의 층위(ⓒ한국고고환경연구소)

152). 저장시설은 석축 단장 안쪽에 위치하며, 북쪽으로는 3호 건물과 1호 집수정, 동쪽과 남쪽으로는 여러 기의 건물이 있고, 서북쪽으로는 출입시설이 위치한다. 이 지점은 보루를 축조하기 이전의 구지표 위에 점토와 마사토 등으로 여러 층을 성토하였는데, 저장시설은 이 성토층을 파고 벽체를 구축하였다. 2호 저장시설 서쪽에 위치한 작은 수혈(삽도 152-②의 하단 가운데)의 바닥을 굴토해 본 결과 저장시설 상면으로부터 1.8m 깊이에서 암반풍화토의 지표면이 확인되었고, 그 위에는 여러 겹의 성토층이 확인되었다(삽도 152-③). 아무튼 2기의 저장시설은 성토층을 방형으로 굴광한 후 바닥에 0.8m 가량의 점토를 다지고 그 위에 할석을 이용해 벽체를 쌓았으며, 석축 뒷면과 토광 사이의 벽체 내부에도 점토를 채웠다. 내부의 석축 벽체는 지면보다 0.8m 정도 아래에서 마무리되어 단을 이루고 있었던 것으로 보이는데, 2호 저장시설의 남벽은 석축을 쌓아 마무리하였으며, 지표면에도 석축 기단을 돌려 윤곽을 정리하였다(삽도 152). 1호 저장시설의 바닥에는 별다른 시설이 확인되지 않으나 2호 저장시설의 바닥에는 목재를 깔았으며, 그 위에서 길이 2m 가량의 철제 깃대가 1점 출토되었다. 저장물의 내용에 대해서 알 수 있는 자료는 없으나 구조상 습기와 선도가 보존되어야하는 식료품 등을 저장하였을 것으로 추정된다. 1호 저장시설은 동서 4.3m, 남북 3.6m, 깊이 3m이며, 2호 저장시설은 동서 4.8m, 남북 5.4m, 깊이 3m이고, 석축 내부의 저장 공간은 이보다 훨씬 작은 규모이다.

6) 방앗간

아차산 3보루 남쪽구역의 석축 하단에서 방아확과 함께 방아채의 쌀개를 걸었던 볼씨가 한 쌍 확인되었다(삽도 153). 방아확은 부정형의 화강암으로 크기는 77×42cm정도이며, 확은 약간 일그러진 원형으로 지름은 18.2cm, 깊이는 13cm이다. 방아확의 중심에서 동쪽으로

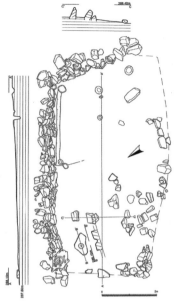

삽도 153 _ 아차산 3보루 방앗간(©고려대학교고고환경연구소)

약 1m 정도 떨어져서 볼씨한 쌍이 서있는데, 볼씨 끝에는 쌀개를 걸었던 홈이 마주보고 있으며, 오랜 사용으로 마모되어 있다. 볼씨의 높이는 40cm, 볼씨의 간격은 50cm정도 된다. 방아확과 볼씨의 주변은 평탄면을 이루고 있으며, 북쪽은 석축으로 막혀 있고, 남쪽은 기단 석렬이 부분적으로 남아있으며, 동쪽은 계단으로 막혀있다. 석축과 계단 아래에는 주공이 여러 개 확인되는데, 방앗간 건물 벽체의 기둥으로 추정된다. 남아있는 기단석과 석축 및 계단 사이의 공간이 방앗간 건물로 추정되는데, 대체로 장방형을 이루고 있으며, 크기는 동서 7.8m, 남북 3.9m이다. 방아채나 방아공이 등은 남아있지 않지만 구조로 보아 357년에 축조된 안악3호분 벽화와 같은 디딜방앗간으로 추정되며, 아차산 3보루의 방앗간은 그보다 약 150여 년 뒤의 것이지만 실물자료로는 처음 확인된 것으로 고대생활사 연구에 중요한 자료가 될 것으로 생각된다.

그밖에도 아차산 3보루 남쪽의 등산로 상에서도 볼씨가 한 쌍 확인되어 방앗간으로 추정된 바 있으며, 발굴된 보루에서 출입구가 아닌 곳에 넓은 평면의 확돌이 확인되는 경우가 종종 있으며, 이러한 확돌도 방앗간 시설의 일부일 가능성이 크지만 구체적인 확인이 어렵다. 다만 홍련봉 2보루 4호 건물지 동벽과 담장 사이의 장방형 공간에서 확돌이 1점 확인되는데, 볼씨는 남아있지 않으나 이곳이 출입시설이 아니라는 점에서 방앗간으로 추정할 수 있다(삽도 147의 좌).

7) 소성시설

2005년도 발굴조사 당시 홍련봉 2보루 북쪽 평탄면 서쪽 담장 안쪽에서 길이 12m, 폭 1.4m 규모의 소토와 목탄이 확인되어 소성시설로 추정하였다(삽도 154-②). 소토층을 제거하자 두 개로 분리된 장타원형의 구가 드러났는데(삽도 154-③,④), 구의 바닥은 불을 맞아 소결되어 있었다. 소결층의 두께는 1~2cm정도로 소결상태로 보아 오랫동안 지속적으로 열에 노출된 것은 아닌 것으로 판단된다. 소토 내부에서 재소성된 토기편이 여러 점 출토되는 점으로 보아 토기를 소성하던 시설로 추정되나 바닥의 소결상태로 보아 벽체와 지붕을 갖춘 가마는 아닌 것으로 생각된다. 2013년도 추가조사에서 이 시설을 완전히 절개하고 하강한 결과 하부에서 3기의 온돌이 확인되어 소성시설은 이 온돌시설을 폐기하고 마사토로 성토한 후 단면 U자형으로 점토를 다져 조성한 것으로 확인되었다(삽도 154-①). 유구의 구조나 바닥면의 소결상태로 보아 장기간 지속적으로 사용된 가마는 아니더라도 일시적으로 사용한 토기 소성시설일 가능성이 크다. 남아있는 구조로 보아 벽체와 지붕을 갖춘 가마는 아니었던 것으로 생각되며, 연료와 토기를 쌓고 외부에 볏짚 등을 덮고 점토로 마무리한 뒤 소성한 임시적인 가마로 추정된다.

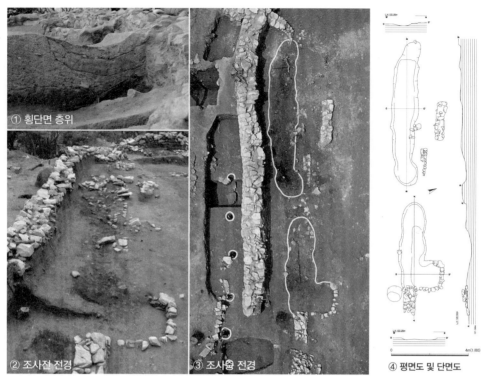

① 횡단면 층위

② 조사전 전경

③ 조사중 전경

④ 평면도 및 단면도

삽도 154 _ 홍련봉 2보루 소성시설(ⓒ고려대학교고고환경연구소)

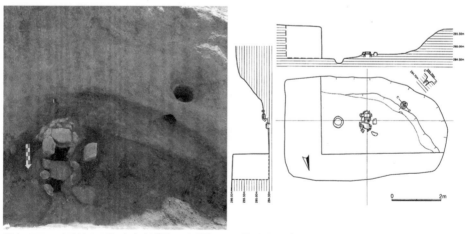

삽도 155 _ 아차산 3보루 단야시설(ⓒ고려대학교고고환경연구소)

8) 단야시설

아차산 3보루 계단시설 남동쪽 7호 건물지 바로 아래에서 확인된 수혈 내부에서 소형의 단야로가 확인되었다. 수혈은 암반풍화토를 굴토하여 만들었는데, 전체적으로 장방형에 가까우나 수혈의 서벽은 타원형을 이루고 있다(삽도 155). 수혈의 규모는 장축 6.6m, 단축 4m, 깊이는 3m이다. 수혈 내부 바닥에는 단축 50cm, 장축 80cm 규모의 소형 단야로가 설치되어 있으며, 단야로 동쪽에 작은 수혈이 있다. 단야로는 장방형의 할석으로 벽석을 세운 후, 두께 10~25cm 내외의 판석으로 뚜껑을 삼았다. 단야로 바로 서쪽에는 모루로 보이는 석재가 있으며, 내부와 주변 바닥에는 목탄이 넓게 깔려 있다. 단야로 서남쪽의 수혈 벽체 하단에 아궁이형 시설물이 1기 설치되어있다. 이 시설물은 풍화암반을 계단상으로 다듬은 후 ㄴ자로 굴토하여 만들었는데, 평면형태는 원형이며, 윗면의 지름은 27cm이다. 아궁이형 시설물의 내부는 오랫동안 불을 받아 붉게 소결되어있어서 역시 단야에 사용된 시설물로 생각된다. 그밖에 아차산 4보루 서북쪽 제 4치 안쪽의 담장 밖에 온돌이 1기 설치되어 있는데, 다른 건물의 온돌과는 달리 경사면에 설치되어 있고, 아궁이 주변에서 수리가 되었거나 파손된 철기가 다량으로 출토되어 간이대장간과 같은 시설물로 추정된다(제1장의 삽도 76).

3. 아차산 고구려 군의 편제

고구려 군의 병종구성과 편제에 대한 논의는 이미 1970년대부터 시작되었는데,[140] 주로 벽화와 문헌기록을 바탕으로 한 것이다. 그러나

---

140) 박진욱, 1970, 「삼국무기의 특성과 그것을 통하여 본 병종 및 전투형식」 『고고민속론문집』 2, 고고학연구소.

1997년 이후 아차산일원에서 여러 보루가 발굴되고 다양한 무기류가 출토되면서 고구려 군의 편제에 대한 새로운 자료가 추가되었다. 아래에서 고구려 군의 편제와 병종구성에 대한 기존의 논의를 검토하고, 아차산 고구려 군의 편제에 대해 살펴보기로 한다.

지금까지 조사된 고구려의 벽화고분 중에서 23기의 고분벽화에 다양한 형태의 무장을 한 병사가 묘사되어 있다. 이 중 덕흥리벽화분과 약수리벽화분, 안악3호분 등에는 행렬도가 묘사되어 있는데, 이를 통해 고구려 군의 병종구성을 파악해 볼 수 있다. 벽화의 내용을 통해 볼 때 고구려의 병사는 步兵과 騎兵으로 대별된다. 보병은 다시 무장상태에 따라 갑옷과 투구를 착용한 重裝步兵과 착용하지 않은 輕裝步兵으로 나뉘는데, 벽화의 내용을 보면 경장보병의 비율이 우세하다. 기병역시 병사와 말이 갑옷과 투구 등 具裝鎧를 모두 갖춘 중장기병과 무사만 무장을 한 甲冑騎兵, 무사와 말 모두 무장하지 않은 경장기병으로 구분되는데, 갑주기병은 매우 적으며, 중장기병과 경장기병의 비율은 비슷하다. 또, 보병이나 기병 모두 갑주를 착용한 비율이 높지 않으나 기병이 보병에 비해 무장 비율이 높은 편이다.

기병은 문헌기록에 보이는 장창인 矟을 주요 무기로 사용하였으나, 보병은 刀, 矛, 戟, 弓矢, 弩 등 다양한 무기를 소지하고 있다. 벽화고분의 그림을 보면 병종별로 주로 사용하는 무기에 다소 차이가 있다. 병종별 무기 구성을 보면 보병은 斧, 矛, 刀, 弓+刀, 弓+矛 등의 순으로 나타나고 있으며, 기병은 弓, 矛, 刀 등의 순으로 무기를 소지하고 있어서 보병의 주력 무기는 斧와 矛, 刀이며, 기병은 弓과 矛를 주력 무기로 하였음을 알 수 있다.[141] 그러나 이는 벽화에 나타난 모든

　　堀田啓一, 1979, 「高句麗壁畵古墳にみえる武器と武裝」 『展望アジアの考古學』, 橿原考古學研究所.
　　余昊奎, 1999, 「高句麗 中期의 武器體系와 兵種構成」 『韓國軍事史研究』 2, 國防軍事研究所.
141) 余昊奎, 1999, 「高句麗 中期의 武器體系와 兵種構成」 『韓國軍事史研究』

무사를 대상으로 한 것이고, 전투와 관련된 장면만을 대상으로 할 경우 矛가 가장 많이 사용되고 있으며, 따라서 矛가 가장 중요한 개인 무기였다고 할 수 있다.

한편 보병의 경우는 소지한 무기에 따라 弓手와 槍手 및 斧鉞手, 鐶刀手 등으로 구분된다. 전투시 이들 병종별 군사들의 배치에 대한 자세한 기록은 없으나 벽화 내용을 바탕으로 추정해 보면 평지에서 대회전을 벌일 경우 陣營의 맨 앞에는 중장기병이 서고, 이어 경장기병, 창수, 환도수, 부월수, 궁수가 그 뒤를 따르고 있었던 것으로 보인다.

문헌기록에 등장하는 전쟁관련 기사를 검토하면 고구려 군대의 규모는 시기별로 차이가 많은데, 1~3세기 대에는 대체로 수천에서 2만 전후로 나타나고 있다. 구체적으로 2세기의 병력동원 규모는 1만 명을 넘지 못하며, 3세기 중엽 경에는 2만 명으로 늘어난다. 4~5세기 대에는 국가의 지배체제가 확립되고 왕권이 강화되면서 병력동원체계가 발전하여 4~5만 명의 병력이 동원되고 있다.[142] 이러한 점은 4세기 이후 왕권에 의한 집권력이 강화되고 국가차원의 병력동원체제가 마련되었음을 반영하는 것으로 이해된다.[143]

문헌기록을 통해 볼 때 고구려 후기의 군사조직은 중앙과 지방으로 나뉜다. 중앙의 군사조직은 5部를 중심으로 구성되었으며, 중앙의 최고위 무관직은 大模達(大幢主)로서 궁중숙위를 담당하였다. 그 아래에는 大兄 이상 관등의 末客과 幢主가 있었으며, 말객은 1천 명, 당주는 1백 명의 상비군을 거느리고 있었다. 한편 지방의 군사조직은 행정구역과 같은 체계로 구성되었는데, 최상위 지방관으로 褥薩이 있고, 그 하위에는 말객의 다른 이름인 郡頭 그리고 최하위 지방관인 婁肖와 百

2, 國防軍事硏究所, 46쪽.

142) 余昊奎, 1999,「高句麗 中期의 武器體系와 兵種構成」『韓國軍事史硏究』 2, 國防軍事硏究所.

143) 林起煥, 1996,「지방·군사제도」『한국사』5, 국사편찬위원회, 180쪽.

頭로 구성되었으며, 백두는 중앙의 당주와 대응하는 편제이다.[144]

고구려의 군사조직에 대한 더 이상의 자세한 기록은 없으나 최근 조사된 아차산일원의 고구려 보루발굴을 통하여 6세기 전반경 고구려 군의 편제에 대한 새로운 자료가 확보되었다. 아차산 일원에는 약 20여 개소의 보루가 분포하며, 한강변을 따라 설치된 보루와 아차산 능선을 따라 배치된 것으로 구분된다. 발굴조사 결과에 의하면 한강변에 위치한 최전방 초소의 성격을 가진 구의동보루는 기습공격을 받아 전멸하였으며, 반면에 아차산 일원의 고구려 보루는 무기와 장비를 거두어 철수한 것으로 보인다.[145] 구의동보루는 전소된 채 무너져 있었으며, 온돌아궁이에는 솥이 그대로 걸려 있었고 다량의 무기와 토기류가 출토되었다. 출토된 무기류는 刀가 2점, 矛가 10점,[146] 斧가 4점, 鏃이 1,300여 점이었다. 이 중 刀는 지휘용으로 겸장하였으며, 斧는 근접전에서 부대원이 공용으로 사용한 무기로 추정되고, 4세기 이후 고구려 군의 주력무기가 矛로 일원화되는 점을 감안하면 구의동보루에는 10명의 병사가 주둔하였던 것으로 추론할 수 있다.[147] 이럴 경우 병사 1인당 약 3백발의 화살을 보유하고 있었던 것으로 추산된다.[148] 한편

---

144) 林起煥, 1996, 「지방·군사제도」『한국사』5, 국사편찬위원회, 181~182쪽.

145) 崔種澤, 1999, 「京畿北部地域의 高句麗 關防體系」『高句麗硏究』8, 고구려연구회.

146) 필자가 구의동 출토 철기류를 재정리하여 보고할 때 鐵矛 9점, 鐵鐏 2점으로 보고하였으나(崔鍾澤 1991), 최근 철준 중 1점을 無關直基形 鐵矛로 보아야한다는 주장이 있으며(金性泰 2005: 124), 필자도 이에 동의하여 矛를 10점으로 계산한다.

147) 『新唐書』에는 당의 군대조직에 대해, '士以三百人爲團, 團有校尉, 五十人爲隊, 隊有正, 十人爲火, 火有長(『新唐書』卷50 「志」第14 <兵>)'라고 기록하고 있으며, 구의동보루의 조직은 火에 비교된다. 한편 이에 대해 『晉書』에 보이는 '五人爲伍 五伍爲兩 四兩爲卒 五卒爲旅 五旅爲師 五師爲軍(『晉書』卷14 「兵」第4 <地理(上)>)' 기사에 보이는 '伍' 2개 단위가 구의동보루에 주둔한 것일 가능성을 제기한 주장도 있다(金性泰 2005: 124)

148) 필자가 구의동 철기류를 재정리할 당시 철촉 중에서 비교적 완전한 형태를

아차산 4보루에는 구의동보루와 유사한 면적의 온돌단위가 10개 확인
되므로 100여 명의 병사가 주둔하였음도 추론할 수 있으며, 아차산 일
원에서 확인된 보루를 모두 합하면 6세기 전반 아차산 일원에는 약 2천
여 명의 고구려 군이 주둔하였던 것으로 추산할 수 있다. 이상의 추론
이 타당하다면 아차산 4보루와 같은 대형급 보루에는 婁肖 또는 百頭
에 해당하는 지휘관을 상정할 수 있으며, 아차산 능선과 용마산 능선에
는 각각 末客 또는 郡頭에 해당하는 지휘관이 파견되었던 것으로 이해
할 수 있다.

4. 아차산 고구려 보루의 연대와 기능

1997년 아차산 4보루 발굴조사 이후 7개 보루에 대한 발굴조사가
있었으며, 이를 통해 아차산 고구려 보루의 연대는 명확해졌다. 그러
나 연구 초기에는 자료의 부족과 고구려 고고학 전반에 대한 이해 부족
으로 연대관에 혼란이 있었던 것도 사실이며, 이하 이에 대한 그간의
논의를 다시 정리하기로 한다. 남한지역에서 출토된 고구려 유물에 대
한 논의가 본격화되기 시작한 것은 1988년의 일이다. 그해 몽촌토성
동남지구 발굴조사에서 고구려 토기 광구장경사이옹이 출토되었으며,
보고서에서는 이 토기를 5세기 중엽이후, 특히 역사적인 정황을 고려
하여 475년 이후로 편년하였다.[149] 이듬해 몽촌토성 서남지구에서 온
돌건물지가 확인되었으며, 역시 475~551년 사이에 축조된 것으로 편

유지하고 있는 개체만 계산한 것이 1,300여 점이고, 파편 상태의 철촉까지
합치면 대략 3천 점 가량으로 추산된다.

149) 金元龍·任孝宰·朴淳發, 1988, 『夢村土城 – 東南地區發掘調査報告』, 서
울大學校博物館, 164~165쪽.

년하였다.[150)

이어 필자에 의해 1977년 발굴된 구의동보루에서 출토된 철기류와 토기류에 대한 재분석이 이루어졌으며, 구의동보루 출토유물은 5세기 중엽에서 6세기 중엽 경으로 편년되었다.[151) 또한 몽촌토성과 구의동 보루에서 출토된 고구려 토기에 대한 형태분석을 통해 이들 토기류의 상한을 4세기 후반, 하한을 6세기 중엽으로 보고 중심연대를 5세기 중엽 경으로 파악하기도 하였다.[152) 이러한 연대관은 고구려 토기에 대한 연구의 부진으로 편년체계가 갖추어지지 않은 상황에서 향후 아차산 일원 고구려 보루에 대한 조사상황을 고려하여 연대 폭을 넓게 설정한 것이었다. 그러나 1997년 아차산 4보루가 발굴된 이후에도 이러한 연대관은 상당기간 구체화되지 못하였는데, 이는 475년 이전에 한강 북안에 고구려 보루가 축조되었을 가능성을 완전히 배제하지 못한 탓이었다.[153)

이후 한강유역은 물론 중국과 북한지역에서 출토된 고구려 토기에 대한 형태분석과 편년이 이루어졌다. 이를 통해 몽촌토성 출토 고구려 토기가 아차산 일원의 고구려 토기에 비해 대체로 이른 시기라는 것이 밝혀졌으며, 아차산 일원 고구려 토기는 대체로 500년을 전후한 시점에서 551년 사이에 해당하는 것으로 편년하였다.[154) 비슷한 시점

---

150) 金元龍·任孝宰·朴淳發·崔鍾澤, 1989, 『夢村土城 – 西南地區發掘調査報告』, 서울大學校博物館, 31쪽.
151) 崔鍾澤, 1991, 「九宜洞遺蹟出土 鐵器에 對－하여」『서울大學校博物年報』 3, 서울大學校博物館.
      崔鍾澤, 1993, 『九宜洞－土器類에 대한 考察』, 서울大學校博物館學術叢書 2, 서울大學校博物館.
152) 崔鍾澤, 1995, 「漢江流域 高句麗土器 研究」『韓國考古學報』第33輯, 韓國考古學會, 29~89쪽.
153) 崔鍾澤, 1998, 「고고학상으로 본 고구려의 한강유역 진출과 백제」『百濟研究』第28輯, 忠南大學校百濟研究所, 158쪽.
154) 崔種澤, 1999, 『高句麗土器 研究』, 서울大學校 大學院 博士學位論文, 91~93쪽.

에 앞선 필자의 폭넓은 연대관에 대한 반론이 제기되었다. 즉, 475년의 한성공함 이전에 백제의 수도가 훤히 조망되는 아차산 일원에 고구려 보루가 축조되는 상황은 이해하기 어려우며, 따라서 아차산 일원의 고구려보루의 축조 상한은 475년 이후가 되어야하고, 이들 유적의 폐기 양상을 고려할 때 그 연대는 6세기 중엽 경으로 비정된다는 지적이 있었다.[155] 또, 중랑천 일대를 남평양으로 보고 아차산 보루는 중랑천 일대를 방어하기 위해 축조된 시설로 파악하여 그 축조 연대를 文咨明王 4년(495)의 南巡과 관련된 시점으로 추정하는 견해도 제시되었다.[156]

한편, 심광주는 475년부터 551년까지의 漢城 경영과 관련된 문헌 사학계의 논의를 정리하고, 東城王대부터 聖王대에 이르는 20여 회에 달하는 백제의 한성 경영 기사를 전면 부인할 수는 없다고 하면서, 구체적인 연대관을 밝히지는 않았지만 아차산 일원 고구려 보루의 존속기간이 짧았으며, 고구려가 한강유역을 지배한 기간이 짧았던 것으로 주장하였다.[157] 서영일은 기존의 논의들과 역사·지리적 검토를 통하여 아차산 보루는 6세기중엽 경, 양주분지 일대의 고구려 보루는 6세기 중엽에서 7세기 초, 임진강 일대의 고구려 성보는 475년부터 668년까지 사용된 것으로 추정하였다.[158] 또한 양시은은 한강유역 고구려 토기의 제작기법을 분석을 실시하고 몽촌토성 내 고구려 유적은 475년 경부터 507년 이전의 어느 시점으로 설정하고 아차산 일원의 고구려 보루의 중심연대를 6세기 중엽 경으로 파악하였다.[159]

---

155) 朴淳發, 1999,「高句麗土器의 形成에 대하여」『百濟硏究』第29輯, 15쪽.

156) 崔章烈, 2001,「漢江 北岸 高句麗堡壘의 築造時期와 그 性格」『韓國史論』第47輯, 서울大學校國史學科.

157) 沈光注, 2001,「南韓地域의 高句麗遺蹟」『고구려연구』12, 고구려연구회, 488~489쪽.

158) 徐榮一, 2002,「京畿北部地域 高句麗 堡壘 考察」『文化史學』第17號, 73쪽.

159) 梁時恩, 2003,『漢江流域 高句麗土器의 製作技法에 대하여』, 서울大學校

발굴된 구조와 출토유물을 고려하면 아차산 고구려 보루의 존속기간
이 짧았으며, 그 중심 연대가 6세기 중엽경이라는 연대관은 받아들이
기 어려운 점이 많지만 이상의 논의들을 일부 수용하여 새로운 편년을
시도하였다. 즉, 몽촌토성의 고구려유적 출토 토기류를 재검토하여 몽
촌토성 고구려유적의 연대를 475년에서 6세기 이전으로 재설정하였으
며,[160] 아차산 일원의 고구려 보루가 475년 이전에 축조되었을 가능
성이 있다는 기존의 견해도 철회하였다.[161]

이후 몽촌토성과 아차산 일원의 보루에서 출토된 고구려 토기 중 시
간에 따른 형식의 변화가 잘 감지되는 사이장경옹류와 구형호류, 시루
류 등의 형식변천을 통하여 몽촌토성 출토 고구려 토기류는 5세기 후
반, 아차산 일원의 고구려 토기는 6세기 전반 경으로 편년하였으며,
호·옹류와 동이류 등의 구연형태에서 보이는 변화를 통하여 몽촌토성
고구려 토기류가 아차산 일원의 고구려 토기류에 비해 이르다는 것을
재확인하였다. 또, 몽촌토성 서남지구에서 확인되는 고구려의 온돌건
물지를 비롯한 지상건물지, 다량의 고구려 토기의 존재를 근거로 475
년 이후 일정기간 몽촌토성에 고구려 군이 주둔하였음을 재확인하였
다. 아차산 일원의 고구려 보루에 대해서도 발굴 조사된 유적의 구조나
농기구와 간이대장간 등의 시설물의 존재, 출토유물의 수량으로 보아
일시적인 점유를 위해 축조한 것으로 보기에는 무리가 있다고 보고 5
세기 말이나 늦어도 6세기 전반 경에는 축조되어 551년까지 존속한 것
으로 편년하였다.[162] 2005년에는 홍련봉 2보루에서 520년에 해당하

大學院 碩士學位論文, 59~60쪽.

160) 崔鍾澤, 2002, 「夢村土城 內 高句麗遺蹟 再考」『韓國史學報』第12輯, 高
麗史學會, 9~40쪽.

161) 최종택, 2004, 「아차산 고구려 보루의 역사적 성격」『향토서울』64, 서울
시사편찬위원회, 117~122쪽.

162) 崔鍾澤, 2004, 「남한지역출토 고구려 토기 연구의 몇 가지 문제」『白山學
報』第69輯, 白山學會, 43~69쪽.

삽도 156 _ 홍련봉 2보루 출토 庚子銘 토기

는 「庚子」銘 토기(삽도 156)가 출토됨으로써 새로운 절대연대가 확보
되었으며,[163] 500~551년이라는 아차산 보루에 대한 연대관은 더욱
명확해지게 되었다.[164]

---

163) 崔鍾澤, 2006, 「南韓地域 高句麗 土器의 編年研究」『先史와 古代』第24輯,
韓國古代學會, 285~286쪽.

164) 아차산 일원 고구려 보루의 절대연대에 대해서는 최근 발굴된 유적의 방사
성탄소연대 측정치도 참고가 된다. 홍련봉 1보루에서는 A.D.515(이하 보
정연대값), A.D.520(崔鍾澤·李秀珍·吳恩姃·吳珍錫·李廷範·趙晟允,
2007, 『紅蓮峰 第1堡壘 發掘調査 綜合報告書』, 高麗大學校考古環境研究所,
196~197쪽), 홍련봉 2보루에서는 510, 540, 550(崔鍾澤·李秀珍·吳
恩姃·趙晟允, 2007, 『紅蓮峰 第堡2壘 1次 發掘調査報告書』, 高麗大學
校考古環境研究所, 185~187쪽), 아차산 3보루에서는 490, 520, 530,
540, 550(崔鍾澤·吳珍錫·李廷範·趙晟允, 2007, 『峨嵯山 第堡3壘 1
次 發掘調査報告書』, 高麗大學校考古環境研究所, 168~172쪽) 등의 절
대연대치가 검출되었다. 방사성탄소연대 자체가 직접적인 절대연대를 제
시하는 것이 아니라 통계적인 의미를 갖는 제한적인 것이라고 하여도 세 유
적에서 일관된 측정치가 검출된 것은 위와 같은 필자의 연대관을 뒷받침 해
주는 것으로 생각된다.

아차산 고구려 보루의 기능과 관련하여 몽촌토성의 고구려유적에 대한 이해가 중요하다. 몽촌토성에는 475년 한성 공함 이후 일부 고구려 군이 남아서 주둔하고 있었던 것으로 분석되고, 몽촌토성의 서남지구에서 확인된 온돌건물지와 판축대지상의 건물은 일반적인 주거용 건물이 아닐 것으로 추정되고 있다.[165] 몽촌토성에서 출토된 고구려 토기의 기종 구성에 있어서도 한강 북안의 다른 보루유적과는 차이가 있는데, 몽촌토성에서만 부장용이나 의례용기로 추정되는 완형의 사이장경옹류와 원통형삼족기류가 출토된다는 점이다. 이러한 점은 몽촌토성에 주둔한 고구려 군의 지휘관이 상당한 신분의 소유자였을 가능성을 시사하며 이러한 상황을 종합할 때 몽촌토성의 고구려유적은 한성함락 후 남진을 계속하던 고구려 군의 중간 거점성으로서의 역할을 하였던 것으로 추정된다.[166] 한편, 한성을 점령한 고구려 군은 한강 이남의 풍납토성과 몽촌토성 일대를 漢城으로 불렀던 것으로 보이는데, 고구려는 평지 왕성인 위례성(풍납토성)을 폐기하고 군사방어적 성격이 강한 한성(몽촌토성)만 활용함에 따라 한성이 백제 고도를 대표하는 명칭으로 부상하였다.[167]

문헌기록과 상충되는 면이 있기는 하지만 발굴된 고고자료를 통해 볼 때 475년 한성공함 이후 몽촌토성에 주둔한 고구려 군은 남진을 계속한 것으로 이해된다. 진천 대모산성과 청원 남성골산성, 연기 나성, 대전 월평동유적 등의 관방유적에 이르기까지 5세기 후반의 고구려 유

---

165) 崔鍾澤, 2002, 「夢村土城 內 高句麗遺蹟 再考」『韓國史學報』第12輯, 高麗史學會, 9~40쪽.

166) 崔鍾澤, 2002, 「夢村土城 內 高句麗遺蹟 再考」『韓國史學報』第12輯, 高麗史學會, 35~38쪽.

167) 余昊奎, 2002, 「漢城時期 百濟의 都城制와 防禦體系」『百濟硏究』第36輯, 忠南大學校百濟硏究所, 21쪽.
개로왕 21년조의 북성을 풍납토성, 남성을 몽촌토성으로 비정하는 견해는 이미 이전에도 개진된 바 있으며(李道學 1992: 36-38), 몽촌토성과 풍납토성에 대한 최근의 고고학 발굴성과에 비추어도 타당한 것으로 사료된다.

적의 존재가 이를 뒷받침해 준다. 또한 성남 판교동고분, 용인 보정동고분, 화성 청계리고분과 용인 마북동유적 등 5세기 후반대의 고분 및 취락유적의 존재로 보아 고구려는 점령지에 대한 영역화를 시도하였으며, 『삼국사기』 지리지에 보이는 것과 같이 행정구역을 재편한 것으로 생각된다. 반면에 웅진으로 천도한 백제는 동성왕대를 거쳐 무령왕대에 이르기까지 한강유역을 수복하기 위한 공세를 강화하였으며, 500년 무렵 한강 이남의 고구려 군은 한강 이북으로 후퇴하여 아차산 일원에 보루를 구축한 것으로 보인다.

6세기 초 아차산 일원에 구축된 고구려 보루는 한강을 경계로 중랑천변 일대를 방어하기 위한 시설로 구축되었으며, 중랑천변 일대는 남평양으로 추정된다. 아차산 보루의 축조시점에 대하여 495년 문자명왕의 南巡과 관련하여 설치된 것으로 보는 견해도 제시된 바 있다.[168] 남평양은 4세기 중엽에 황해도 신원군의 장수산성 아래에 있었으며, 475년 이후 한강유역으로 옮겨진 것으로 보인다.[169] 이러한 견해에 따르면 475년 백제의 한성을 공함한 이후 몽촌토성에 주둔한 고구려는 이 일대를 여전히 한성이라고 불렀으며, 495년 이후에는 한강 북안의 중랑천변에 남평양을 건설하고 주변의 아차산에 보루를 축조한 것이다. 즉, 고구려가 지배하던 한강유역의 중심지가 500년을 전후한 시점을 기준으로 한강 남안의 한성에서 한강 북안의 남평양으로 이동된 것으로 볼 수 있다.

이처럼 아차산의 고구려 보루들은 남평양을 방어하는 기능을 하였는데, 방어적 기능 이외에도 점령지에 대한 치소의 기능과 함께 보급기지 등의 기능을 겸하였을 가능성도 있다. 홍련봉 1보루에서는 아차산 일

---

168) 崔章烈, 2001, 「漢江 北岸 高句麗堡壘의 築造時期와 그 性格」『韓國史論』 第47輯, 서울大學校國史學科.

169) 손영종, 1990, 『고구려사』 1, 과학백과사전종합출판사(1997년 백산자료원에서 재출판), 175~178쪽.

대의 보루 중 유일하게 기와와 와당이 출토되었다. 고구려에서는 기와의 사용이 궁궐이나 관공서, 사찰 등에 제한되었다는 기록과 관련해 볼 때 홍련봉 1보루가 아차산 일원의 보루를 통괄하는 기능을 하였을 가능성이 크다. 또한 홍련봉 2보루가 군수물자의 생산 및 보급창고의 역할을 수행하였을 가능성이 있는 것으로 보이는 점과 연결시켜 볼 때 홍련봉 1보루가 일반적인 방어용 보루와는 다른 기능을 하였을 가능성을 충분히 상정해 볼 수 있겠다.

4~6세기 한강유역의 상황과 고구려의 남진경영

남한지역 고구려유적 분포도(ⓒ최종택)

1. 4~6세기 고구려와 백제의 대외관계

이 절에서는 『三國史記』의 본기 내용을 중심으로 한 4~6세기대 고구려와 백제의 대외관계를 검토함으로써, 고구려의 한강유역 진출과정과 백제의 대응에 대한 개략적인 내용을 파악하고자 한다. 이 시기의 고고학자료 특히 고구려와 관련된 고고자료에 대한 조사와 연구는 최근 상당한 성과를 거두었으나 고고자료만으로는 당시의 역사적 상황을 세밀하게 재구성하기는 역부족이다. 따라서 현재로서는 많은 부분을 문헌사료에 의존할 수밖에 없는데, 이에 대해서는 이미 여러 연구가 이루어져 왔다.[170)

『三國史記』高句麗本紀와 百濟本紀에 기록되어 있는 양국간의 대외관계 특히 4~6세기의 전쟁관련 기사를 요약하면 다음의 <표 12>와 같다.

<표 12>에 보이는 바와 같이 4세기에서 6세기 동안에 고구려와 백제의 교전은 37회에 걸쳐서 벌어졌다. 고구려와 백제간에 벌어진 최초의 교전기사는 369년 故國原王 39년에 있었는데, 그 이전의 전쟁기사를 보면 高句麗는 주로 漢郡縣이나 鞨鞨, 沃沮, 夫餘 등 북방세력과의 교전을 벌였으며, 백제는 주로 鞨鞨이나 樂浪과 교전을 벌인 것으로 나타나고 있다.[171)

---

170) 이와 관련하여서는 여러 선학들의 연구가 있으며, 이 글에서는 아래의 연구성과들을 참고하였다.
孔錫龜, 1991, 「高句麗의 領域擴張에 대한 研究 -四世紀를 中心으로-」 『韓國上古史學報』 第6號, 121~296쪽.
盧泰敦, 1976, 「高句麗의 漢水流域 喪失의 原因에 대하여」 『韓國史研究』 13, 29~58쪽.
朴性鳳, 1984, 「高句麗의 漢江流域進出과 意義」 『鄕土서울』 第42號, 27~62쪽.
徐榮一, 1991, 「5~6世紀의 高句麗 東南境 考察」 『史學志』 第24輯, 1~46쪽.
申瀅植, 1983, 「三國時代 戰爭의 政治的 意味 -『三國史記』戰爭記錄의 綜合的 檢討-」 『韓國史研究』 43, 1~22쪽.
171) 申瀅植, 1983, 「三國時代 戰爭의 政治的 意味 -『三國史記』戰爭記錄의 綜

표 12 _『三國史記』高句麗-百濟 戰爭關聯記事 要約表(4~6세기)[172]

번호	연대(A.D.)	왕		접전지	승리국	병력규모	전과	비고
		고구려	백제					
1	369	故國原王 39	近肖古王 24	雉壤(白川)	百濟	麗 兵2萬	5천여 포로	11월 大閱漢於水南
2	371	故國原王 41	近肖古王 26	浿河(禮成江)	百濟			고구려가 침입
3	371			平壤城	百濟	濟 精兵 3萬	평양성 함락	고국원왕 전사
4	375	小獸林王 5	近肖古王 30	水谷城(新溪)	高句麗		수곡성 함락	
5	376	小獸林王 6	近仇首王 2	百濟北鄙	?			
6	377	小獸林王 7	近仇首王 3	平壤城	?	濟 將兵 3萬		
7	377	小獸林王 7	近仇首王 3		?			고구려가 침입
8	386	故國壤王 3	辰斯王 2		?			濟 봄에 관방설치: 靑木嶺(開城)- 八坤城-西海, 8월 고구려 침입
9	389	故國壤王 6	辰斯王 5	高句麗 南鄙	百濟		부락약탈 후 歸	
10	390	故國壤王 7	辰斯王 6	都坤城	百濟		2백명 포로	百濟 達率眞嘉謨
11	392	廣開土王 1	辰斯王 8	石峴城	高句麗	麗 兵4萬	석현성 등 10성 함락	
12	392			關彌城	高句麗		관미성 함락	
13	393	廣開土王 2	阿莘王 2	關彌城	高句麗	濟 軍士 1萬		백제의 공격 실패

合的檢討-」『韓國史研究』43, 4쪽.

172) <표 12>에 나열된 자료는 『三國史記』本紀의 내용을 주로 참고한 것으로, 같은 해에 2회 이상의 전쟁기사가 있는 경우는 각각 다른 줄에 표기하였다. <표 12> 중에 나오는 지명은 다음의 글에서 취하였다. 朴性鳳, 1980, 「高句麗對外關係資料의 整理 -三國史記 本紀를 中心으로한 原文對比-」 『慶熙史學』6·7合輯.

번호	연대 (A.D.)	왕 고구려	왕 백제	접전지	승리국	병력규모	전과	비고
14	394	廣開土王 3	阿莘王 3	水谷城	高句麗	麗 精騎 5千		백제의 공격 실패 고구려 築國南七城
15	395	廣開土王 4	阿莘王 4	浿水	高句麗		8천여 포로	
16	395			青木嶺 (開城)	-	濟 兵7千		폭설로 회군
17	396	廣開土王 5	阿莘王 5		高句麗		58城 700村	廣開土王陵碑
18	398	廣開土王 7	阿莘王 7	漢山北柵	-			백제의 정벌 실패
19	399	廣開土王 8	阿莘王 8					백제, 고구려정벌 계획 실패
20	469	長壽王 57	蓋鹵王 15	高句麗 南鄙	?			백제, 雙峴城을 수 즙, 青木嶺부근에 大 柵설치하여 漢山城군 사를 보냄
21	475	長壽王 63	蓋鹵王 21	漢城	高句麗	麗 兵3萬	남녀 8천 포로	개로왕 阿且城 아래에서 죽음
22	494	文咨明王 3	東城王 16	犬牙城 (聞慶西)	-	濟 兵3千		신라를 구원
23	495	文咨明王 4	東城王 17	雉壤城 (鳥嶺以 南)	百濟			신라가 구원
24	502	文咨明王 11	武寧王 3	高句麗 邊境	?			백제가 침입
25	503	文咨明王 12	武寧王 2	水谷城 (新溪)	?	濟 兵5千		백제본기에는 없음
26	506	文咨明王 15	武寧王 6		-			고구려의 침입계획, 폭설로 실패 백제 高木城, 말갈의 침입을 받음
27	507	文咨明王 16	武寧王 7	橫岳	百濟			고구려, 말갈과 연합하여 漢城공격
28	512	文咨明王 21	武寧王 12	加弗城, 圓山城	高句麗		남녀 1천 포로	
29	512			葦川	百濟	濟 騎 3千		고구려 공격을 격퇴

번호	연대(A.D.)	왕 고구려	왕 백제	접전지	승리국	병력규모	전과	비고
30	523	安臧王 5	聖王 1	浿水	百濟	濟 步騎 1萬		고구려 공격을 격퇴
31	529	安臧王 11	聖王 7	五谷原 (瑞興)	高句麗	濟 步騎 3萬	2천여 명 죽임	
32	540	安原王 10	聖王 18	牛山城	高句麗	麗 精騎 5千		
33	548	陽原王 4	聖王 26	獨山城 (忠州)	百濟	麗 濊兵 6千		신라의 지원
34	550	陽原王 6	聖王 28	道薩城 (天安)	百濟	濟 兵1萬		
35	550			金峴城 (全義)	高句麗			
36	554	陽原王 10	聖王 32	熊川城	百濟			성왕, 신라전에서 전사
37	598	嬰陽王 9	威德王 45		?			고구려가 백제국경을 침범

　　4세기대 양국의 교전기사를 보면 390년 故國壤王代까지의 10회에 걸친 전투에서 小獸林王 5년(375)의 예를 제외하고 모두 백제의 승리로 끝나고 있으며, 특히 백제 近肖古王 26년(371)의 평양성전투에서는 고구려의 故國原王이 전사할 정도로 4세기 후반까지는 백제가 전투에서 우위를 차지하고 있다. 양국의 전투에서 백제가 우위를 차지한 이 시기는 4세기 초 고구려가 帶方과 樂浪을 축출하고 지금의 평안도 일대를 장악하고 황해도지방을 놓고 백제와 경쟁하던 시기로 서북방에서의 前燕과의 교전으로 인하여 백제와의 교전에서 열세를 보였던 것으로 생각되고 있다.[173] 이 시기의 접전지역은 雉壤(白川)에서 水谷城(新溪)을 잇는 浿河(禮成江)선으로 백제도 靑木嶺(開城 부근)을 중심으로

---

173) 朴性鳳, 1987,「高句麗發展의 方向性 문제 -南進發展論의 民族史的 再吟味-」『東國大學校開校八十周年紀念論叢』.

관방을 설치하여 대치하고 있다. 이유야 어떠하든 이러한 전투에서 보이는 고구려의 열세는 이 시기까지 대체로 예성강 이남의 황해도 일대는 백제의 수중에 들어 있었음을 추정할 수 있다.

그 후 광개토왕이 즉위한 392년부터 475년 백제의 漢城이 함락되는 475년까지의 전투에서는 거의 모든 교전에서 고구려가 승리를 거두고 있는 것으로 나타나고 있다. 이때의 양국 접경지역은 예성강 이남에서 한강 이북지방으로 추정되는데, 전투가 벌어진 곳은 예성강변의 新溪(水谷城)와 開城(青木嶺), 임진강 하구의 關彌城[174] 등이며, 대부분의 전투에서 고구려가 승리하고 있다. 이러한 사실로 보아 4세기 말 5세기 중엽경에는 황해도와 한강이북이 고구려의 지배하에 놓여 있었음을 알 수 있다. 특히, 475년 長壽王 63년에는 한강 이남의 漢城이 함락되어 남녀 8천여 명이 포로가 되고, 蓋鹵王이 阿且城 밑에서 죽임을 당하게 된다. 이로써 거의 1세기를 끌어오던 고구려의 한강유역 진출은 일단락되고, 백제는 공주(熊津)로 도읍을 옮기게 된다. 이때의 고구려와 백제의 접경이 어떠한지 자세한 기록은 없으나, 5세기 중엽 中原지방에 고구려비가 건립된 점[175]으로 보아 한강이남으로 훨씬 내려왔을 것으로 추정할 수 있다.

475년부터 6세기 말까지 양국의 교전 기사를 보면 예성강유역의 水谷城(新溪)을 백제가 공격한 일이 있으나(文咨明王 12년) 실패로 돌아갔으며, 忠州(獨山城), 天安(道薩城), 全義(金峴城) 일대에서 접전이 벌어지고 있어서 이 당시의 고구려와 백제의 접경은 여전히 한강이남 충청도 일원임을 알 수 있다. 그 후 신라와 백제의 동맹으로 백제는 한

---

174) 關彌城의 위치에 대해서는 ①江華沿岸所在說, ②臨津江河口所在說, ③禮成江沿岸所在說 등으로 요약할 수 있으나, 이 글에서는 임진강하구소재설을 따르고자 하며, 烏頭山城發掘報告書에 의하면 임진강하구에 있는 오두산성을 관미성에 비정하고 있다(황용훈·신복순·김희찬 1992).

175) 邊太燮, 1979, 「中原高句麗碑의 內容과 年代에 대한 檢討」 『中原高句麗碑 學術會議』 발표요지, 63~85쪽.

강유역을 일시 되찾게 되지만, 553년 신라가 한강유역에 新州를 설치함으로써 이후 한강유역은 신라의 지배하에 들어가게 된다.

이상으로 『三國史記』 本紀에 나오는 내용을 중심으로 한강유역을 둘러싼 고구려와 백제의 각축 양상을 살펴보았다. 이를 간단히 요약하면 4세기에 들어와 고구려는 帶方과 樂浪을 몰아내고 남진을 시작하지만 4세기 중엽경 백제와 교전을 시작한 후 4세기 말까지는 백제가 전쟁에서 우위를 점하고 있었으며, 이때의 양국 접경은 浿河(禮成江)을 중심으로 하는 황해도 일원에 걸쳐 있었다. 4세기 말 고구려 광개토왕의 강력한 남진정책으로 고구려는 예성강이남, 한강이북 지역으로 진출하게 되고 475년에는 백제의 한성을 함락시키고 한강이남 지역마저도 고구려 수중에 들어가게 된다. 5세기 후반에서 6세기 초까지는 충청 일원에서 양국 간에 몇 차례의 교전이 있으나 고구려의 우세 하에 있었으며, 551년 신라와 연합한 백제의 공격으로 고구려는 한강유역을 상실하고 553년 이후는 신라의 지배하에 들어가게 된다.

2. 백제의 한성 실함과 웅진천도

웅진기 한강유역의 상황을 살펴보기 위해서는 먼저 475년 한성 실함과 관련된 자료를 검토해 볼 필요가 있다. 왜냐하면 한성을 공함하려한 고구려의 의도가 무엇이었으며, 그 과정이 어떠했는지, 공함 후의 조치는 어떠했는지에 대한 인식이 이후 한강유역의 상황을 이해하는데 중요하게 작용하기 때문이다.

장수왕 63년(475)의 한성 공함 배경에 대해서는 당시의 국제정세 및 장수왕의 대외정책과 관련하여 해석되는 것이 일반적이다. 장수왕은 즉위와 더불어 北守南進 정책을 수립하였으며, 광개토왕대의 백제 응징과 같이 속민적 복속으로 만족하는 것이 아니라 가능한 범위까지 백제 · 신라를 밀어내고 반도 내 깊숙이 자리 잡아 실질적인 영토를 확

장 영유하려는 확고한 정책 하에 남진을 추진하였다.[176] 내부적으로
는 요서지방으로의 진출을 꾀하던 고구려의 입장에서 이에 대한 걸림
돌이 될 수도 있는 나제동맹의 한 쪽 고리였던 백제에게 치명적인 군사
타격을 가함으로써 남부전선의 안정화를 꾀하고자 함에서 비롯된 공세
적 방어 전략에 입각한 것이었다.[177] 한편 고구려의 한성침공 배경을
당시의 국제관계에서 구하여 고구려가 北魏의 사신 程駿을 구속하여
양국관계가 긴장되었고, 고구려에 대한 勿吉의 공세가 강화됨에 따라
남쪽에서 위협이 되는 백제문제를 빨리 해소하겠다는 장수왕의 의도가
있었다고 보기도 한다.[178]

　　배경이 어찌되었든『三國史記』百濟本紀 蓋鹵王 21年條는 장수왕의
한성공함은 이미 사전에 치밀한 계획을 세워 준비된 것임을 잘 보여주
는 것으로 이를 통해 475년의 한성 강습 이전에 간첩 도림을 보내 백제
의 내정을 정탐하고 교란시키는 전술을 구사하였음을 알 수 있다.[179]
백세는 도림의 밀에 따른 개로왕의 무리한 토목공사로 진쟁을 지구기
위한 인적·물적 자원이 고갈된 상태였으며,[180] 따라서 장수왕의 강
습에 제대로 대항하지도 못하고 한성을 내어줄 수밖에 없었던 것이다.
이처럼 장수왕의 한성강습과 공함은 사전에 치밀하게 준비된 것이며,
이는 고구려의 입장에서 그만큼 중요하게 여겼음을 반증하는 것이다.

---

176)　李昊榮, 1984,「高句麗·新羅의 漢江流域 進出 問題」『史學志』第18輯,
　　　　檀國史學會, 2쪽.
177)　박경철, 2003,「高句麗 '漢城强襲'의 再認識」『民族文化硏究』38輯, 高麗
　　　　大學校民族文化硏究所, 12쪽.
178)　노태돈, 2005,「고구려의 한성 지역 병탄과 그 지배 양태」『향토서울』第
　　　　66號, 서울特別市史編纂委員會, 178~179쪽.
179)　於是 盡發國人 烝土築城 卽於其內作宮樓閣臺 無不壯麗 又取大石於郁里河
　　　　作槨以葬父骨 緣河樹堰 自蛇城之東 至崇山之北 是以倉庾虛竭 人民窮困 邦
　　　　之 甚於累卵(『三國史記』百濟本紀 蓋鹵王 21年條).
180)　朴賢淑, 2001,「熊津遷都와 熊津城」『百濟文化』, 公州大學校百濟文化硏
　　　　究所, 119쪽.

『삼국사기』에는 475년 당시 장수왕의 한성 공함과 백제의 웅진천도 과정을 비교적 상세히 기록하고 있다.[181] 요약하면 그 해 9월[182] 장수왕이[183] 3만의 군사를 거느리고 와서 한성을 에워싸고 먼저 북성을 공격하여 7일 만에 함락하고, 이어 남성을 공격하니 개로왕이 성 밖으로 도망치다 잡혀서 아차성 아래에서 죽임을 당했다. 개로왕의 아우 문주는 신라에서 1만의 구원병을 얻어 돌아왔으나 이미 개로왕은 죽고 왕도는 폐허가 되어 즉위한 후 웅진으로 천도하였다는 것이다. 이상의 사료로만 보면 고구려는 한성 공함이후 바로 돌아갔으며, 문주왕은 한성에서 즉위한 후 천도한 것처럼 보인다.

과거의 통설은 이후 551년까지 한강유역은 고구려가 영유하고 있었던 것으로 이해하는 것이었으나, 최근의 견해들은 앞의 사료들을 근거

---

181) 秋九月 麗王巨璉 帥兵三萬 來圍王都漢城 王閉城門 不能出戰 麗人分兵爲四道夾攻 又乘風縱火 焚燒城門 人心危懼 或有欲出降者 王窘不知所圖 領數十騎 出門西走 麗人追而害之 … 於是 道琳逃還以告之 長壽王喜 將伐之 乃授兵於帥臣 近蓋婁聞之 謂子文周曰 予愚而不明 信用姦人之言 以至於此 民殘而兵弱 雖有危事 誰肯爲我力戰 吾當死於社稷 汝在此俱死 無益也 避難以續國系焉 文周乃與木劦滿致 · 祖彌桀取 南行焉 至是高句麗對盧齊于 · 再曾桀婁 · 古萬年等帥兵 來攻北城 七日而拔之 移攻南城 城中危恐 王出逃 麗將桀婁等見王 下馬拜已 向王面三唾之 乃數其罪 縛送於阿且城下之(『三國史記』 百濟本紀 蓋鹵王 21年條).
九月 王帥兵三萬 侵百濟 陷王所都漢城 殺其王扶餘慶 虜男女八千而歸(『三國史記』 高句麗本紀 長壽王 63年條).
秋七月 高句麗王巨連 親率兵攻百濟 百濟王慶遣子文周求援 王出兵救之 未至百濟已陷 慶亦被害(『三國史記』 新羅本紀 慈悲麻立干 17年條).
蓋鹵在位二十一年 高句麗來侵圍漢城 蓋鹵城自固 使文周求救於新羅 得兵一萬廻 麗兵雖退 城破王死 遂卽位 … 冬十月 移都於熊津(『三國史記』 百濟本紀 文周王 卽位年條).

182) 『삼국사기』 신라본기에는 7월로 되어 있는데, 이에 대해 7월은 장수왕이 출병한 시점이고, 9월은 한성이 함락된 시점이라고 보는 견해도 있다(金榮官 2000: 66).

183) 475년 고구려의 한성 공함을 장수왕의 친정이 아닌 것으로 보는 견해도 있으나 여러 가지 정황으로 보아 장수왕의 친정으로 보는 것이 일반적이다(朴燦圭 1991: 49).

로 웅진기 백제의 한성 영유를 대체로 인정하는 것으로 보인다.[184] 또한 동성왕·무령왕대의 漢山, 漢山城 또는 漢城 관련기사를 통해 볼 때 고구려가 이 지역을 완전히 장악하지 못했다는 증거이며, 고구려 군은 한성 공함 후 백제의 항복을 받은 뒤 한강 이북으로 철수하였고, 이 지역을 완전 장악하여 통치한 것은 아니라 단순히 교두보를 마련한 것으로 보기도 한다.[185] 또, 『삼국사기』 백제본기 개로왕 21년조 기사를 통해 볼 때 북성만 함락되었고, 남성은 함락당하지 않았으며, 불안정한 상황에도 불구하고 문주왕의 즉위가 한성에서 이루어진 것도 한성이 여전히 백제의 수중에 있었기 때문이라고 보기도 한다.[186]

고구려의 한성공함에도 불구하고 한강유역이 백제의 영유 하에 있었다고 보는 데에는 고구려의 철수와 문주왕의 즉위가 한성에서 이루어졌다는 사실에 기초하고 있다. 그런데, 앞에서 살펴본 바와 같이 고구려는 한성공함을 위해 치밀한 준비를 하였다는 점을 고려할 때 고구려 군의 철수는 쉽게 납득하기 어렵다. 또한 당시 고구려의 남신이 광개토왕대와는 달리 실질적인 영토를 영유하기 위한 것이었다는 분석을 감안하면 더더욱 납득하기 어렵다. 따라서 『삼국사기』 고구려본기 장수왕 63년조와 백제본기 문주왕 즉위년조의 기사를 고구려 군 전체의 철수가 아니라 장수왕 자신만의 귀환으로 해석하는 것이 합리적일 것으로 보인다.[187]

---

184) 金榮官, 2000, 「百濟의 熊津遷都 背景과 漢城經營」 『忠北史學』 第11·12合輯, 忠北大學校史學會, 81쪽.
      朴燦圭, 1991, 「百濟 熊津初期 北境問題」 『史學志』 第24輯, 檀國史學會, 51쪽.
185) 朴賢淑, 2001, 「熊津遷都와 熊津城」 『百濟文化』, 公州大學校百濟文化研究所, 120~121쪽.
186) 김병남, 2004, 「백제 웅진천도 초기의 한강 유역 상황」 『韓國思想과 文化』 第26輯, 韓國思想文化學會, 115~116쪽.
187) 李道學, 1984, 「漢城末 熊津時代 百濟王系의 檢討」 『韓國史研究』 第45輯, 韓國史研究會, 24쪽.

삽도 157 _ 몽촌토성내 온돌건물지(좌)와 적심건물지(우) 전경(ⓒ서울대학교박물관)

이에 대해서는 몽촌토성에서 발굴된 고구려유적이 주목된다. 475년 당시 남성으로 추정되는 몽촌토성 내 고구려유적은 475년 이후 고구려 군의 주둔사실을 확인시켜주는 물증이라고 할 수 있는데, 적심건물지, 판축대지, 온돌건물지 등의 지상건물지가 확인되었다(삽도 157). 특히 積心建物址의 경우는 자갈로 띠기초를 하였으며, 정면 3칸, 측면 2칸의 규모를 갖춘 건물지로서 일반적인 군사가 주둔하였던 건물로 보기는 어렵다. 판축기단을 가진 판축대지상의 건물 역시 일반적인 주거용 건물이 아닐 것으로 추정되고 있다.[188)

또한 몽촌토성에서는 15개 기종 343개체 분에 달하는 많은 양의 고구려 토기류가 확인되었는데, 출토된 고구려 토기의 기종 구성에 있어서도 한강 북안의 다른 보루유적과는 차이가 있다. 즉, 아차산의 다른 보루와는 달리 몽촌토성에서 완형의 四耳長頸甕類와 圓筒形三足器類가 출토된다는 점이다(삽도 158). 토기에 대한 분석에 의하면 이들 두

---

188) 崔鍾澤, 2002, 「夢村土城 內 高句麗遺蹟 再考」『韓國史學報』第12輯, 高麗史學會, 29쪽.

삽도 158 _ 몽촌토성 출토 원통형삼족기
(ⓒ서울대학교박물관)

기종은 여러 가지 특징에서 일상 생활용기보다는 부장품이나 의례용기와 같은 특수한 기능을 한 것이며, 따라서 몽촌토성 출토품도 의례와 관련된 것으로 해석할 수 있다.[189]

이상과 같은 시설물이나 출토된 유물의 수량과 성격에 대한 분석에 따르면 이를 한성공함 당시의 잠깐 주둔한 흔적으로 볼 수는 없으며, 한성 공함 후 장수왕은 귀환했지만 일부 고구려 군은 상당기간 동안 몽촌토성에 주둔하였던 것으로 이해된다.[190] 또한 시설물의 종류와 규모, 출토유물의 성격으로 보아 상당한 신분의 지휘관도 함께 주둔하였을 가능성이 크다.

그런데, 여기서 문주왕이 즉위한 곳이 한성이라는 점이 문제가 된다. 즉, 고구려 군이 몽촌토성에 주둔하고 있는 상황이라면 문주가 한성에서 즉위할 수 있었겠는가 하는 것이다. 『삼국사기』 백제본기 문주왕 즉위년조의 기사를 보면 문주가 웅진으로 천도하기 전에 즉위한 것은 분명한 사실이며, 문맥상

---

189) 崔種澤, 1999, 『高句麗土器 硏究』, 서울大學校 大學院 博士學位論文, 32쪽.

190) 고구려는 한성 공함 이후 풍납토성으로 비정되는 북성을 폐하고, 몽촌토성으로 추정되는 남성과 이성산성에 병력을 주둔시키면서 이 지역의 안정적인 확보를 꾀하여 한강유역은 물론 남양만일대까지 그 세력권을 확대했다고 보는 견해도 있다(박경철 2003: 26). 이성산성에서 고구려 토기가 출토되었다는 보고가 있으나 이는 통일기 신라 토기를 고구려 토기로 잘못 판단한 것이므로 이성산성에 고구려가 주둔하였다는 것은 인정하기 어렵다. 또, 장수왕이 귀환할 때 일부 무력을 아차성 일대에 그대로 주둔시켰다는 견해가 있으나(조희승 2002: 169), 아차성으로 비정되는 현재의 아차산성 내부에서는 아직 고구려 관련 시설이 확인된 바 없고, 아차산성 주변의 고구려 보루에서 확인되는 유물은 6세기 전반경의 것들이므로 475년 당시 또는 직후에 아차산성이나 아차산 보루에 고구려 군이 주둔했다는 고고학적 증거는 아직 확인되지 않은 셈이다.

으로도 구원병을 이끌고 돌아온 한성에서 즉위가 이루어진 것으로 보이기 때문이다. 그러나 문주의 웅진천도가 한성 실함과 왕의 피살이라는 국가적 위기 상황에서 이루어진 비계획적이고 수세적인 천도임을[191] 상기할 때 이 상황은 다르게 이해할 수 있다. 즉, 문주의 즉위가 漢城에서 이루어지긴 하였으나 즉위가 이루어진 구체적인 장소는 이미 폐허가 된 왕도가 아니라 구원병을 이끌고 돌아온 군영과 같은 임시적인 장소였을 가능성이 크고, 그러하다면 고구려 군의 주둔과 문주의 즉위 사실은 서로 배치되는 것이 아니라고 할 수 있다.

한성에 남아있던 고구려 군과 문주가 이끌고 온 신라의 구원병 사이에 전투가 벌어지지 않은 사실에도 의문이 남는다. 이에 대해서는 고구려가 평양천도 후의 내적 분규를 극복하고, 전제왕권 구축을 위한 돌파구로써 한성공략을 단행하였으며, 이를 통해 지배세력 간의 갈등을 외부로 돌리는데 소기의 성과를 달성했다고 보는 견해나[192] 신라의 입장에서는 출병이 늦었다는 이유로 고구려와 정면대결을 피했을 가능성이 있다는 견해[193]를 참고할 수 있다. 또, 당시 신라의 성장이라는 면을 고려할 때 고구려 입장에서도 한성공함이라는 소기의 목적을 달성한 바에야 신라와 정면대결을 할 이유가 없었을 것이다.[194] 백제의 입장에서도 이미 선왕이 살해당하고, 왕도가 폐허가 되어 국가의 존립이 불분명한 상황에서 고구려와의 결전을 강행하기보다는 웅진으로 천도하

---

191) 朴賢淑, 2001, 「熊津遷都와 熊津城」『百濟文化』, 公州大學校百濟文化硏究所, 117쪽.

192) 李道學, 1985, 「漢城末 熊津時代 百濟王位繼承과 王權의 性格」『韓國史硏究』第50·51合輯, 韓國史硏究會, 10쪽.

193) 李昊榮, 1984, 「高句麗·新羅의 漢江流域 進出 問題」『史學志』第18輯, 檀國史學會, 4쪽.

194) 朴燦圭, 1991, 「百濟 熊津初期 北境問題」『史學志』第24輯, 檀國史學會, 54쪽.
김병남, 2004, 「백제 웅진천도 초기의 한강 유역 상황」『韓國思想과 文化』第26輯, 韓國思想文化學會, 117~118쪽.

여 후일을 도모하는 것이 바람직하다고 판단하였을 수 있다.[195] 이러한 삼국의 관계와 입장이 더 이상의 전투 없이 상황의 정리를 가능하게 하였던 것이다.

3. 동성왕대 한강유역의 상황

천도 직후 궁실을 중수하는 등 왕권 강화를 위해 노력하던 문주왕은 병관좌평 해구에게 살해당하였으며, 삼근왕대에는 어린 왕을 대신하여 전권을 행사하던 해구가 연신과 함께 반란을 일으키는 등 웅진천도 직후는 정치적으로 매우 혼란한 시기였다. 이러한 정치적 불안을 극복하고 왕권을 강화하여 웅진기의 새 장을 열 수 있는 토대를 마련한 것이 동성왕이다.[196] 동성왕 초기는 한성 함락 후 서해 해상권이 고구려에 의해 장악됨에 따라 오는 국제적 고립을 벗어나기 위해 중국과의 교섭을 강화하는데 주력하였다. 동성왕 6년(484)에는 남제에 사신을 보내 내속을 청하였으며, 남제가 이를 받아들임으로써 백제는 고구려의 압력을 저지할 수 있는 대외적 기반을 마련하였다. 이어 동성왕은 신진세력을 적극 등용하여 왕 자신의 세력기반을 확대하였으며, 가야세력의 이탈을 제어하고, 신라와는 군사적 협력을 강화하는 등[197] 대내외적으로 국력을 회복하였다.

---

195) 『日本書紀』에는 당시 백제 잔병을 쫓아 제거할 것을 주장하는 고구려 장수들의 청을 장수왕이 거절하는 내용이 있으며, 여기에 '兵糧旣盡 優泣玆深(『日本書紀』14, 雄略 20年條)'이라 하여 백제 잔병의 비참한 상황을 적고 있어 참고가 된다.

196) 노중국, 1995, 「熊津都邑期의 政治史 -東城王代를 중심으로-」『百濟文化』第24輯, 公州大學校百濟文化研究所, 123쪽.

197) 노중국, 1995, 「熊津都邑期의 政治史 -東城王代를 중심으로-」『百濟文化』第24輯, 公州大學校百濟文化研究所, 124~127쪽.

동성왕대에는 한산 또는 한산성 관련 기사들이 다시 등장하는데, 동
성왕 4년(482) 9월에 백제의 영토인 한산성을 고구려의 부용세력인
말갈이 습격하여 300여 호를 사로잡아 돌아갔으며,[198] 이듬해 봄에는
왕이 한산성에 사냥을 나가 군사와 백성을 위문하였고,[199] 동성왕 21
년(499) 여름에는 가뭄이 들어 한산사람 2천 명이 고구려로 도망갔다[200]
는 등이 그것이다.

이에 대해서는 종래에는 신빙성이 없다거나 지명이동의 결과로 해석
하는 것이 일반적이었으나,[201] 최근 이들 사료를 사실로 인정하고 적
극적으로 해석하려는 견해들이 제기되고 있다. 즉, 『삼국사기』 백제본
기 동성왕 4년조의 기사 내용으로 보아 늦어도 동성왕 4년 9월 이전에
백제가 한강유역의 한산성을 되찾은 것으로 보거나,[202] 이들 사료를
장수왕 침공 후인 동성왕 시기에도 백제가 한강유역에 영토를 유지하
였음을 보여주는 증거로 보는 것이다.[203] 또, 이들 사료를 근거로 한
성 공함이후 무령왕대까지 한성은 백제의 영토였으며, 고구려는 장수
왕 63년(475) 백제 도성인 한성을 공함하고 돌아간 이후 54년만인 안
장왕 11년(529)에 다시 한강유역으로 진출하였다고 보기도 한다.[204]

---

198) 秋九月 靺鞨襲破漢山城 虜三百餘戶以歸(『三國史記』百濟本紀 東城王 4年條).
199) 春 王以獵出 至漢山城 撫問軍民 浹旬乃還(『三國史記』百濟本紀 東城王 5年條).
200) 夏大旱 民饑相食 盜賊多起 臣寮請發倉賑救 王不聽 漢山人亡入高句麗者
二千(『三國史記』百濟本紀 東城王 21年條)
201) 李基白, 1982,「熊津時代 百濟의 貴族勢力」『百濟研究』特輯號, 忠南大學
校百濟研究所, 38~39쪽.
202) 朴燦圭, 1991,「百濟 熊津初期 北境問題」『史學志』第24輯, 檀國史學會,
61쪽.
203) 김병남, 2004,「백제 웅진천도 초기의 한강 유역 상황」『韓國思想과 文化』
第26輯, 韓國思想文化學會, 222쪽.
또한 김병남은 동성왕 8년(486)에 쌓은 牛頭城을 춘천, 동성왕 12년(490)
에 북부 사람들을 동원하여 쌓은 沙峴城을 춘천과 홍천사이로 보고, 동성왕
17년 고구려가 공격해 온 雉壤城을 원주로 보아 동성왕대의 백제 영역이 한
강유역 너머까지 확장된 것으로 보고 있다(김병남 2004: 225~227).
204) 金榮官, 2000,「百濟의 熊津遷都 背景과 漢城經營」『忠北史學』第11·12

이러한 견해들은 동성왕대에 등장하는 한산 또는 한산성을 고구려가 공함한 한성으로 보는 것이며, 이에 따르면『삼국사기』백제본기 동성왕 4년조의 기사내용으로만 보면 늦어도 482년 9월 이전에는 백제의 영유 하에 있었던 것으로 이해된다. 그러나 이는 고구려 군이 여전히 몽촌토성에 남아있던 사실로 보아 납득하기 어렵다. 물론 몽촌토성에 주둔하였던 고구려 군이 482년 이전에 물러갔다면 문제가 되지 않을 수도 있지만 몽촌토성에서 확인된 고구려 유적의 내용으로 보아 7년 이내의 주둔 흔적으로 보기는 어렵다.[205] 또한 진천의 대모산성이나 청원의 남성골산성, 대전 월평동유적 등의 고구려 유적의 연대가 몽촌토성과 비슷한 시기라는 점[206]을 감안한다면 더욱더 그럴 가능성은 없다.

이에 대해서는 동성왕대에는 주로 '한산', 무령왕대에는 '한성'이라는 지명이 사용되는 점에 주목하여 동성왕대의 '한산'을 과거 위례성으로 불리던 현재의 직산지방을 가리키는 것이라고 보는 견해[207]가 합리적이라 생각된다. 또한 양기석도 기존의 견해를 수정하여 동성왕대에 등장하는 한산 · 한산성을 무령왕대에 등장하는 한성과는 다른 지역으로 인식하고 있어 주목된다. 즉, 동성왕대의 한산(성)이 말갈이 침공해오는 루트 상에 있었으며, 동성왕이 사냥하는 전렵지로서 일정한 군사가 주둔하고 있었던 지역이었고, 가뭄으로 굶주린 한산사람 2천호가 고구

合輯, 忠北大學校史學會, 81쪽.

205) 서기 475년에 고구려 군이 일시적으로 한성을 점령하였다고 하더라도 경기도 광주, 성남, 서울 강남방면에서 공격해 오는 백제군을 방어하기에는 어려웠기 때문에 곧바로 한강 건너편으로 철수하여 보루를 축조하고 장기간 백제와 대치하였던 것으로 파악하기도 하지만(이인철 2000; 김병남 2006: 10), 아차산 일원 고구려 보루는 6세기 전반으로 편년되며, 따라서 475년의 한성공함 이후 최소 25년이 지난 후에 아차산 일원의 보루들이 축조되었음을 상기할 필요가 있다.

206) 崔鍾澤, 2006,「南韓地域 高句麗 土器의 編年研究」『先史와 古代』第24輯, 韓國古代學會, 288쪽.

207) 김현숙, 2005,『고구려의 영역지배방식 연구』, 도서출판 모시는사람들, 228~229쪽.

려로 집단 유망해 간 것으로 보아 한산은 당시 고구려와의 접경지역에서 찾아야하며 구체적으로는 차령산맥 이남으로 추정하고 있다.[208]

어쨌든 고고자료로 보는 한 동성왕대에 등장하는 한산 또는 한산성은 한강유역일 수 없으며, 관련기사들이 錯簡된 것[209]이 아니라면 지명이 이동된 것으로 볼 수밖에 없다고 생각된다.

4. 무령왕대 한강유역의 상황

동성왕 23년(501)의 정변으로 왕위에 오른 무령왕은 자신의 지지기반인 한성에서 남하한 귀족세력과 왕족들의 요구에 부응하고자 고구려에 대한 공세를 강화하였으며,[210] 이전보다 고구려와의 관계를 보여주는 기록이 훨씬 많이 등장한다.

즉, 무령왕은 즉위와 더불어 고구려의 수곡성을 공격하였으며(501년),[211] 이듬해에는 고구려의 변경을 공격하였다.[212] 503년에는 고구려의 부용세력인 말갈이 마수책을 불태우고 고목성을 공격하자 이를 물리쳤으나,[213] 3년 뒤에는 말갈이 고목성을 공파하고 600여 명을 죽

---

208) 양기석, 2005, 「5~6세기 百濟의 北界 -475~551년 百濟의 漢江流域 領有問題를 중심으로-」『博物館紀要』, 檀國大學校石宙善紀念博物館, 29~33쪽.

209) 노태돈, 2005, 「고구려의 한성 지역 병탄과 그 지배 양태」『향토서울』第66號, 서울特別市史編纂委員會, 185쪽.

210) 鄭載潤, 2004, 「熊津時代 百濟史研究의 成果와 課題 -對外關係를 中心으로-」『百濟文化』第33輯, 公州大學校百濟文化研究所, 30쪽.

211) 冬十月 遣達率優永 帥兵五千 襲高句麗水谷城(『三國史記』百濟本紀 武寧王 卽位年條). 같은 내용의 기사가 『삼국사기』 고구려본기에는 문자명왕 12년(503)조에 실려 있어 차이를 보인다(冬十一月 百濟遣達率優永 率兵五千 來侵水谷城).

212) 冬十一月 遣兵侵高句麗邊境(『三國史記』百濟本紀 武寧王 2年條).

213) 秋九月 靺鞨燒馬首柵 進攻高木城 王遣兵五千 擊退之(『三國史記』百濟本紀 武寧王 3年條).

이거나 사로잡아갔다.[214) 그러자 이듬해인 507년 5월에는 고목성의 남쪽에 두 개의 목책을 세우고, 장령성을 축조하여 말갈의 침입에 대비하였으며,[215) 같은 해 10월 고구려가 말갈과 함께 한성을 공격하기 위해 횡악 아래에 진군하여 주둔하자 군사를 보내 이를 물리쳤다.[216) 512년에는 고구려가 가불성과 원산성을 차례로 습격하여 공파하자 군사를 보내 위천의 북쪽에서 싸워 크게 격파하였다.[217)

이상의 기사를 통해 보면 무령왕 즉위 초반 두 차례 백제의 공격이 있었으며, 이후 506년 말갈에게 한 차례 패한 것을 제외하고는 계속된 고구려 측의 공격에 대해 백제가 승리한 것으로 나타난다. 그러한 결과 521년에는 양나라에 조공하면서 "여러 차례 고구려를 파하고 다시 강한 나라가 되었다[218)"고 하여 대고구려 우위를 과시할 수 있었으며, 523년에는 왕이 직접 한성에 행차하여 쌍현성을 쌓고 돌아올 수 있게 되었다.[219)

위 사료들은 무령왕대에 들어와서 대고구려전에서 우위를 여실히 보여주는 것처럼 보이는데, 이는 위 사료에 등장하는 지명에 대한 분석을 통해서도 뒷받침되고 있다. 이에 대한 최근의 분석에 의하면 수곡성은 『삼국사기』 지리지의 수곡성군으로 현재의 황해도 신계지역, 고목성과 장령성은 경기도 연천일대, 마수책은 고구려의 馬忽郡으로 경기도 포

---

214) 秋七月 靺鞨來侵 破高木城 殺虜六百餘人(『三國史記』百濟本紀 武寧王 6年條).

215) 夏五月 立二柵於高木城南 又築長嶺城 以備靺鞨(『三國史記』百濟本紀 武寧 王 7年條).

216) 冬十月 高句麗將高老 與靺鞨謀欲攻漢城 進屯於橫岳下 王出師 戰退之(『三 國史記』百濟本紀 武寧王 7年條).

217) 秋九月 高句麗襲取加弗城 移兵破圓山城 殺掠甚衆 王帥勇騎三千 戰於葦川 之北 麗人見王軍少 易之不設陣 王出奇急擊 大破之(『三國史記』百濟本紀 武 寧王 12年條).

218) 冬十一月 遣使入梁朝貢 先是爲高句麗所破 衰弱累年 至是上表 稱"累破高句 麗 始與通好 而更爲强國"(『三國史記』百濟本紀 武寧王 21年條).

219) 春二月 王幸漢城 命佐平因友·達率沙烏等 徵漢北州郡民年十五歲已上 築雙 峴城 三月 至自漢城(『三國史記』百濟本紀 武寧王 23年條).

천일대로 비정되며, 한성과 횡악은 서울지역으로 비정되고, 가불성과
원산성, 위천은 서로 인접한 지역으로 보이지만 정확한 위치는 알 수
없다.[220]

　이러한 위치 비정을 근거로 무령왕대 백제의 강역이 최북단인 황해
도 신계, 연천, 가평, 횡성, 예천을 연결하는 선까지 확대되었으며, 이
과정에서 백제의 舊都 한성도 당연히 확보된 것으로 보고 있다.[221] 최
근에는 507년 고목성일대의 축성을 계기로 한강유역에 대한 영역화에
착수하였으며, 523년에는 무령왕이 한성에 행차하여 한강북안의 요충
인 쌍현성을 축성함으로써 한강유역에 대한 안정적인 지배를 관철하였
다가 529년(성왕 7)에 다시 고구려에게 내어주게 된 것으로 이해하고
있다.[222] 또, 무령왕이 한성을 순행하여 한북주군의 민호를 동원하여
쌍현성을 쌓는 등 한강유역을 적극적으로 경영하고 동시에 황해도 지
방까지 진출하였으며, 한성에 대한 고구려와 말갈의 침입이 있었지만
한강유역의 영토는 계속 유지하고 있었던 것으로 이해하기도 한다.[223]

　그러나 이상의 사료만을 근거로 무령왕대에 한강유역을 완전히 확
보하고 경영했다고 보기는 어렵다. 우선 무령왕대 또는 웅진천도 직후
부터 한강유역을 영유하고 있었다면 왜 사비로 천도하였을까하는 의문
을 제기할 수 있다.[224] 또한 무령왕대의 한성지역 확보가 사실이라면
551년의 한성수복에 버금가는 사실임에도 불구하고『삼국사기』에 기

220)　양기석, 2005, 「5~6세기 百濟의 北界 -475~551년 百濟의 漢江流域 領
　　　有問題를 중심으로-」『博物館紀要』, 檀國大學校石宙善紀念博物館, 42쪽.
221)　梁起錫, 1980, 「熊津時代의 百濟支配層研究 -王權强化政策과 關聯하여-」
　　　『史學志』第14輯, 檀國史學會, 22~23쪽.
222)　양기석, 2005, 「5~6세기 百濟의 北界 -475~551년 百濟의 漢江流域 領有
　　　問題를 중심으로-」『博物館紀要』, 檀國大學校石宙善紀念博物館, 43~45쪽.
223)　金榮官, 2000, 「百濟의 熊津遷都 背景과 漢城經營」『忠北史學』第11 · 12
　　　合輯, 忠北大學校史學會, 86~89쪽.
224)　金壽泰, 2006, 「백제 성왕대의 변경: 한강유역을 중심으로」『百濟研究』第
　　　44輯, 忠南大學校百濟研究所, 131쪽.

록되지 않은 점도 이해하기 어렵다. 더욱이 아차산일원에서 확인된 고구려보루에 대한 연구 성과에 따르면 475년 이후 몽촌토성에 주둔하고 있던 고구려 군은 500년을 전후한 시점에 한강 북안의 아차산으로 후퇴하여 보루를 구축한 것으로 보이는데,[225] 이는 앞의 해석과는 전면적으로 배치되는 것이다. 특히, 홍련봉 2보루의 발굴조사에서는 「庚子」명 토기 2점이 확인되었는데, 이는 안장왕 2년(520)과 무령왕 20년에 각각 해당되며,[226] 이로보아 523년 무령왕의 한성행행기사는 재고할 필요가 있으며, 더불어 무령왕대 백제의 한강유역 영유를 재고해야 한다. 물론 몽촌토성을 포함한 한강 이남만을 백제가 다시 장악하였을 가능성을 생각할 수도 있겠으나, 한강 북안의 아차산 일원은 물론이고 몽촌토성을 포함하는 한강 남안 일대에서 웅진기의 백제 유물이 확인된 바가 없으며, 강을 사이에 두고 양국의 군대가 장기간 대치하였을 가능성도 상정하기 어렵다는 것이 문제가 된다.

이에 대해 『삼국사기』 백제본기 무령왕 7년조의 기사를 근거로 507년 이전에 이미 한강유역을 회복했던 것으로 보이나 무령왕 재위기간 내내 한강유역을 안정적으로 확보하지는 못하고 고구려와 공방을 계속했던 것으로 보는 견해[227]가 주목된다. 즉, 무령왕대 초기의 대고구려 공세로 인해 몽촌토성의 고구려 군이 한강 북안의 아차산으로 이동하자[228] 한강 이남지역에서 백제의 활동에 제약이 적어졌으며, 한강유

---

225) 최종택, 2004, 「아차산 고구려 보루의 역사적 성격」『향토서울』64, 서울시사편찬위원회, 87~128쪽.

226) 崔鍾澤, 2006, 「南韓地域 高句麗 土器의 編年硏究」『先史와 古代』第24輯, 韓國古代學會, 285~286쪽.

227) 김현숙, 2005, 『고구려의 영역지배방식 연구』, 도서출판 모시는사람들, 333쪽.

228) 진천의 대모산성이나 청원의 남성골산성, 대전 월평동유적 고구려 토기의 연대가 몽촌토성 고구려 토기와 유사함(최종택 2006)을 근거로 하여 볼 때 한강 이남지역의 고구려 군이 함께 강북으로 철수하였을 가능성이 큰 것으로 생각된다.

역(구체적으로는 한강 남안)을 안정적으로 확보하고 경영하지는 못하였더라도 위 사료들에 보이는 전투가 벌어질 수 있지 않았을까 하는 것이다.[229] 이와 관련하여 당시 양국 간에 고정된 전선이 있었던 것도 아니고 전술적으로 기동력을 갖춘 기병으로서 단기전이나마 적토를 유린할 수 있기 때문에 양국의 전략적 요충지인 한강유역을 쟁탈하기 위한 국지전이 상존하였을 것이라는 주장[230]을 주목할 필요가 있다. 즉, 무령왕 10년의 왕의 한성행행 기사[231]에도 불구하고, 무령왕대 백제의 한강유역 영유는 이루어지지 못했던 것으로 보이나 한성의 외연을 따른 군사작전을 통하여 과거의 한성의 땅을 회복하기 위한 노력이 계속되었으며, 한강 이남에 있던 고구려 군을 한강 북안의 아차산 일원으로 밀어낸 것과 같은 가시적인 효과를 얻었던 것으로 이해할 수 있다.

5. 성왕대 한강유역의 상황과 한성 수복

성왕은 무령왕대의 성장을 바탕으로 동성왕대부터 추진되었던 사비 천도를 단행하였고, 국호를 남부여로 고치는 등 전제왕권의 확립을 강화하는 한편 신라와의 군사협력을 통해 고구려에 대한 적극적인 공세

---

229) 무령왕대의 전투지역은 501년 신계(수곡성)를 시작으로 연천(고목성), 연천 이동지역(장령성), 횡성(횡악), 가평(가불성), 그리고 512년에는 충남 진산(원산성) 방면으로 전장이 점차 남하하고 있는데, 이러한 사실과 차령 산맥 이북지역부터 한성 이남지역 사이에 전투지역이 없다는 점에 주목하여 한성 이남에서 차령 이북에 이르는 지역이 백제와 고구려 사이의 완충지대 역할을 하였을 가능성을 제기한 견해(金壽泰 2006: 134)를 적극적으로 고려할 필요가 있다.

230) 梁起錫, 1980,「熊津時代의 百濟支配層硏究 -王權强化政策과 關聯하여-」『史學志』第14輯, 檀國史學會, 23쪽.

231) 고고자료에서는 이 시기 고구려가 한강 이남지역을 비워둔 것으로 보이는데 이와 관련하여 무령왕의 한성행행기사를 해석할 수도 있지 않을까 생각된다.

를 펼쳐 551년에는 마침내 한강유역을 회복하였다. 그러나 551년 한성 수복 이전에도 성왕대의 고구려와의 접전상황을 기록한 사료들이 많이 등장하는데 요약하면 다음과 같다.

성왕이 즉위한 해인 523년에는 고구려가 패수[232](예성강)를 공격하자 보병과 기병 1만 명을 보내 물리쳤으며,[233] 529년에는 고구려 안장왕이 북쪽 변경의 혈성(강화도)을 점령하자 군사를 보내 오곡(황해도 서흥)에서 싸우게 하였으나 패하였다.[234] 540년에는 고구려의 우산성[235]을 공격하였으나 패배하였다.[236] 548년에는 고구려 양원왕이 예와 함께 독산성[237](충남 예산)을 공격하였으나 신라의 도움으로 물리쳤다.[238] 또한 550년 1월에는 고구려의 도살성(증평의 이성산성)[239]을 쳐서 빼앗았으나, 두 달 뒤인 3월에는 고구려가 금현성(충남 연기군 전동면 금성산성)[240]을 포위하였다는 것이다.[241]

---

232) 이하의 지명에 대해서는 양기석의 견해를 따른다(양기석 2005: 45-46).

233) 秋八月 高句麗兵至浿水 王命左將志忠 帥步騎一萬 出戰退之(『三國史記』百濟本紀 聖王 卽位年條).

234) 冬十月 高句麗王興安 躬帥兵馬來侵 拔北鄙穴城 命佐平燕謨 領步騎三萬 拒戰於五谷之原 不克 死者二千餘人(『三國史記』百濟本紀 聖王 7年條).

235) 우산성의 위치에 대해서는 황해도 금천군 우봉면으로 비정하는 견해가 있으나(김병남 2006), 최근 양기석은 충남 예산으로 비정되는 독산성의 전투기사와 지리적으로 불일치한다고 보아 황해도 금천설에 대해 회의적인 입장을 보이고 있다(양기석 2005: 45-46). 남한강 서남쪽(이강래 1994: 214)으로 보거나 구체적으로 충북 중원군이나 보은 일대(이인철 2000: 303)로 보는 견해도 있다.

236) 秋九月 王命將軍燕會 攻高句麗牛山城 不克(『三國史記』百濟本紀 聖王 18年條).

237) 김병남은 경기도 포천으로 비정하였다(김병남 2006).

238) 春正月 高句麗王平成 與濊謀 攻漢北獨山城 王遣使請救於新羅 羅王命將軍朱珍 領甲卒三千發之 朱珍日夜兼程 至獨山城下 與麗兵一戰 大破之(『三國史記』百濟本紀 聖王 26年條).

239) 이호영은 천안으로 비정하였다(李昊榮 1984: 10).

240) 이호영은 진천으로 비정하였다(李昊榮 1984: 10).

241) 春正月 王遣將軍達已 領兵一萬 攻取高句麗道薩城 三月 高句麗兵圍金峴城

웅진기 백제의 한강유역 영유설의 입장에서는 『삼국사기』 백제본기
성왕 즉위년조와 7년조의 기사에 주목하여 고구려가 예성강일대로 공
격해오자 이를 물리쳤으며, 비록 오곡의 전투에서 패하기는 하였으나
고구려가 점령한 혈성이 당시 백제의 북쪽 변경이었다고 하는 점을 들
어 당시 백제가 한강 이북을 점유하고 있었고, 이후에는 우산성과 독산
성을 놓고 고구려와 일진일퇴를 거듭하였는데, 당시 백제는 고구려와
예성강 이남과 한강 이북 사이에서 유동적인 경계선을 유지하였던 것
으로 해석하고 있다.[242]

  그러나 당시 고구려와 백제의 경계가 예성강 이남에서 한강 이북 사
이였다고 한다면 한성을 수복하기 1년 전인 550년(성왕 28)에도 고구
려가 증평의 도살성을 공파하고 연기의 금현성을 포위한 사실을 설명
할 수 없다는 문제가 있다. 물론 무령왕대 이후 유지하였던 한강유역을
529년의 오곡전투를 통해서 고구려에게 다시 내주었기 때문[243]으로
설명할 수도 있겠다. 그러나 한강유역을 고구려가 영유하고 있던 상황
인 540년(성왕 18)에 임진강을 넘어 황해도까지 백제군이 진격할 수

  (『三國史記』百濟本紀 聖王 28年條).『삼국사기』신라본기 진흥왕 9년조와
  고구려본기 양원왕 6년조에는 이러한 상황을 틈타 신라가 두 성을 빼앗은
  것으로 되어있다.
242) 김병남, 2006,「백제 성왕대 북방영역 관련 지명의 분석」『韓國上古史學
  報』第52號, 韓國上古史學會, 21~22쪽.
243) 김현숙은 백제가 507년 이전에 확보하였던 한강유역을 529년에 다시 고
  구려에게 내어준 것으로 보고 있으며(김현숙 2005: 333-340), 양기석도
  같은 견해를 제시하고 있다(양기석 2005: 46-47). 한편 김영관은 475년
  의 한성 실함에도 불구하고 계속 유지해오던 한강유역을 529년에 고구려
  에 내어 준 것으로 보고 있다(金榮官 2000: 79-81). 한편 이들 견해에서
  529년에 고구려가 한강유역을 되찾았다는 주장의 배경에는 오곡전투 외에
  도 경기도 고양지역에 전해오는 한씨 미녀가 봉화를 피워 안장왕을 맞이하
  였다는 설화(『삼국사기』권37 지리4 한산주조의 주석)가 있으나, 이를 전
  투와 관련된 것으로 해석하는 것은 재고(김병남 2006: 14)할 필요가 있으
  며, 이와 관련하여 6세기 전반 한강하류의 유력가가 왕실과 통혼하여 중
  앙세력으로 진출한 것을 반영하는 것으로 보는 견해(盧泰敦 1999: 462-
  466)가 주목된다.

있었겠는가 하는 의문을 해결하기 어렵기는 마찬가지이다. 또한 성왕이 551년 한강유역을 회복하기 위해서 오랫동안 많은 준비를 하였고, 고구려의 내부사정도 매우 복잡하였음에도[244] 불구하고 신라와 연합작전을 통해서야 이를 실현할 수 있었다는 점을 상기하면 당시 백제가 한강유역을 영유하고 있었다고 보기는 어렵다.

한편 한강 북안의 홍련봉 2보루에서 출토된 庚子(520년)명 고구려 토기와 아차산 일원 고구려 보루의 하한이 6세기 중반으로 추정되는 점[245]으로 본다면 이상의 기사들을 백제의 한강유역 영유의 사실로 받아들이기는 곤란하며, 따라서 고구려가 한강 북안에 주둔하고 있는 상황에서 한성을 둘러싼 외연에서 공방전이 계속되었다고 이해하여야 할 것이다.[246]

이러한 상황은 551년의 한성 수복기사와 관련해 보아도 분명하다. 백제의 한성 수복 관련 기사는 『삼국사기』 백제본기에는 보이지 않고,[247] 고구려본기[248]와 신라본기[249]에도 간단하게 언급되어 있는데 비해 『일본서기』에는 비교적 자세한 과정이 기록되어 있다.[250]

---

244) 김현숙, 2005, 『고구려의 영역지배방식 연구』, 도서출판 모시는사람들, 340~342쪽.

245) 崔鍾澤, 2006, 「南韓地域 高句麗 土器의 編年研究」『先史와 古代』第24輯, 韓國古代學會, 285~286쪽.

246) 물론 이 경우도 고구려가 한강 북안에 주둔하고 있는 상황에서 백제가 예성강 일대까지 공격할 수 있겠는가 하는 문제가 제기될 수 있겠으나, 당시 고구려 내부의 복잡한 상황(김현숙, 2005, 앞의 책, 340~341쪽)이나 해로를 이용한 공격을 포함한 다양한 공격로의 존재 가능성을 고려할 수 있을 것 같다.

247) 이에 대해서는 당사국인 백제측 소전인 백제본기에 기록이 없는 점을 두고 웅진시대 한수유역 상실을 의도적으로 은폐한데에 따르는 것으로 보기도 한다(李道學 1984: 24-25).

248) 新羅來攻取十城(『三國史記』高句麗本紀 陽原王 7年條).

249) 王命居柒夫等 侵高句麗 乘勝取十郡(『三國史記』新羅本紀 真興王 12年條).

250) 是歲 百濟聖明王 親率衆及二國兵[二國謂新羅 · 任那也] 往伐高麗 獲漢城之地 又進軍討平壤 凡六郡之地 遂復故地(『日本書紀』欽明天皇 12年 是歲條).

이 기사에 따르면 백제 성왕은 먼저 한성을 획득한 다음 다시 진군하여 평양을 토벌함으로써 여섯 개 군의 옛 땅을 회복하였다는 것이다.[251] 이를 통해 고구려가 영유하고 있었던 한강유역이 한성과 평양으로 나뉘어 있었던 것을 알 수 있는데, 한성은 한강 이남으로 비정되고 평양은 남평양으로 한강북안에 비정된다.[252] 남평양은 고구려의 왕도에 버금가는 지역으로 개발되었다고 추정되는데, 아차산의 보루들은 남평양의 외곽을 방어하던 시설[253]로 이해된다.[254] 이러한 점으로 보건대 그 내용이 어떠하였던 간에 551년 백제가 한강유역을 회복할 당시 고구려가 일대를 영유하고 있었으며, 성왕대의 고구려와의 접전 기록은 이를 둘러싼 외곽에서의 공방을 기록한 것으로 이해할 수 있다.

6. 고고자료를 통해 본 고구려의 남진경영

앞에서 웅진기 한강유역의 상황에 대하여 검토하여 보았는데 요약하

---

251) 『일본서기』의 백제사료 인용은 위덕왕 3년(556)을 상한으로 하고, 『삼국사기』 백제본기의 저본사서는 무왕(600~641년) 전기 이후에 편찬된 것으로 보는 견해(李道學 1984: 25-26)에 따르면 『일본서기』의 내용이 당시 한성 회복상황을 더 정확히 반영하였을 가능성이 크다.

252) 여호규는 한성을 475년 한성 공함 당시의 남성인 몽촌토성으로 보았는데 (余昊奎 2002: 7-8), 필자의 분석과 같이 500년 전후한 시기에 몽촌토성의 고구려 군이 아차산 일원으로 후퇴한 점을 염두에 두면 『일본서기』 흠명천황 12년 시세조에 나오는 '漢城之地'는 몽촌토성 그 자체를 지칭한다기보다는 한강 이남지역 일대를 통괄하여 지칭하는 것으로 이해하여야 할 것으로 생각된다.

253) 崔章烈, 2001, 「漢江 北岸 高句麗堡壘의 築造時期와 그 性格」 『韓國史論』 第47輯, 서울大學校國史學科, 35~47쪽.

254) 이러한 견해에 따르면 남평양은 중랑천변의 평지로 추정되고, 이 일대가 이미 개발되어 이를 확인할 방법은 없어 보이지만 풍납토성의 경우와 같이 주택의 재개발 등으로 인해 관련된 유적이 발견될 가능성도 배제할 수는 없다.

면 다음과 같다. 475년 장수왕의 한성공함 이후 왕은 돌아갔으나 고구려 군은 몽촌토성에 주둔하고 있었다. 이후 동성왕대를 거쳐 무령왕대에 이르러 한강유역에 대한 백제의 공세가 강화되자 500년을 전후한 시점에 몽촌토성을 비롯한 한강 이남의 고구려 군은 한강 이북으로 철수하여 아차산 일원에 주둔하였다. 그렇지만 몽촌토성을 포함하는 한강 이남지역을 백제가 안정적으로 확보하고 경영하였던 것은 아닌 것으로 보이는데, 이는 한강 이남지역에서 웅진기 백제와 관련된 유적이나 유물이 확인되지 않는 점에서도 뒷받침된다. 무령왕대에는 이러한 상황전개에 따라 한강유역 외곽은 물론 멀리 황해도 지역에서까지 전투를 하는 등 대 고구려 공세를 강화할 수 있었고, 성왕대에도 이러한 상황의 기조가 유지되었다. 그러나 성왕대의 전선은 다시 충청도 일원까지 남하하였으며, 551년 백제가 한성을 회복할 당시 먼저 한성지역을 얻고 나서 평양지역을 획득하였다는 점으로 보아 551년 직전 무렵에는 한강이남 지역도 고구려의 관할 하에 있었던 것으로 이해된다.

문헌사료와 상충되는 면이 없지는 않지만 고고자료를 통해서 보는 한 475년 이후 한강유역은 고구려의 지배하에 있었다. 그러나 한성공함 이후의 한강유역에 대한 고구려가 행한 조치에 대해서는 기록이 전혀 없어서 그 내용을 알기 어렵다. 종래에는 이 시기 고구려의 한강유역 영유를 인정하는 입장에 있더라도 한강유역에 대한 고구려의 영역지배를 부정적으로 생각해 왔었다.[255] 그 까닭은 한강유역에서 확인되는 고구려 유적이 대부분 소규모의 보루이며, 일반적으로 고구려 영역에서 확인되는 대규모 거점성의 존재가 확인되지 않았기 때문이다. 또한 475년 한성공함 직후 고구려 군이 모두 철수한 것으로 인식하기도 하였고, 당시의 정황으로 보아 한성이 폐허가 되고, 대부분의 기반시설이 모두 상실된 마당에 고구려가 당장 이를 중심으로 지방 관부를 설

---

255) 필자도 같은 이유로 한강유역에 대한 고구려의 영역지배를 부정하는 입장을 취해왔으나 이를 수정하고자 한다.

치하고 주둔군을 배치하는 등 영토로 삼을 수가 없었을 것이라는 주장
도 있다.[256)

그러나 몽촌토성에서 고구려유적의 존재가 확인되면서 이러한 생각
은 재고를 요하게 되었다. 475년 한성공함 이후 장수왕과 고구려 군은
돌아갔으나 일부는 몽촌토성에 주둔하고 있었으며, 진천의 대모산성과
청원 남성골산성,[257) 연기 나성,[258) 대전 월평동유적[259) 등이 몽촌토
성과 비슷한 5세기 후반의 고구려유적으로 편년되는 점[260)은 고구려
가 몽촌토성을 거점으로 하여 금강유역으로 남진을 계속하였음을 확인
시켜 주는 것이다. 또한 몽촌토성에서 확인된 적심건물지를 비롯한 특
수한 구조의 지상건물지와 의례용 토기의 존재를 통해 몽촌토성에 주
둔한 지휘관이 상당한 신분의 소유자였음을 추론할 수 있으며,[261) 이
를 통해 몽촌토성이 거점성의 기능을 담당하였음을 상정할 수 있다. 진

---

256) 김병남, 2004, 「백제 웅진천도 초기의 한강 유역 상황」『韓國思想과 文化』
　　　第26輯, 韓國思想文化學會, 117쪽.
257) 차용걸 · 박중균 · 한선경 · 박은연, 2004, 『淸原 南城谷 高句麗遺蹟』, 忠
　　　北大學校博物館.
　　　차용걸 · 박중균 · 한선경, 2008, 『淸原 南城谷 高句麗遺蹟』, 中原文化財
　　　研究員.
258) 충남 연기군 남면 나성리 일원의 금강 북안에 위치하며, 2013년 중앙문화
　　　재연구원에 의해 시굴조사가 실시되었는데, 5세기 후엽경의 고구려 토기가
　　　다수 출토되었다.
259) 국립공주박물관, 1999, 『大田 月坪洞遺蹟』, 국립공주박물관 학술조사총
　　　서 제8책.
　　　李漢祥, 2000, 「大田 月坪山城 출토 高句麗土器」『韓國古代史와 考古學』,
　　　鶴山 金廷鶴博士頌壽紀念論叢, 605~622쪽.
　　　李浩炯 · 姜秉權, 2003, 『大田 月坪洞山城』, (財)忠淸文化財研究院
260) 崔鍾澤, 2004, 「남한지역출토 고구려 토기 연구의 몇 가지 문제」『白山學
　　　報』第69輯, 白山學會, 43~69쪽.
　　　崔鍾澤 2006, 「南韓地域 高句麗 土器의 編年研究」『先史와 古代』第24輯,
　　　韓國古代學會, 283~299쪽.
261) 崔鍾澤, 2002, 「夢村土城 內 高句麗遺蹟 再考」『韓國史學報』第12輯, 高
　　　麗史學會, 9~40쪽.

천의 대모산성은 발굴조사가 이루어지지 않아 자세한 내용을 알 수 없지만 청원의 남성골산성 역시 조사된 규모나 내용으로 보아 거점성으로서의 기능을 하기에 충분하다. 따라서 이러한 거점성들을 중심으로 고구려는 한강 이남지역의 영역화를 시도하였을 것으로 추정된다.

그런데, 이와 관련하여 한성을 실함한 이듬해인 문주왕 2년(476)에 대두산성을 수리하고 한강 이북의 주민을 이주시킨 사실[262]을 들어 한강유역이 공백상태였다고 볼 수도 있다. 그러나 이를 웅진으로 천도할 당시 함께 온 한수 이북의 민호들을 대두산성에 집단으로 안치한 것으로 보면 자연스러우며, 오히려 이 기사야말로 한성공함 후 고구려가 한강유역을 영유하였음을 보여주는 기사로 이해할 수도 있다.[263] 또한 『삼국사기』에는 한성공함 이후 6세기 초반까지 백제에 대한 고구려의 공격이 보이지 않는 반면에 신라에 대해서는 지속적인 공세를 취하는 것으로 나타나는데, 이는 한강유역에 대한 고구려의 지배가 어느 정도 관철된 데에 기인한 것으로 보인다.[264]

그렇다면 고구려가 점령한 이후의 백제의 한성은 어떻게 되었을까? 주지하듯 백제 한성시기의 도성과 관련하여서는 하북위례성, 하남위례성, 한산, 한성 등이 거론되고 있으며, 시간의 흐름에 따라 명칭에 변화가 있었던 것으로 이해되고 있다. 즉, 근초고왕 26년(371)의 '移都 漢山'이 있기 전까지의 백제 도성은 위례성으로 불렸고, 한산으로의 이

---

262) 修葺大豆山城 移漢北民戶(『三國史記』百濟本紀 文周王 2年條)

263) 김현숙, 2005, 『고구려의 영역지배방식 연구』, 도서출판 모시는사람들, 226쪽.
　　이에 대해서는 고구려가 한성을 함락한 우세를 몰아 아산만 이남에서는 백제의 기득권을 인정해주는 대신 그 이북 지역에서는 고구려의 진출을 허용하는 조건의 협약이 있었을 가능성이 있으며, 고구려의 허용이나 묵인 하에 주민의 이주가 이루어진 것으로 보는 견해도 있다(朴燦圭 1991: 55-56).

264) 이와 관련하여 한성실함 후 웅진으로 천도한 백제는 국가 존망의 기로에 서 있었으며, 사태를 수습하기 위해 더 이상의 전투를 하지 않는 대신 고구려에 신속하고 영토를 할양하였을 가능성이 있다고 보기도 한다(李道學 2005).

도와 더불어 한성이라는 명칭이 사용되었으나, 한성공함이 있은 475
년 이전까지 백제인들은 여전히 위례성을 도성 전체를 대표하는 범칭
으로 사용하였고, 한성은 주로 군사방어성과 관련된 명칭으로 사용하
였다. 475년 이후 고구려가 위례성(개로왕 21년조의 북성:풍납토성)
을 폐기하고 군사방어적 성격이 강한 한성(개로왕 21년조의 남성:몽촌
토성)만 활용함에 따라 한성이 백제 고도를 대표하는 명칭으로 부상하
였다는 것이다.[265] 475년 이후 몽촌토성에 고구려 군이 주둔하고 있
었던 점으로 보아 타당한 견해로 보이며, 이에 따르면 점령이후 고구려
는 한강유역(구체적으로는 한강 남안)을 한성으로 불렀던 것으로 생각
된다.

한편 아차산 일원 고구려 보루는 중랑천변 일대의 남평양을 방어하
기 위한 시설이며, 495년 문자명왕의 南巡과 관련하여 설치된 것으로
보는 견해[266]가 제시된 바 있다. 또 남평양은 4세기 중엽에 황해도 신
원군의 장수산성 아래에 있었으며, 475년 이후 한강유역으로 옮겨졌
다고 보기도 한다.[267] 이러한 견해에 따르면 475년 백제의 한성을 공
함한 몽촌토성에 주둔한 고구려는 이를 여전히 한성이라고 불렀으며,
495년 이후에는 한강 북안의 중랑천변에 남평양을 건설하고 주변의 아
차산에 보루를 축조한 것이 된다. 이는 475년 이후 고구려 군은 몽촌
토성에 주둔하였다가 500년을 전후한 시점에 한강 북안의 아차산 일
원 보루로 철수하였다는 필자의 견해와도 일치한다. 다르게 표현하면

---

265) 余昊奎, 2002, 「漢城時期 百濟의 都城制와 防禦體系」『百濟研究』第36輯,
      忠南大學校百濟研究所, 21쪽.
      개로왕 21년조의 북성을 풍납토성, 남성을 몽촌토성으로 비정하는 견해는
      이미 이전에도 개진된 바 있으며(李道學 1992: 36-38), 몽촌토성과 풍납
      토성에 대한 최근의 고고학 발굴성과에 비추어도 타당한 것으로 사료된다.
266) 崔章烈, 2001, 「漢江 北岸 高句麗堡壘의 築造時期와 그 性格」『韓國史論』
      第47輯, 서울大學校國史學科.
267) 손영종, 1990, 『고구려사』 1, 과학백과사전종합출판사(1997년 백산자료
      원에서 재출판), 175~178쪽.

500년을 전후한 시점을 기준으로 한강유역의 지배 중심지가 한성에서 남평양으로 이동된 것으로 볼 수도 있겠다. 그런데 이는 551년 당시 상황을 기록한 『일본서기』의 내용과 상충되는 문제가 있다. 즉 당시 백제는 한성을 먼저 획득하고 평양을 획득하였는데, 551년 이전 이미 한성지역은 비워둔 상태가 되어 『일본서기』의 내용과 맞지 않아 보인다. 하지만 무령왕대 백제의 공세에 밀려 한강 이북의 아차산 일원으로 철수한 고구려가 529년 이후 다시 한강 이남에 대한 지배권을 획득하게 되었다고 본다면 무리 없이 이해될 수 있다.

고구려의 한강 이남지역에 대한 영역화와 관련하여 최근 발굴사례가 증가하는 남한지역의 고분자료가 중요하다. 남한지역에서 고구려계 고분이 조사되기 시작한 것은 1980년대 초반의 일이나 이를 고구려 고

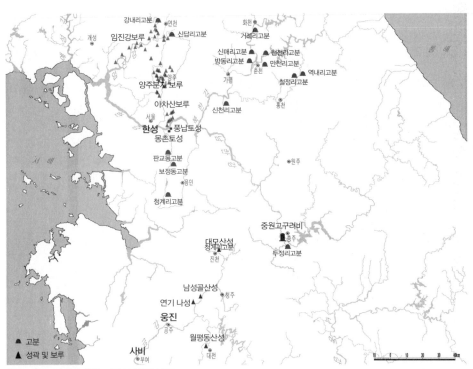

삽도 159 _ 남한지역 고구려 유적 분포도

분으로 특정할만한 유물이 출토되지 않아 연구는 답보상태를 거듭하였다. 그러나 최근 2000년대 중반 이후 용인 보정동고분을 비롯한 여러 고분에서 고구려 토기가 출토되면서 남한지역 고구려 고분의 존재가 분명해지게 되었다.[268] 남한지역 고구려 고분은 임진·한탄강, 북한강 상류, 남한강 상류 등 큰 강가에 위치하거나 성남, 용인, 화성일대의 내륙에 분포하고 있는데, 지금까지 조사된 고분의 수는 40여 기에 달한다(삽도 159).

  남한지역의 고구려 고분은 대부분 우편재연도의 횡혈식 석실분이며, 묘실 길이 2.2m를 기준으로 소형과 중형으로 구분되고, 장축비 1.6m을 기준으로 장방형과 세장방형으로 나뉜다(삽도 160). 고구려 횡혈식석실분의 형식변천과 출토유물을 통해 볼 때 세장방형 고분은 5

삽도 160 _ 용인 보정리 1호분과 화성 청계리 2호석실 전경
(ⓒ좌:한양대학교문화재연구소, 우: 한백문화재연구원)

---

268) 崔鍾澤, 2011, 「南韓地域 高句麗古墳의 構造特徵과 歷史的 意味」 『한국고고학보』 81집, 한국고고학회, 139~176쪽.

세기 중엽으로 편년되며, 장방형 고분은 5세기 후엽으로 편년된다. 고구려의 남한지역 진출은 평양 천도 이후 본격화되었지만 이미 4세기 후반 고구려는 중원지방 진출을 위해 북한강 상류의 춘천과 홍천과 횡성, 원주를 거쳐 남한강수계를 통과하여 충주로 이르는 교통로를 확보하였으며, 400년 광개토왕의 신라의 구원 이후에는 북한강유역을 영역화한 것으로 보인다.[269] 이러한 견해에 따르면 강내리고분군과 방동리 2호분 및 두정리고분군과 같은 세장방형 고분은 고구려의 중원진출 및 영역화와 관련된 것으로 추정된다. 나머지 5세기 후엽경의 장방형 고분들은 475년 한성공함 이후 점령지에 대한 영역화를 시도하는 과정에서 축조된 것으로 생각된다.

또한 남한지역 고구려 고분은 비교적 넓은 지역에 걸쳐 분포하고 있으나 구조적인 특징에 있어서 강한 정형성을 보이고 있다. 내부에서 출토되는 유물로 보아 5세기 중엽에서 후엽에 이르는 비교적 짧은 시기에 고구려인들에 의해 축조된 고분임이 분명하다(삽도 161). 고분의 피장자에 대한 자료는 별로 남아있는 것이 없지만 연천 강내리 2호분

삽도 161 _ 남한지역 고구려 고분 출토 토기류 각종(좌 · 중: 보정리고분, 우: 청계리고분, ⓒ최종택)

---

269) 금경숙, 2001,「高句麗 領域으로서의 北漢江 流域 −靺鞨문제와 관련하여−」『韓國史學報』第11號, 高麗史學會, 41∼63쪽.

과 8호분에서는 금제구슬과 은제팔찌, 유리구슬 등이 출토되었으며, 충주 두정리 4호분에서는 은제 지환이 출토되었다. 이러한 장신구류가 출토된 고분은 비교적 규모가 큰 고분에 해당하며, 남한지역 고구려 고분의 피장자는 상위 신분의 소유자였던 것으로 보인다.

최근 발굴조사가 확대됨에 따라 관방유적과 고분 외에도 홍천 철정리와 역내리,[270] 춘천 우두동,[271] 원주 건등리,[272] 용인 마북동,[273] 진천 송두리,[274] 충주 탑평리[275] 곳곳에서 고구려 취락유적이나 고구려 토기가 출토되는 유적이 조사되고 있어 주목된다. 이 유적들은 모두 신라에 의해 다시 사용되었기 때문에 고구려 시기의 유구나 문화층이 명확히 확인되지는 않지만 특징적인 고구려 토기가 출토된다. 이러한 취락유적에서 출토된 고구려 토기는 기형이나 문양에 있어서 유사한 특징을 가지고 있으며, 5세기 후엽 경으로 편년된다(삽도 162).

그런데 이들 취락유적의 분포를 보면 춘천 우두동유적은 만천리고분과 인접해 있으며, 홍천 철정리유적과 역내리유적은 철정리고분 및 역내리고분과 바로 인접해 있다. 또, 충주 탑평리유적은 두정동고분군

270) 江原文化財研究所, 2005, 『下花溪里·哲亭里·驛內里 遺蹟(I)-國道 44 號線(구성포-어론간) 道路 擴·鋪裝工事區間內 遺蹟發掘調査報告書』, 江原文化財研究所 學術叢書 33冊.

271) 강원문화재연구소, 2006, 『춘천 우두동 직업훈련원 진입도로 확장구간내 유적 발굴조사 중간 지도원위화의 자료』.
江原文化財研究所, 2011, 『春川 牛頭洞遺蹟I -직업훈련원 진입도로 확포장공사구간내 유적 발굴조사보고서』, 江原文化財研究所 學術叢書 112冊.

272) 예맥문화재연구원, 2008, 『原州 建登里遺蹟 -원주 건등리 아파트신축부지 발굴조사보고서』, 學術調査報告書 第7冊.

273) 京畿文化財研究院, 2009, 『龍仁 麻北洞 聚落遺蹟 -삼막곡~연수원간 도로개설구간내 문화유적 시·발굴조사 보고서』, 學術調査報告 第109冊.
李印學·李秀珍, 2009, 『龍仁 麻北洞 遺蹟』, 韓國考古環境研究所.

274) 韓國文化財保護財團, 2005, 『鎭川-鎭川 I·C間 道路 擴·鋪裝工事區間內 松斗里遺蹟 發掘調査 報告書』, 學術調査報告書 第163冊.

275) 국립중원문화재연구소, 2010, 『충주 탑평리유적 제3차년도 시굴조사 제2차 자문회의 자료』.

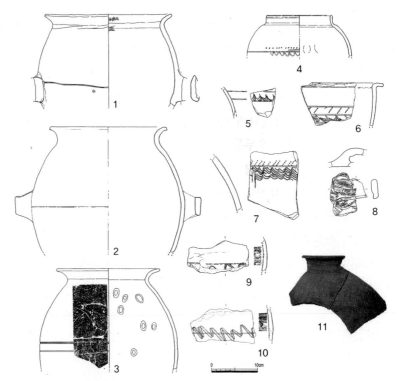

삽도 162 _ 남한지역 취락유적 출토 고구려토기 각종(1:역내리유적, 2,9,10:건등리유적, 3:송두리유적, 4~7:마북동유적, 8:철정리유적, 11:탑평리유적)

및 중원고구려비와 인접해 있으며, 용인 마북동유적은 보정리고분군과 인접해 있다. 한편 신답리고분군과 강내리고분군 주변에는 파주 주월리유적 외에도 많은 수의 관방유적이 분포하고 있다. 이러한 분포상의 특징을 근거로 할 때 고분의 피장자는 인접한 취락유적이나 관방유적에 거주하던 고구려인으로 추정할 수 있겠다. 따라서 남한지역의 고구려 고분의 피장자는 단기간의 전투 중에 전사한 지휘관 등이 아니라 일정기간 체류하던 집단의 상위 계층으로 보는 것이 합리적이다. 이러한 추론과 관방유적의 분포를 연계해볼 때 475년 한성을 공함한 고구려는 장수왕은 귀환하였으나, 이후 점령지에 대한 영역화를 진행하였던 것으로 이해된다.

그러면 한성공함 이후 고구려가 영역화를 시도한 고구려의 남방한계
는 어디까지이며, 경영방식은 어떠한 것이었을까? 충북 진천의 대모산
성이나 청원의 남성골산성, 연기 나성, 대전의 월평동유적의 고고자료
로 보아 5세기 대 고구려의 최대 영역은 백제 지역에 있어서는 금강하
류의 대전지역에까지 이르렀던 것으로 확인되고 있으며, 시기적으로
범위의 축소 확대가 있었던 것으로 판단된다.

고구려의 점령지역, 특히 한강 이남지역에 대한 고구려의 지배방식
에 대해서는 논란이 많지만 고고자료만으로 보는 한 광개토대왕대와는
달리 실질적인 지배를 시도하였던 것으로 보인다. 구체적인 경영방식
에 대해서는 몇가지 가능성이 제기되고 있다. 고구려가 이 지역을 중원
고구려비에 보이는 '下部'로 통괄했을 가능성이 크고, 하부의 하위조직
으로서의 군현제는 아니더라도 군현명과 같이 대소로 세분된 행정구획
을 성에 귀속시켰을 것으로 보기도 한다.[276] 또한 551년 백제가 한강
유역을 탈환할 당시 한강유역이 郡으로 편제되었던 것으로 이해하기도
한다.[277]

고구려가 한강유역에 대한 영역지배를 관철하였다면 이를 위해 파견
된 지방관의 신분은 어떠하였을까? 일반적으로 고구려에서는 大兄관
등을 지닌 守事를 파견하여 郡 단위의 행정을 담당하게 하였는데, 중
원고구려비에서도 수사가 보이는 점으로 미루어 한강유역도 郡과 같은
행정단위로 편제되었다고 볼 수 있으며,[278] 수사와 같은 지방관의 존
재를 상정해 볼 수도 있다. 이에 대한 직접적인 자료는 없으나 아차산
4보루에서 출토된 「後卩都○兄」명 접시가 일단의 실마리가 될 수도 있

---

276) 李昊榮, 1984, 「高句麗·新羅의 漢江流域 進出 問題」『史學志』第18輯,
     檀國史學會, 5~8쪽.

277) 노태돈, 2005, 「고구려의 한성 지역 병탄과 그 지배 양태」『향토서울』第
     66號, 서울特別市史編纂委員會, 185~186쪽.

278) 노태돈, 2005, 「고구려의 한성 지역 병탄과 그 지배 양태」『향토서울』第
     66號, 서울特別市史編纂委員會, 187쪽.

삽도 163 _ 아차산 4보루 출토 後部銘 토기와 丙戌銘 평양성 석각

다(삽도 163의 좌측). 여기서 '後卩'은 '後部'를 의미하는 것이고, '都
○兄'은 관등명이나 인명으로 보인다. 아차산 4보루 보다 다소 늦은 시
기의 것이지만 병술년(566)의 평양성석각(丙戌十二月中漢城下後卩小
兄文達節自此西北行涉之)에서 이와 같은 용례가 보인다(삽도 163의
우측). 두 유물의 시차가 크지 않은 점과 한강유역의 한성이 551년 이
후 황해도 신원지방으로 옮겨진 것[279]을 고려한다면 아차산 4보루의
'후부'도 漢城의 '후부'로 해석할 수 있다. 이로 보아 당시 한강유역이
도성에서 보이는 것과 같이 몇 개의 구역으로 구분되어 있었음을 알 수
있다. 아쉽게도 아차산 4보루의 명문에는 관등명이 표현되어 있지 않
아 신분을 알 수 없으나 다양한 계층의 관리들이 파견되었을 가능성
이 크다.

---

279) 손영종, 1990, 『고구려사』 1, 과학백과사전종합출판사, 177쪽.

아차산 고구려 보루의 보존과 활용

복원된 시루봉보루 전경(2012년. ©최종택)

그동안 아차산 일원에서는 7개소의 보루에 대한 발굴조사가 이루어졌으며, 그 성과 또한 적지 않다. 그러나 그간의 발굴과정을 돌이켜보면 아차산 고구려 유적 전체를 대상으로 하는 종합적인 계획 하에 조사가 진행된 것이 아니라는 문제를 지적할 수 있다. 물론 1997년 처음으로 발굴 조사를 실시할 당시 군용 헬기장 설치와 등산로 개설 등으로 훼손이 심각하여 보존이 시급한 아차산 4보루를 대상지로 선정하였으며, 이후 이루어진 발굴에서도 학술적인 문제의 해결이라는 목표와 더불어 이러한 기준이 유지되어왔다. 그러나 종합적인 보존 · 활용 방안이 수립되지 않은 상황에서 발굴된 유적은 기본적인 응급보존조치만 취해진 채 방치되다시피 하였음을 부정하기 어렵다. 2010년 이후 아차산 4보루와 시루봉보루의 성벽에 대한 복원이 이루어졌으나 발굴되지 않은 유적은 여전히 훼손이 진행 중이다.

또한 아차산 고구려 유적은 행정구역상 서울시 광진구와 중랑구 및 노원구, 경기도 구리시 등 복수의 지방자치단체에 걸쳐 있으며, 심지어 동일한 유적이라도 관리주체는 복수의 지방자치단체가 되는 문제가 있다. 이러한 문제는 유적의 보존과 관리의 측면에서 보면 비효율적일 뿐만 아니라 여기에 소요되는 비용을 두고 이해관계의 충돌을 야기할 수도 있다. 실제로 최근 고구려에 대한 대중적 관심이 증폭되자 유적의 관리를 두고 지방자치단체 간에 경쟁적인 사업추진과 중복투자가 문제가 되기도 하였다. 때문에 정부 차원의 종합적인 조사 · 보존 · 활용 대책의 수립이 절실한 상황이며, 이하 본 장에서는 유적의 훼손을 최소화하면서 유적을 보존하고 활용하기 위한 방안을 검토하기로 한다.[280]

---

280) 필자는 2004년 9월 구리시로부터 '국립고구려박물관 건립 타당성 조사연구'를 의뢰받아 공동으로 연구를 수행하였고, 2005년 6월에는 서울시 광진구의 의뢰로 '아차산 고구려유적 보존 · 활용방안에 대한 기본조사 연구'를 공동으로 수행하였으며, 2010년에는 서울시 광진구의 의뢰를 받아 '아차산고구려역사문화관 전시기본계획연구'를 수행한 바 있다. 또한 2012년에는 문화체육관광부의 의뢰로 '아차산 고구려박물관 건립 기본계획 연구'

1. 보존 및 활용의 기본전제와 목표

아차산 고구려 유적은 대부분 전망이 좋은 등산로 상에 위치하며, 일부 시민을 위한 체육시설이나 군사시설이 설치되어 있어서 지속적이고 심각한 훼손 위험에 직면해 있다. 따라서 유적의 보존과 훼손 방지 대책이 우선적으로 고려되어야 함은 두 말할 여지도 없다. 이상적으로는 체육시설과 군사시설을 철거하고 등산로를 폐쇄하여 시민들의 접근을 막는 것이 최상의 보존대책이라 할 수 있다. 그러나 대부분의 유적이 평일에도 수 백 명의 등산객들이 이용하는 현실을 감안해 볼 때 이는 가능하지도 않으며, 활용을 전제로 하는 현대적인 유적의 보존개념에도 맞지 않는다. 따라서 활용을 전제로 하는 보존대책이 수립되어야하며, 이는 다시 철저한 발굴조사를 전제로 하여야만 한다. 그렇다고 해서 모든 유적을 발굴할 수는 없다. 따라서 각각의 유적이 처해 있는 현황을 파악하고 목표를 수립한 뒤 그에 따른 적절한 조사 · 보존 · 활용 대책을 수립하여야 한다.

이에 필자는 '아차산역사유적공원'이라는 목표 하에 정비 · 보존 대책을 수립할 것을 제안한다. 주지하듯 아차산 고구려 유적은 능선을 따라 일정한 간격을 두고 선형으로 배치되어 있으며, 이는 현재의 등산로와도 대체로 일치한다. 따라서 각각의 보루 전체를 하나의 역사유적으로 통합하는 공원개념으로 보존 · 관리하는 것이 바람직하다. 즉 각각의 보루를 연결하는 등산로는 단순한 등산로가 아니라 고구려 유적과 역사를 탐방중이라는 인식을 가질 수 있도록 전체공간을 야외유적 전시장과 탐방로를 구성할 필요가 있다. 또한 등산로와 접하는 지역에 고구려 전시관 또는 박물관을 건립하여 고구려 역사 · 문화에 대한 발견과 교육의 현장으로 활용할 필요가 있다.

를 공동으로 수행하였으며, 이하 본 장의 내용은 상기의 연구 결과와 연장 선상에 있음을 밝혀두고자 한다.

‘아차산 고구려유적 공원’의 조성이라는 목표를 달성하기 위해서는 각 보루별 현재의 훼손 및 보존 상태를 파악하여 가장 적합한 조사, 발굴, 보존의 방법이 결정되어야 하며, 이 과정에서 유적의 훼손 방지 및 역사성 보존을 제 1목표로 설정하여야 함은 당연하다. 그러나 많은 보루들이 군사시설 등으로 사용되면서 훼손되었을 뿐만 아니라 시민들의 등산로 등으로 많이 사용되고 있음을 감안하여 보존과 개발의 수위를 결정하여야 한다. 각 보루별 발굴조사 및 보존을 위한 개입 수준은 다음과 같이 네 가지로 구분할 수 있다.

 제1수준은 발굴조사를 실시하지 않고 현 상태로 보존하는 것이다. 유적의 보존상태가 양호하고 장기적인 훼손의 위험이 적으며, 우회등산로의 개설이 용이한 보루들이 이에 해당한다. 이 수준에 해당하는 조치로서 유적지임을 알리는 안내판을 설치하고 접근을 막기 위한 보호망을 설치한다. 또, 등산로가 유적을 지날 경우 등산로를 우회시키되 지형적인 요건 때문에 어쩔 수 없이 등산로가 유적을 지나야 하는 경우에는 유적 외곽에 목재 데크를 설치하여 등산로를 개설하고 이를 전망대로도 활용할 수도 있다. 아차산 1보루, 아차산 2보루, 아차산 5보루, 용마산 1보루, 용마산 3보루, 용마산 6보루, 용마산 7보루 등이 이에 해당된다.

 제2수준은 부분적으로 발굴조사를 실시한 후 복토하여 정비하는 것이다. 유적의 훼손 상태가 심각하여 더 이상 방치할 경우 멸실될 위기에 처한 보루가 여기에 해당한다. 용마산 4보루, 용마산 5보루, 망우산 1보루, 수락산보루 등이 여기에 해당하는데, 이미 상당히 훼손이 진행되었고 등산로를 우회시키기도 어려운 상황이다. 따라서 등산로가 지나는 부분에 대한 발굴조사를 실시한 후 복토하고, 목재 데크 등을 설치해 등산로를 우회시키며(삽도 164), 발굴되지 않은 부분에 대해서는 출입을 막아 보존조치를 취한다.

 제3수준은 발굴조사를 실시한 후 성벽을 일정 높이로 복원하고, 보루 내부를 복토하여 정비한 후 시설물의 위치를 표시하고 안내판을 설

삽도 164 _ 목재 데크를 이용한 우회등산로의 예(2005년, 용마산 5보루 주변, ⓒ최종택)

치하는 등의 조치를 취하는 것이다(삽도 165). 이 수준에 해당하는 유
적은 이미 양호한 상태로 발굴조사가 완료되었거나 진행 중인 유적으
로 지형적인 여건 상 유적 전체를 복원하여 전시하기 어려운 것들이다.
시루봉보루, 아차산 3보루, 아차산 4보루, 용마산 2보루 등이 여기에
해당된다.

　제4수준은 발굴조사를 실시한 후 현장에 유적을 재현하여 야외 유적
공원으로 활용하는 것이다(삽도 166). 이미 발굴조사가 완료되어 양호
한 상태의 유구가 조사되었으며, 접근성과 사후 관리가 용이한 홍련봉
1보루와 홍련봉 2보루가 여기에 해당한다. 특히, 최근 2013년 발굴조
사를 통해 보루 외곽의 방어시설과 내부구조가 양호한 상태로 조사된
홍련봉 2보루에 대해서는 적절한 시설을 설치하여 발굴된 상황을 그대
로 전시하는 방안을 적극적으로 검토할 필요가 있다. 그동안 20여 년
간의 발굴조사와 연구를 통하여 아차산 보루의 구조가 비교적 자세히
밝혀져 있으므로 현장에 유적의 구조물을 복원하여 전시하는 것은 그
리 어렵지 않을 것으로 판단된다. 또한 야외 유적공원 인근에는 전시관

삽도 165 _ 발굴조사 후 복원 정비된 아차산 4보루 전경(2011년, ⓒ최종택)

삽도 166 _ 복원된 야외유적공원(2008년 일본 요시노가리유적, ⓒ최종택)

을 건립하여 출토유물과 유구의 내용을 전시함으로써 입체적인 교육의 장으로 활용할 수 있다.

2. 각 유적별 현황과 보존 · 활용방안

1) 홍련봉 1보루

아차산 능선 남쪽 끝자락의 나지막한 구릉에 위치하고 있는 홍련봉 1보루는 2004년 두 차례에 걸쳐 보루 내부의 시설물에 대한 발굴조사가 이루어 졌으며, 2012년 보루 외곽의 성벽에 대한 전면적인 발굴이 이루어졌다. 같은 구릉의 북쪽 봉우리에는 홍련봉 2보루가 위치해 있으며, 동쪽으로는 아차산성이 가까이 있다. 또 남서쪽으로 한강변에는 구의동 보루가 위치하고 있었으며, 북쪽으로는 아차산과 용마산 보루들이 입지

삽도 167 _ 공중에서 본 홍련봉 1, 2보루 전경(2012년, ⓒ한국고고환경연구소)

해 있고, 이들은 상계동을 지나 의정부-양주 방면을 향하고 있다.

홍련봉 1보루는 이미 발굴된 아차산 일원의 다른 보루와 마찬가지로 외곽에 석축성벽을 두르고 그 내부에 건물지 등 군사들의 주둔을 위한 시설물을 설치한 구조이다(삽도 167). 성벽 내부에는 목책열이 설치되어 있었으며, 그 내부에는 18기의 기단건물지와 1기의 수혈건물지, 2기의 수혈유구, 3기의 저수시설, 4기의 배수시설, 1기의 기단시설, 2기의 석렬유구 등이 설치되어 있었다.

건물지는 모두 19기가 조사되었는데, 1기는 수혈식 건물이고 나머지는 모두 기단 건물이다. 기단 건물 중에서도 일부는 지하식 또는 반지하식 구조이며, 건물 내부에는 온돌을 설치하였다. 출입구와 중앙에 위치한 두 기의 건물은 지붕에 기와를 얹었던 것으로 확인되는데, 최전방의 보루에 기와건물이 있었다는 것은 중요한 의미가 있다.

발굴조사가 완료된 후 홍련봉 1보루는 복토를 하고 잔디를 식재하여 보존하고 있다. 홍련봉 1보루는 성벽과 시설물이 양호한 상태로 발굴되었을 뿐만 아니라 지리적으로 접근성이 용이하여 현장에 유적을 재현하여 복원·전시하는 야외 유적공원으로 조성이 가능하다. 또한 인근에 전시관을 건립하여 시민들을 위한 역사교육의 현장으로 활용할 필요가 있다.

2) 홍련봉 2보루

홍련봉 2보루는 남쪽의 홍련봉 1보루와 함께 아차산 능선 최남단의 독립구릉 상에 입지해 있다. 2005년 보루의 북쪽 절반이 조사되었고, 2012년과 2013년에 걸쳐 보루 남쪽구역과 성벽에 대한 전면적인 발굴조사가 실시되었다.

홍련봉 2보루는 치석한 화강암 석재를 이용하여 외곽에 석축 성벽을 쌓고 내부에 건물 등의 시설을 설치한 구조이다. 이러한 구조는 아차산 일원의 고구려 보루와 동일하며, 성벽 바깥쪽에서 외황이 조사되었는

삽도 168 _ 공중에서 본 홍련봉 2보루 전경(2013년, ⓒ한국고고환경연구소)

데, 남한에서는 처음으로 조사된 것이다(삽도 168).

　성벽 내부의 시설은 주거와 관련된 시설과 저수시설 및 배수시설, 저장시설, 생산시설 등으로 구분된다. 특히 홍련봉 2보루에서는 용도가 불분명한 소성시설과 집수정 등이 확인되었으며, 보루의 남쪽구역에서는 장방형의 석축으로 구획하고 내부에 여러 시설물을 축조하였다.

　홍련봉 2보루는 홍련봉 1보루와 함께 접근성이 용이하고 유구의 보존상태도 양호하여 야외 유적공원으로 조성하는 것이 바람직하다. 보루 내부의 각종 시설물이 양호한 상태로 발굴된 것은 물론 성벽의 축조 과정이 자세히 조사되었다. 특히 보루 외곽에 외황이 완전하게 발굴되었다. 따라서 발굴된 상황을 그대로 노출하여 전시할 수 있는 시설을 설치하여 시민들에게 공개하는 것이 바람직하다. 물론 발굴된 유구를 그대로 전시하기 위해서는 온습도를 일정하게 유지할 수 있는 시설물을 설치하여야 하는 문제가 있으나 보루의 주변지역이 이미 주택가로 개발된 상태이므로 경관에는 큰 문제가 되지 않을 것으로 생각된다(삽도 168).

3) 아차산 1보루

아차산 능선 가장 남쪽에 위치하고 있으며, 남쪽에 아차산성이 위치하고, 남서쪽으로 홍련봉 1, 2보루가 있다. 전체적으로 보존 상태는 양호하나 유적의 남동쪽으로 난 등산로로 인해 동벽 일부가 유실되었다. 등산로와 인접한 부분에 성벽으로 추정되는 석축 일부가 노출되어 있으며, 등산로 주변에 성벽이나 건축에 사용된 것으로 보이는 석재들이 다량 흩어져 있다. 지난 수년간 등산로가 계속 넓어져서 동쪽 성벽은 상당 부분 훼손이 진행되었으며, 유적 남서쪽으로 새로운 등산로가 생겨 훼손이 진행되고 있다(삽도 169).

따라서 성벽의 훼손을 막기 위해 노출된 성벽단면을 원상 복구하고,

삽도 169 _ 북쪽에서 본 아차산 1보루 전경(2005년. ⓒ최종택)

삽도 170 _ 아차산 1보루 동쪽에 새로 개설된 우회등산로 전경(2008년, ⓒ최종택)

보루 전체 복토한 다음 등산로를 성벽 동쪽 외곽으로 우회하여 보존하여야 한다. 2008년 보루 동쪽 외곽으로 우회등산로를 개설하여 내부를 보호하고 있으나(삽도 170) 보루 서쪽과 남쪽에서 등산객들이 계속 보루 내부를 지나고 있으므로 이에 대한 대책이 필요하다. 보루 내에 식재된 나무 및 보루 주변의 잡목들을 제거하여 주변에서 내부를 관망할 수 있도록 하고, 주변에 안내판을 설치하여 보루의 내용을 알릴 필요가 있다.

4) 아차산 2보루

아차산 2보루는 아차산 3보루 남동쪽의 단독 봉우리에 위치해 있으며, 전망이 좋아서 많은 등산객이 출입하고 있다. 유적 내부에도 등산로가 있어서 지속적인 훼손이 진행 중이며, 암반으로 이루어진 보루의 남쪽에는 잡상인들이 활동하기도 한다. 유적 내부에는 건물 벽체에 사용된 것으로 보이는 석재가 흩어져 있으며, 현대에 쌓은 돌탑이 있다(삽

삽도 171 _ 남쪽에서 본 아차산 2보루 전경(2005년, ⓒ최종택)

도 171). 지표면의 유실이 심하여 지표상에서 유물이 수습되기도 한다. 치로 추정되는 부분은 보호책을 둘러 보호하고 있지만 소극적인 것으로 그다지 효과적이지 않다.

아차산 2보루를 지나는 등산로는 우회가 가능하므로 정밀 조사가 이루어질 때까지 유적 내부의 등산로를 폐쇄하여 등산객의 출입을 막고 보존할 필요가 있다. 아울러 유적 남동쪽의 암반으로 이루어진 평지에 등산객을 위한 전망대와 안내판을 설치하는 등의 활용대책이 필요하다.

5) 아차산 3보루

아차산 3보루는 아차산 일원 보루 중 가장 큰 규모이다. 추정 둘레는 약 420m, 내부면적은 약 4,200㎡에 달하며 전체적인 형태는 장타원형이다. 2005년 보루의 남쪽 일부 약 1,700㎡ 가량이 발굴되었다. 아차산 3보루는 아차산 1보루와 4보루 사이에 위치하고 있으며, 동남쪽의 아차산 2보루 및 한강 이남과 서쪽의 용마산 1, 2, 3, 4보루 일대가 잘 조망되는 전략적 요충지이다.

아차산 3보루는 이미 발굴된 다른 보루와 마찬가지로 석축 성벽을 쌓은 후 내부에 건물을 축조한 구조를 하고 있다. 그러나 다른 보루들과는 달리 남북으로 길쭉한 보루의 남쪽 구역에 동서로 가로지르는 석축을 쌓아 보루를 남북으로 양분하고 있으며, 계단을 통하여 석축을 올라 북쪽 구역으로 통하게 하였다. 발굴된 남쪽구역에서는 8기의 기단건물지와 배수시설, 방앗간, 단야시설, 저장시설 등이 확인되었다. 아직 발굴이 이루어지지 않았지만 이 보다 한 단 높은 북쪽구역에 건물과 저수시설 등 일반적으로 다른 보루에서 확인되는 시설물이 설치되어 있었던 것으로 추정된다.

　아차산 3보루는 1차 발굴 조사가 끝난 뒤 문화재청에서 보존대책의 미비를 이유로 발굴허가를 불허하여 발굴이 중단된 상태이며, 현재는 복토하여 보존하고 있다(삽도 172). 2005년 발굴조사를 실시하기 전 보루 내부를 지나는 등산로 상에 유구가 노출되어 훼손이 심하였으나(삽도 173), 현재는 발굴조사를 위한 임시 우회등산로가 개설되어 있고 유적 내부는 출입이 통제되고 있다. 그러나 우회등산로의 경사가 급하여 위험하며, 등산객들의 호기심으로 인해 울타리가 훼손되고 유적

삽도 172 _ 아차산 3보루 복토광경(2007년)

삽도 173 _ 아차산 3보루 내부 등산로상에 노출된 온돌시설(2005년, ⓒ최종택)

내부로의 통행이 재개되고 있는 실정이다. 빠른 시일 내에 발굴조사를 재개하고 정비하여 시민에게 공개하여 활용할 필요가 있다. 지리적인 접근성이 제한적 이어서 발굴조사가 완료된 후 성벽에 대한 복원을 실시하여 보존·활용하는 것이 바람직할 것으로 판단된다.

6) 아차산 4보루[281]

아차산 4보루는 1997년 남한지역에서는 처음으로 발굴된 고구려 유적이다. 1998년까지 보루 내부 시설물에 대한 발굴조사가 실시되었으

---

281) 아차산 4보루 조사 내용은 다음의 글 참조. 임효재·최종택·양성혁·윤상덕·장은정, 2000a, 『아차산 제4보루 -발굴조사 종합보고서-』, 서울대학교박물관.

며, 2007년 보루 외곽의 성벽에 대한 추가발굴이 실시되었다. 유적이 위치한 곳은 해발 285.8m의 작은 봉우리로 남북으로 뻗은 아차산 능선의 가장 북단에 해당된다. 이 봉우리는 남북으로 긴 말안장 모양을 하고 있으며, 가운데가 약간 들어가고 양쪽 끝은 두 개의 작은 봉우리 형태를 하고 있다. 이 장타원형 지형의 둘레는 급경사를 이루고 있는데, 경사면을 따라 3~20단의 석축 성벽을 쌓아서 보호하였으며, 정상부의 평탄지에 온돌시설을 한 건물지가 배치되어 있다.

성벽은 잘 다듬은 화강암 석재를 정교하게 쌓아 올렸으며, 1곳의 출입시설과 4개의 치를 설치하였다. 성벽의 대부분은 무너져 내렸으나 가장 잘 남아 있는 부분의 경우 11단으로 높이는 2m 정도이며, 원래 높이는 4m 가량 되었던 것으로 추정된다. 성벽 내부에는 10기의 건물지가 확인되었는데, 방형 또는 장방형의 평면을 하고 있으며, 돌과 점토를 섞어 쌓은 담장식 벽체이며, 그 위에 맞배식 지붕이 덮혀 있었던 것으로 추정된다. 건물지의 네 벽은 모두 할석과 점토를 섞어서 쌓았으며, 동벽 가운데에 문을 달았던 문비석이 1점 놓여 있다. 건물지는 크기에 있어서 약간씩의 차이는 있으나 면적은 50평방미터(약 15평) 가량 된다. 또 건물지를 둘러싸고 있는 석축담장의 동벽과 서벽 가운데에는 각각 1개씩의 배수구가 설치되어 있어서 사용한 물을 밖으로 배출하도록 설계되어 있다. 3호 건물지 내부의 남쪽은 별다른 시설이 없이 빈 공간으로 남아 있는데, 이곳에서는 유물도 거의 출토되지 않는 점으로 미루어 강당과 같은 공공장소로 이용되었던 공간으로 추정된다. 아차산 4보루에는 100여 명의 군사가 주둔하였던 것으로 분석되는데, 500년 무렵에 축조되어 북상하는 백제군을 저지하기 위한 방어기지의 역할을 하였던 것으로 추정된다.

아차산 4보루는 1998년 발굴조사 직후 복토·정비하고 패널을 설치하여 관리하였다. 그러나 평소 많은 등산객의 출입으로 인해 지표면이 많이 유실되는 등 훼손이 진행되었다(삽도 174). 때문에 2007년 미발굴된 성벽에 대한 발굴조사가 실시되었고, 현재 성벽을 복원하여

삽도 174 _ 아차찬 4보루 발굴조사 직후(상:2000년)와 훼손된 모습(하:2005년, ⓒ최종택)

보존하고 있다. 아차산 4보루는 남한에서 처음 발굴된 고구려 유적이
라는 점에서 조사 초기부터 주목을 받았으며, 유구도 양호한 상태로 조
사되어 활용가치가 크다. 그러나 유적이 위치한 곳이 산 정상부이기 때
문에 유적을 복원하여 야외 유적공원으로 활용하기는 어렵다. 현재와
같이 성벽을 일정 높이로 복원하여 보존하고(삽도 175), 유적 내부는
유구의 위치를 표시한 후 설명패널을 설치하여 시민에 공개하는 것이
바람직할 것으로 보인다.

삽도 175 _ 성벽을 복원한 아차산 4보루 전경(2011년, ©최종택)

삽도 176 _ 아차산 5보루 내부 전경(2005년, ©최종택)

7) 아차산 5보루

아차산 5보루는 아차산 1보루 동북쪽의 작은 봉우리에 위치해 있다.
보루의 규모도 작으며 둘레의 경사가 급하여 자연적인 침식이 심하고 일부 성벽의 기저부가 남아있는 곳도 있다. 또한 보루 내부에는 유구의 석재를 이용해 쌓은 돌탑이 있으며, 지표면의 유실이 심하여 토기편이 곳곳에 노출되어 있다. 보루를 관통하는 등산로는 이용객이 많지는 않지만 이로 인해 훼손이 지속적으로 이루어지고 있다(삽도 176).

우회 등산로의 개설이 용이하므로 조속히 보루 내부의 출입을 제한하는 조치를 취할 필요가 있다. 아울러 보루 사면의 토사가 더 이상 유실되는 것을 방지하기 위한 조치도 필요하다. 주변을 우회하는 등산로가 있으므로, 보호망을 설치하여 출입을 통제하고 안내판을 설치하는 등의 보존대책이 필요하다.

8) 아차산 6보루

2005년 아차산 3보루 발굴과정에서 확인되었으며, 등산로 상에 방앗간 시설의 일부인 볼씨가 확인되었다(삽도 177). 보루 전체의 윤곽을 확인하고 정밀 측량하는 작업이 우선적으로 실시되어야 하며, 등산로 상에 노출된 방앗간 시설물에 대한 보존대책이 긴급히 요구된다.

삽도 177 _ 등산로 상에 노출된 아차산 6보루 방앗간 볼씨(2005년, ⓒ최종택)

9) 시루봉보루

시루봉보루는 아차산 주능선에서 동남쪽 한강변으로 뻗은 작은 능선의 말단 봉우리(해발 205.8m)에 위치한다. 유적에서는 백제의 도성이었던 풍납토성을 비롯한 한강이남 지역과 구리시 왕숙천 일대의 넓은 충적지대를 한 눈에 조망할 수 있다. 1999년부터 2000년에 걸쳐 보루 내부의 시설물이 발굴되었으며, 2009년부터 2011년까지 보루 외곽의 성벽에 대한 추가 발굴조사가 실시되었다.

시루봉보루의 성벽은 봉우리의 경사면을 따라 축조되어 있으며, 전체 둘레는 약 205m이다. 성벽은 화강암 석재를 대충 치석하여 사용하였으나, 한강을 바라보는 지점에 축조된 치의 경우 매우 크고 튼튼하게 쌓아올렸다. 원 성벽의 높이는 3~4m로 추정된다. 성 내부에는 건물지 10기가 확인되었는데, 유적 전체에 구축된 예비군 참호에 의해 상당부분이 파괴되었다. 저수시설은 대형 건물지 내에 축조되어 있으며, 대형건물지 안팎으로 온돌이 포함된 소형 건물지들이 축조되어 있다. 건물지 아래에는 배수시설이 갖춰져 있어서, 빗물이 성벽 바깥쪽으로 배출될 수 있도록 계획되었다.

시루봉보루 역시 2000년 발굴조사가 완료된 후 복토하고 정비하여 관리하였으나, 발굴조사 이전부터 설치되어 있던 군사시설이 여전히

삽도 178 _ 발굴조사 후 복원 정비된 시루봉보루 전경(2012년, ⓒ최종택)

남아있었다. 이후 2011년 성벽에 대한 조사가 마무리된 후 성벽을 복원하여 관리하고 있다(삽도 178).

10) 용마산 1보루

용마산 1보루는 용마봉 줄기의 최남단에 위치하고 있으며 규모가 매우 작다(삽도 179). 보루 내부에는 유적을 남북으로 가로지르는 등산로가 개설되었으나 현재는 폐쇄된 상태이다. 보루 외곽에는 부분적으로 성벽이 노출되어 있으며, 보루 내부에도 석재가 노출되어 있다. 이러한 상황을 고려할 때 제1수준의 보존이 요구된다. 현재는 유적 내부의 등산로가 폐쇄되어 이용객이 거의 없으나 유적 둘레에 보호망을 설치하여 등산객의 접근을 완전히 차단할 필요가 있다.

11) 용마산 2보루

서울 광진구 일대의 중랑천변과 한강 일대를 한 눈에 관망할 수 있는 전략적 요충지에 위치한 용마산 2보루는 2005년과 2006년에 걸쳐 발굴조사 되었다. 조사 결과 일부 성벽과 차단벽을 갖춘 방어시설 및 치, 온돌을 갖춘 건물기 3개소와 저수시설 2기, 저장시설과 창고시설 및 부속시설, 그리고 용도미상의 수혈유구와 함께 목제 사다리를 이용한 출입시설 및 건물지 외곽 통로 등이 확인되었다.

성벽은 급경사를 가진 원래의 지형적인 원인과 70년대에 실시한 사방공사 등으로 인해 대부분 훼손되었다. 유적으로 향하는 세 곳의 진입로에는 치를 비롯한 방어시설이 확인되었다. 특히 많은 병력이 쉽게 접근할 수 있는 비교적 평탄한 동북쪽 접근로에는 차단벽과 함께 2차에 걸쳐 축조된 독특한 방어시설이 구축되어 있는데, 이러한 구조는 최근 아차산 제4보루에서도 확인된 바 있다. 방어시설은 현재 남아있는 성벽의 높이가 2m 가량이며, 길이는 장벽의 경우 10m 이상, 단벽은 5m 가량이다. 한편, 2호 건물지에서는 방어시설을 축조할 당시 만들

삽도 179 _ 용마산 1보루 내부의 등산로에 개설된 석축(2005년, ⓒ최종택)

삽도 180 _ 용마산 2보루 발굴조사 후 전경(2008년, ⓒ최종택)

어진 뒷채움 흙에 가로로 나무 판자를 대어 벽체를 조성하였던 흔적이
잘 남아 있었다. 또한 1, 2호 건물지 외곽으로는 불다짐을 하여 바닥을
단단하게 만든 통로가 조성되어 있었고, 2호 건물지 출입구에는 나무
사다리가 불에 탄 채 놓여있었다.

용마산 2보루는 성벽 둘레의 경사가 급하여 성벽의 훼손이 심하지만 내부의 유구는 양호한 상태로 조사되었다. 발굴조사 직후 복토가 이루어진 상태로 관리되고 있다(삽도 180). 향후 성벽에 대한 추가 발굴을 실시한 후 성벽을 일정한 높이로 복원하고 성벽 안쪽에는 유구의 위치를 표시한 후 설명 패널을 설치하여 일반에 공개하는 것이 바람직하다.

12) 용마산 3보루

해발 348.6m의 용마산 최고봉에 위치하고 있으며, 1910년 토지조사사업을 위해 설치되었던 삼각점이 개축되어 있어서 정상부의 훼손이 심하다(삽도 181). 정상부 남쪽의 사면에는 성벽의 기초가 노출되어 있고, 북쪽의 평탄면은 체육시설로 이용되고 있다. 특히 삼각점이 위치한 정상부는 휴식을 취하거나 기념 촬영을 하기 위한 등산객들의 출입이 빈번하여 훼손이 심각한 상황이다. 보루 내부 곳곳에서 신라 토기편과 함께 고구려 토기편이 수습되기도 한다.

삽도 181 _ 용마산 3보루 정상부의 삼각점과 재사용된 석재들(2005년, ⓒ최종택)

용마산 3보루는 경사가 급한 봉우리 정상부와 북쪽 사면의 평탄면을 이용한 것으로 보이는데, 보루의 정확한 규모와 윤곽의 확인이 어렵다. 따라서 부분적인 시굴조사 등을 통해 정확한 보루의 규모와 윤곽을 파악할 필요가 있으며, 결과에 따라서는 체육시설을 철거하고, 삼각점 일대의 출입을 통제할 필요가 있다. 현재 보루 동쪽으로 우회 등산로가 개설되어 있어서 보루의 출입을 막고 등산객을 우회하도록 유도하고 보존하는 것이 바람직하다.

13) 용마산 4보루

용마산 3보루에서 북쪽으로 약 260m 가량 떨어진 작은 봉우리에 위치해 있으며, 헬기장이 조성되어 있다. 헬기장 조성과정에서 상당한 훼손이 이루어졌으며, 부분적으로 암반이나 암반풍화토가 노출되어 있다. 또한 넓은 범위에서 목탄이 포함된 지역이 노출되어 있으며, 많은 양의 토기편이 수습되기도 한다. 보루의 내부는 평탄화되어 등산객들의 휴식공간으로 활용되고 있으며, 보루의 동편으로는 등산로가 개설되어 훼손이 진행되고 있다(삽도 182). 보루의 북쪽구역은 무연고 분묘가 설치되어 있으나 남쪽의 헬기장 지역에 비해 보존상태는 양호한 편이다.

용마산 4보루는 지표상에 유구의 흔적이나 유물이 손쉽게 확인될 정도로 훼손이 진행된 상황이며, 남북으로 이어지는 등산로 좌우는 급경사를 이루고 있어서 우회 등산로의 개설이 어렵다. 따라서 이러한 사정을 감안하여 유적을 발굴조사한 후 복토하고, 그 위에 목재 데크 등을 이용한 등산로를 개설하고 보루의 다른 부분은 출입을 통제할 필요가 있다. 만약 전면 발굴이 가능하다면 조사 후 일정 높이로 복토하여 유구를 보호하고, 유구의 윤곽을 표시하여 전시할 수도 있겠으나 우선적으로는 등산로 부분이라도 조사하고 보존대책을 세울 필요가 있다.

삽도 182 _ 용마산 4보루 남쪽구역 전경(2005년, ⓒ최종택)

삽도 183 _ 용마산 5보루 남쪽구역 전경(2006년, ⓒ최종택)

14) 용마산 5보루

용마산 5보루는 용마산 능선과 아차산 능선이 만나는 지점에서 북쪽
으로 약 200m 가량 떨어진 곳에 위치하고 있다. 역시 군사용 헬기장
이 설치되어 있어서 훼손이 심하다. 헬기장이 설치된 남쪽구역은 이미

평탄화되어 유구의 부존가능성이 낮으나 북쪽구역 일부 지점은 비교적 양호한 상태로 남아 있으며, 외곽의 석축 성벽도 부분적으로 무너진 채로 노출되어 있다(삽도 183).

　　이미 유적의 대부분이 훼손되었을 것으로 추정되므로, 잔여부분에 대한 발굴조사를 실시하고, 결과에 따라 정비하여야 한다. 우선은 현재의 등산로를 우회시킬 마땅한 대안이 없으므로 유적지임을 알리는 안내간판과 데크형 등산로를 설치하여 유적 훼손을 최소화 할 필요가 있다.

15) 용마산 6보루

　　용마산 6보루는 용마산 정상에서 서쪽으로 뻗어 내린 작은 능선의 말단부에 위치하고 있으며, 보루의 북쪽은 채석장이 설치되어 파괴된 상태이다. 유적 내부에는 민묘 1기가 설치되어 있으며, 채석장 경계를 따라 등산로가 개설되어 있다. 보루 안팎으로는 무너진 석재가 다량 흩어져 있는데, 이를 이용해 쌓은 돌탑이 곳곳에 서있으며, 돌탑을 쌓기

삽도 184 _ 용마산 6보루 동쪽구역 전경(2005년, ⓒ최종택)

위한 석재의 이동과 훼손이 계속 진행되고 있다(삽도 184).

용마산 6보루는 북쪽구역 일부가 채석장으로 인해 파괴된 것을 제외하면 보존 상태는 비교적 양호한 것으로 판단된다. 보루의 남쪽으로 양호한 상태의 우회 등산로가 개설되어 있으므로 성벽 윤곽을 따라 울타리를 설치하여 출입을 막고 안내판을 설치하는 정도의 보존조치가 필요하다.

16) 용마산 7보루

용마산 7보루는 용마산 정상에서 서북쪽으로 뻗어 내린 능선의 끝자락에 위치하고 있으며, 채석장을 사이에 두고 용마산 6보루와 마주보고 있다(삽도 185). 역시 보루 내부에 등산로가 개설되어 있고 돌탑이 쌓여 있지만 보존 상태는 비교적 양호한 상태이다. 보루의 사면에는 부분적으로 3~5단의 성벽이 노출되어 있다.

단기적으로는 등산로를 우회하여 보루 내부로의 출입을 막고 안내판을 설치하여 더 이상의 훼손을 방지하는 것이 시급하다. 용마산 7보루는 서쪽으로 중랑천변을 조망할 수 있는 전망이 좋은 곳으로 장기적으로는 발굴조사를 실시하고 3수준의 보존조치를 취하여 일반에 공개하는 방안도 고려할 필요가 있다.

17) 망우산 1보루

아차산과 용마산 줄기가 만나 북으로 이어지는 망우산 줄기의 작은 봉우리에 위치하고 있으며, 보루에서는 중랑천변과 구리시 일원 및 한강이 한눈에 내려다보인다. 남쪽의 용마산 5보루와는 850m 가량 떨어져 있으며, 북쪽으로는 망우산 2 · 3보루와 직선상으로 배치되어 있다. 보루 내부는 군용 헬기장이 설치되어 있고 주변으로는 군용 참호가 설치되어 있어서 훼손이 심각한 상황이다(삽도 186). 현재는 보루 외곽을 따라 철조망으로 둘러쳐 있어 일반인의 출입이 통제된 상태이나

삽도 185 _ 용마산 6보루에서 바라 본 용마산 7보루 전경(2005년, ⓒ최종택)

삽도 186 _ 망우산 1보루 내부에 설치된 군용 참호(2006년, ⓒ최종택)

훼손은 계속 진행 중이다.

　군사시설로 인해 훼손이 심한 편이나 외곽의 석축과 내부 시설물 일
부가 노출되어 있는 점으로 보아 유구가 잔존할 가능성이 높다. 따라서
시급히 보루 내외의 군사시설을 철거한 뒤 발굴조사를 통하여 보루의

규모와 잔존 시설물에 대한 조사를 실시한 후 결과에 따라 2수준이나 3수준의 보존조치를 취할 필요가 있다.

18) 망우산 2보루

망우산 2보루는 해발 281m의 망우산 최고봉에 위치해 있으며, 서쪽의 중랑천변과 구리시 및 한강이 한 눈에 조망되는 위치에 자리하고 있으며, 바로 북쪽에 망우산 3보루가 있다. 망우리 공원묘지의 가운데에 위치하여 보루 안팎에는 다수의 무덤이 설치되어 있으며, 일부는 이장되기도 하였는데, 이로 인해 훼손이 심각한 상태이다(삽도 187). 또한 보루의 남북으로는 등산로가 설치되어 있어 토사가 유실되어 유물이 노출되고 있다.

최근 서울시에서는 유적의 보존과 관련하여 시굴조사를 준비하기도 하였으나 유적 안팎의 무덤으로 인해 시굴조사가 불가능하다고 판단되어 유적 남북의 등산로 상에 유적임을 알리는 안내판을 설치하고, 유적 내외부의 무덤이 이장된 후 발굴조사를 실시하는 것으로 보존대책을

삽도 187 _ 망우산 2보루 내부 전경(2006년, ⓒ최종택)

삽도 188 _ 분묘가 설치된 망우산 3보루 내부 전경(2006년, ©최종택)

수립한 바 있다.

19) 망우산 3보루

망우산 2보루 바로 북쪽의 작은 봉우리에 위치하고 있으며, 주변을 조망하기 좋은 곳에 자리하고 있다. 역시 망우리공원묘지 내에 입지하고 있어서 훼손이 심각하며, 남북으로 난 등산로가 유적을 가로지르고 있어서 훼손이 진행 중에 있다(삽도 188).

망우산 2보루와 같이 무덤으로 인해 시굴조사도 불가능한 상황이다. 무덤이 밀집되어 있으므로 더 이상의 대규모 훼손은 없을 것으로 예상되므로 향후 분묘이장 과정을 관리하고 유적 입구에 안내판을 설치하는 정도의 보존관리가 우선적으로 요구된다.

20) 수락산보루

수락산 보루는 수락산 정상에서 남서쪽으로 뻗어 내린 해발 192.5m

삽도 189 _ 수락산보루 내부 전경(2004년, ⓒ최종택)

의 작은 봉우리에 위치하고 있으며, 남쪽으로 중랑천변과 아차산 일원
이 잘 조망되는 곳에 자리하고 있다. 등산로가 보루의 내부를 지나고
있으며, 보루 내부에는 체육시설과 화장실 등이 설치되어 있어서 훼손
이 심하다(삽도 189). 보루의 주변은 경사가 급하여 외곽의 석축 역시
많이 무너져 내렸으나 부분적으로 석축이 남아서 노출되고 있으며, 보
루 내부에도 온돌시설 등이 노출되어 있어서 보존대책이 시급하다.

　이와 같은 상황을 감안하여 최근 서울시에서는 발굴조사를 실시하고
보존대책을 수립하고자 하였으나 토지 소유주의 반대로 발굴조사가 이
루어지지 못한 바 있다. 조속히 토지를 매입하고 발굴조사를 실시할 필
요가 있으나, 우회등산로를 개설하여 출입을 통제하는 등의 조치가 우
선적으로 이루어져야 한다.

삽도 190 _ 망우산 3보루에서 본 봉화산보루 전경(2006년. ⓒ최종택)

21) 봉화산보루

봉화산보루는 주변 아차산 일원의 보루들과는 달리 중랑천변의 평지
에 위치한 단독 봉우리에 위치해 있으며, 아차산 및 주변의 평지가 한
눈에 조망되는 전략적으로 중요한 곳에 입지하고 있다(삽도 190).

유적의 외곽을 따라 석축이 비교적 양호한 상태로 남아 있으나 내부
에는 1994년 복원된 아차산봉수대와 봉화재도당, 무선중계소 철탑이
설치되어 있어 훼손이 심하다. 이미 복원된 아차산 봉수대가 서울시기
념물로 지성·관리되고 있으므로 더 이상의 심각한 훼손의 우려는 적
은 편이어서 단기적으로는 보루의 존재를 알리는 안내판을 설치하는
정도의 조치가 필요하다. 그러나 장기적으로는 보루의 윤곽을 확인하
고, 보루 내부의 발굴조사가 가능한 지점을 중심으로 발굴조사를 실시
하여 보존대책을 수립할 필요가 있으며, 결과에 따라서는 3수준이나 4
수준의 보존·활용대책을 마련할 수 있을 것으로 생각된다.

3. 단계별 보존 · 활용방안

앞 절에서 아차산일원에 분포하는 21개소의 보루 각각에 대한 현황과 보존 · 활용대책을 살펴보았다. 일부를 제외하고 대부분의 보루는 군사시설과 체육시설, 등산로 개설 등으로 인해 심각한 훼손이 이루어진 상태이며, 조속한 보존대책이 필요하다. 보존이라는 측면에서만 보면 현장의 시설물을 철거한 후 우회 등산로를 개설하여 등산객의 출입을 통제하는 것이 최선일 것이다. 그러나 대부분의 보루가 위치한 곳은 전망이 좋아서 평일에도 수 천 명이 이용하고 있거나, 지형적인 여건상 우회 등산로의 개설이 불가능한 경우도 있다. 따라서 각 보루별 상황에 따라 선별적인 보존대책이 필요하며, 이를 고려하여 활용 대책도 함께 수립되어야 할 것이다. 앞 절에서 살펴 본 각 보루별 대책을 요약하면 <표 13>과 같다. 한편, 아차산일원의 보루유적은 워낙 넓은 지역에 걸쳐 있고, 각 보루의 상황도 다른 만큼 보존 대책은 단계적으로 실

표 13 _ 아차산일원 고구려 보루별 개입수준

개입수준	조치사항	대상유적
제1수준 : 현상보존	발굴조사를 실시하지 않고 현 상태로 보존하되 우회 등산로를 개설하고 보루 내부의 출입을 통제.	아차산 1보루, 아차산 2보루, 아차산 5보루, 아차산 6보루, 용마산 1보루, 용마산 3보루, 용마산 6보루, 용마산 7보루, 망우산 2보루, 망우산 3보루
제2수준 : 조사 후 보존	부분적인 발굴조사 실시 후 복토하여 보존. 훼손이 심하고 우회등산로 개설이 어려운 경우.	용마산 4보루, 용마산 5보루, 망우산 1보루, 수락산보루
제3수준 : 조사 후 부분 복원	발굴조사 실시 후 성벽을 일정 높이로 복원하고, 보루 내부를 복토하여 정비한 후 시설물의 위치를 표시하고 안내판을 설치.	아차산 3보루(2005년 부분 발굴), 아차산 4보루(1998, 2007년 발굴), 용마산 2보루(2005년 발굴 완료), 시루봉보루(2000, 2009년 발굴), 봉화산보루(조사결과에 따라 4수준도 가능)
제4수준 : 조사 후 전면 복원	발굴조사 실시 후 현장에 유적을 재현하여 야외유적공원으로 활용.	홍련봉 1보루(2004, 2012년 발굴), 홍련봉 2보루(2005, 2013년 발굴)

시되어야 한다. 발굴조사가 필요한 유적을 결정하고 일반에 공개할 수 있는 유적과 그렇지 못한 유적에 대한 방침도 마련하여야 한다.

제1단계는 일부 보루에 설치되어 있는 체육시설과 군사시설 등을 이전하고 일부 보루는 우회등산로를 개설하여 더 이상의 훼손이 진행되는 것을 막아야 한다.

제2단계는 이미 발굴된 유적을 정비하여야 한다. 이미 발굴조사가 완료된 유적의 성벽을 부분적으로 복원하고, 보루 내부를 복토하여 잔디를 식재한 후 발굴 당시 상황을 재현하고, 설명패널을 설치한다. 복원된 성벽 위로 목재 등산로 및 전망대를 개설하여 등산로를 유도하면 훼손의 진행을 막는 동시에 시민들에게 유적의 내용을 알릴 수도 있을 것으로 생각된다.

제3단계는 훼손이 심각하거나 학술적인 내용의 파악을 위한 선택적 발굴조사를 실시하고, 2단계와 같은 방법으로 정비하는 것이다. 그 대상은 아차산 3보루, 용마산 4보루, 망우산 1보루 등이 될 수 있을 것이며, 아울러 아차산성에 대해서도 별도의 발굴 및 정비를 실시할 필요가 있다.

제4단계는 발굴조사 및 연구 성과를 바탕으로 발굴 현장을 고구려 당시의 모습으로 복원하여 전시하며, 인근에 유적기념관을 건립하여 발굴된 유물을 전시하는 것이다. 현재까지의 조사상황이나 입지 및 접근성 등을 고려할 때 홍련봉 1, 2보루가 가장 적합한 것으로 판단된다. 특히 홍련봉 2보루는 외황과 성벽이 자세히 조사되었으며, 내부 시설물이 양호한 상태로 발굴되었는데, 발굴된 상황 그대로 노출 전시하는 방안을 고려할 필요가 있다.

4. 고구려박물관 및 고구려연구센터 건립방안[282]

1) 건립의 필요성과 당위성

현재 신라·가야 및 백제를 주제로 하는 국공립박물관은 다수(9개소) 운영되고 있으나 고구려를 주제로 하는 박물관이 전무하다. 이러한 현실을 감안할 때 우리 고대사에 대한 균형 잡힌 인식을 제고하기 위해서 고구려박물관 건립이 필요한 시점이라고 생각된다. 과거 고구려의 영역은 중국과 북한 및 남한으로 분단되어 있으며, 남북분단과 국제정치적 상황으로 인해 고구려 유적에 대한 접근이 불가능하거나 매우 제한적인 상황에서 향후 통일시대를 대비하기 위해서라도 고구려박물관의 건립이 필요한 시점이다. 우리 민족이 분단된 지 반세기가 넘었고, 이념적 갈등이 지속되어 온 것이 현실이며, 따라서 남북한 역사공동체 인식의 확산과 역사·문화적 동질성 회복을 위한 노력이 절실히 필요하다. 고구려는 자랑스러운 우리의 역사라는 점에서는 남과 북 모두가 동감하고 있다. 실제로 2002년 민족화해협력범국민협의회 주관으로 북한의 국보급 고구려유물에 대한 전시회를 개최한 이후 여러 차례의 남북공동 전시회가 성공적으로 개최되었다. 따라서 정치적 상황의 변화에도 불구하고 고구려를 주제로 한 남북협력은 우선적으로 추진할 수 있을 것이다.

1990년대 중국 개방 이후 고구려에 대한 국민적 관심이 증가하였으며, 2002년 중국의 '동북공정' 이후 고구려에 대한 국민적 관심이 폭증하였다. 그럼에도 불구하고 국내에 고구려 역사와 문화에 대한 연

---

282) 이하 본 절의 내용은 필자가 참여한 공동 연구결과를 바탕으로 작성한 것임 (김정화·최종택·강철희, 2013, 『아차산 고구려박물관 건립 기본계획 연구』, KISI문화기술대학원·문화체육관광부).

구 · 전시 · 교육을 전담하는 기관이 없으며, 다소 늦은 감이 없지 않으나 이제라도 전문기관이 건립되어야 한다. 혹자는 남한에서 조사된 고구려 유적 · 유물이 박물관을 건립하기에는 빈약하다고 한다. 그러나 1980년대 말 이후 남한에서 조사된 고구려유적의 수는 100여개소에 달하고, 상당한 연구 성과가 축적되었다. 1994년 아차산일원에서 20여개소의 고구려 보루가 조사되었으며, 1997년부터 지금까지 7개소에 대한 발굴조사가 완료되었거나 진행 중이고, 2개소의 보루에 대한 복원이 완료되었으며, 현재도 발굴조사는 진행 중이다. 아차산 보루의 발굴을 계기로 경기도 연천, 양주, 충북 진천, 청원 및 대전 등지에서도 고구려유적이 조사되었다. 아차산 보루를 중심으로 한 남한지역의 고구려 연구는 북한이나 중국의 연구 성과를 능가할 만큼 활성화되고 있는 것도 사실이다. 따라서 국내에서 발굴된 고구려 관련 유적과 유물에 대한 통합적이고 지속적인 연구 · 보존 및 교육을 주관할 중심기구로서의 고구려박물관 건립이 필요하다고 하겠다.

중국은 2002년부터 동북변강지역의 역사와 현실정치 안정을 목적으로 이른바 '동북공정'을 실시하여 연구결과를 바탕으로 고구려사를 중국사로 왜곡 선전하고 있다. 2007년 '동북공정'이 완료된 이후 중국에서는 고구려유적을 발굴 · 복원함과 동시에 박물관을 건립하여 대국민 홍보에 주력하고 있다. 우리 정부는 중국의 '동북공정'에 대한 대응을 위해 2004년 고구려연구재단을 설립하였으나 연구중심의 기관으로 중국의 역사왜곡에 대한 대국민 교육 및 홍보기능은 미비하며, 2006년 동북아역사재단으로 개편되면서 고구려 연구기능은 오히려 현저히 축소되었다. 2004년 고구려연구재단 설립당시 고구려연구 전문 인력은 고구려역사연구팀과 고구려문화연구팀 등 2개 팀 소속 9명이었으나, 동북아역사재단으로 재편된 이후 2012년 현재 고구려연구 전문 인력은 4명으로 축소되었다. 이러한 국내외 상황을 고려하였을 때 중국과는 학술교류 등을 통하여 새로운 역사 인식의 장으로 전환할 수 있는 기회를 마련하고, 내부적으로는 고구려사에 대한 올바른 인식을 고취

할 기구로서 고구려박물관 건립이 필하다고 하겠다.

또한 국내의 고구려 연구 활성화를 위해서도 고구려박물관의 건립이 시급하다. 남북분단 이후 고구려에 대한 연구는 부진을 면치 못하고 있다. 2012년 현재 고대사 분야별 박사학위 취득자 수를 보면 신라·가야사 전공자가 293명, 백제사 전공자가 64명이고, 고구려사 전공자는 48명에 불과하다. 이러한 수치는 그나마 2002년 시작된 중국의 '동북공정' 이후 고구려 연구자가 대폭 증가한 결과이나 여전히 신라·가야사에 비해 연구자의 수가 현저히 적으며, 백제사에 비해도 적은 것이 현실이다. 따라서 고대사에 대한 균형 잡힌 인식과 중국의 '동북공정'에 대비하고, 미래 통일시대를 위해서도 고구려 연구의 활성화가 요구되며, 이를 위해서도 고구려박물관의 건립이 필요하다.

지금까지의 발굴조사와 연구성과를 통해 볼 때 아차산 주변은 고구려의 別都로서의 역할과 고구려 남진 전진기지로서 역할을 수행한 중요 지역이다. 아차산 일원을 포함한 한강유역은 삼국의 발전과 밀접히 관계되어 삼국 간 각축이 치열하게 전개된 곳으로 삼국시대 유적이 밀집해 있다. 따라서 아차산 주변에 고구려박물관을 건립하면 한강 이남의 몽촌토성, 풍납토성, 석촌동고분군 등의 백제유적 및 최근 개관한 한성백제박물관 등과 연계하여 수도 서울 2천년 역사탐방로를 개설할 수 있을 것이다. 고구려박물관 건립과 함께 장기적으로는 아차산 고구려유적 전체를 아우르는 역사유적공원을 조성하고, 유네스코 세계문화유산 등재를 최종목표로 설정할 수 있을 것으로 생각된다.

2) 고구려박물관 건립과 운영의 주체

1994년 아차산 일원에서 고구려 보루가 처음 확인된 이후 현재까지 발굴조사가 계속되고 있다. 이와 병행하여 지자체를 중심으로 고구려박물관 건립과 관련된 여러 차례의 노력이 있었으나 여전히 실행에 옮겨지지 못하고 있다. 이제는 국가적 차원의 정책결정이 필요한 시점이며, 고구려박물관의 건립과 운영의 주체는 국가가 되어야 할 것으로 생각되는 바, 그 이유는 다음과 같다.

첫째, 고구려박물관은 단순히 유물을 전시하는 기능을 뛰어넘어야 하며, 고구려 학술연구의 중심, 새로운 역사인식의 중심, 미래 통일시대의 문화적 정체성 확보의 중심기관이 되어야 한다. 고구려박물관을 통해 고구려 연구의 네트워크를 형성하고, 국민과 고구려 역사문화에 대한 가치를 공유하며, 미래 통일시대 환경변화에 대응하여 국가 문화적 정체성을 형성하는 역할을 수행하는 박물관이어야 한다. 따라서 고구려박물관은 지역 내 유적과 유물을 다루는 수준에서 벗어나 국가적 차원에서 운영하여 고구려 관련 조사 · 연구 · 전시 · 교육이 지속적이고 종합적인 관점에서 이루어지도록 해야 할 필요가 있다.

둘째, 고구려 유적의 조사 · 연구에 대한 국가 차원의 정책이 필요하다. 현재 지자체를 중심으로 간헐적으로 이루어지는 고구려 유적의 발굴조사와 연구를 체계화하고 종합화하기 위해서는 국가 차원의 정책을 수립할 필요가 있다. 또한 국가적 차원에서 장기적 관점에 따른 유적 보존체계 수립이 필요하며, 이러한 조사 · 연구를 바탕으로 한 새로운 개념의 창의적 콘텐츠 확보노력이 곧 국가 문화 경쟁력 확보로 연결될 수 있기 때문에 국가가 주체가 되어야한다.

셋째, 아차산 고구려 보루를 세계문화유산으로 육성하기 위해서는 국가적 비전이 필수적이다. 역사에 대한 가치발굴과 대중을 위한 역사교육에 관한 논의가 국가적인 차원에서 진행되어야 함은 유네스코에서도 강조하고 있는 사항이다. 따라서 아차산 고구려 유적과 국내에 산재해 있는 고구려 관련 유적을 세계문화유산으로 발전시키고, 중국과 북한 등과 고구려 유산 관련 협력을 이끌어내기 위해서는 국가적 차원의 접근이 절대적으로 필요하다.

3) 고구려박물관 건립과 관련된 주요 쟁점과 대책

앞에서 고구려박물관 건립의 당위성과 건립과 운영의 주체가 국가가 되어야하는 이유에 대하여 살펴보았다. 그럼에도 불구하고 고구려박물관 건립과 관련하여 몇 가지 문제가 제기되고 있다. 아래에서는 관련된 쟁점과 그에 대한 대책을 살펴보기로 한다.

첫째, 고구려유적과 유물이 박물관을 설립하기에 충분한가 하는 문제이다. 현재까지 남한지역에서 발굴조사가 이루어진 고구려유적은 산성 및 보루 20개소, 고분 14개소, 생활유적 및 기타 7개소 등 모두 41개소에 달하는 적지 않은 양이며, 발굴조사가 이루어지지 않은 유적은 이보다 훨씬 많다. 또한 발굴된 유적에서 출토된 유물은 토기류 · 철기류 · 와전류 등 7천여 점이 넘으며, 이 중 전시가 가능한 유물만도 1천 8백여 점에 달한다. 물론 남한지역에서 발굴된 유물은 고구려의 남진 정책과 관련된 것으로 4~6세기에 집중된 것이라는 한계가 있으나, 이는 국립중앙박물관 · 서울대학교박물관 · 경희대학교박물관 및 일본의 각급 기관에 소장된 일제강점기 수집유물 등을 통해 보완이 가능하다. 또, 향후 남북한 문화교류가 활발해지면 고구려 유적 · 유물에 대한 공동연구와 교환전시가 가능하다.

한편, 21세기 역사박물관은 유물의 물리적 측면뿐만 아니라 유물을 통해 발견할 수 있는 스토리와 가치를 강조하는 방향으로 패러다임이 변하고 있으며, 이를 기반으로 하는 역사박물관의 설립이 가능하다. 현대의 박물관에서는 디지털 기술을 통한 유물의 복원과 유적지 재현 등 디지털 기반의 새로운 역사 해석의 기회가 주어지고 있으며, 우리나라 기술 수준을 고려할 때 새로운 역사박물관의 전형을 제시할 수도 있을 것으로 생각된다. 즉, 고구려 역사 속 스토리의 디지털 재현을 통한 새로운 전시경험의 제공이 가능할 것이다. 특히 현재 접근이 어려운 중국과 북한의 고구려 고분벽화 등을 디지털기술을 통해 재현하고, 이를 통해 오늘날 관람객의 눈높이를 만족시키는 한편, 세계를 선도하는 새로운 역사박물관으로 성장할 수 있을 것이다.

둘째, 동북아지역의 정세를 고려할 때 고구려박물관 건립이 타당한가하는 문제가 제기될 수도 있다. 그러나 역사논쟁이 첨예한 동북아지역의 정세에도 불구하고 공동발굴과 특별전 개최 등 학술교류와 문화적 교류는 정치적 이해관계에 대한 고려 없이도 진행이 가능하다. 장기적으로는 관련 국가와의 문화적 유대감을 구축하고 관계를 개선하는데 중요한 역할을 담당할 수도 있을 것으로 기대된다. 또한 중국과 북한에 위치하고 있는 고구려유적에 대한 훼손이 지속적으로 진행되고 있는 현실을 감안할 때 이에 대한 현황파악과 더불어 보존을 위한 공동의 대책을 수립하기 위해서도 국가적 차원의 대응이 필요하다고 생각된다.

셋째, 현재의 국립박물관 규모를 고려할 때 국립박물관의 추가 건립이 타당한가하는 문제이다. 현재 국립박물관은 서울의 국립중앙박물관과 12개의 지방 국립박물관으로 운영되고 있으며, 규모면에서 적지 않은 것이 사실이다. 그러나 고구려박물관은 국립중앙박물관과 지방의 국립박물관으로 구성된 현재의 국립박물관 체제와는 달리 별도의 전문박물관으로 건립하여 향후 환경변화에 대응할 필요가 있다. 즉, 최근 개관한 대한민국역사박물관이나 독립기념관, 전쟁기념관 등과 같이 국가가 설립과 운영주체가 되지만 국립중앙박물관 산하의 지방박물관이 아닌 독자적인 박물관으로서의 고구려박물관을 건립할 필요가 있다. 즉, 아차산 고구려유적과 연계하는 고구려박물관을 통해 현장성을 강조하는 국립박물관의 새로운 모델 제시가 가능하고, 기존의 지역 기반 박물관 체제와는 다르게 접근할 필요가 있다. 또한 역사교육 및 현장전시 등 기존의 국립박물관에서 간과되었던 기능을 확충하여 새로운 개념의 국립박물관을 건립할 필요가 있는 것이다.

넷째, 유사사업과의 차별성 및 협력관계가 가능한가하는 문제이다. 현재 국가나 지자체 및 민간 등 다양한 주체가 고구려 관련 사업을 추진하고 있다. 때문에 지자체별로 간헐적으로 추진되는 고구려관련 사업의 수준을 뛰어넘는 미래지향적인 국가 문화정체성과 경쟁력 확보를 위한 큰 그림을 제시할 수 있는 기관이 필요한 시점이다. 따라서 고구려박물관은 지역 내 유적과 유물을 다루는 수준에서 벗어나 고구려 관련 조사·연구·전시·교육을 지속적이고 종합적인 관점에서 추진할 수 있어야한다. 이를 통해 지자체에서 이루어지는 고구려 관련 사업 진흥의 기반을 마련함으로써 지자체별로 추진 중인 고구려 사업과 중복되기보다는 오히려 각 사업의 진행과 성과를 공유하고, 전체적인 방안을 제시할 수 있는 역할을 담당할 것으로 기대할 수 있다.

4) 고구려박물관 건립의 기본구상

고구려박물관의 건립은 다음과 같은 기본적인 관점하에 추진되어야 할 것으로 생각된다. 첫째, 고구려는 우리 고대사의 방파제이자 민족문화의 원형이라는 대전제 하에서 고구려박물관은 역사를 전달하는 박물관에서 벗어나, 역사문화를 만들어가는 박물관이 되어야 한다. 또한 고구려 역사와 문화는 현재진행형이라는 관점에서 고구려박물관은 우리 생활 속에 남아있는 고구려 문화유산과 정신을 계승하는 박물관이

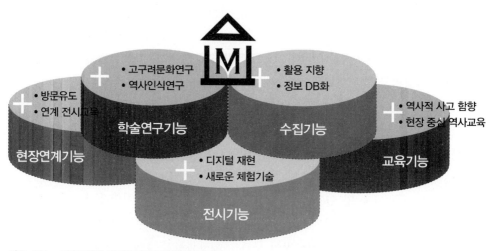

삽도 191 _ 아차산역사유적공원과 박물관 개념도

되어야 한다. 궁극적으로 고구려박물관은 미래 통일시대를 대비하여 문화적 경쟁력을 키워나가는 박물관이 되어야 할 것이다.

한편, 고구려박물관은 고구려 연구의 중심, 새로운 역사인식의 중심, 국가의 문화적 정체성확립의 중심을 지향하는 것을 비전으로 삼아야 할 것이다. 그러기 위해서 고구려박물관은 국내외 고구려 연구 네트워크를 주도하고, 고구려 역사문화에 대한 가치를 국민과 공유하며, 미래 통일시대의 환경변화에 대응하여야 할 것이다. 즉, 고구려박물관은 연구기능이 강조된 생산성이 우수한 박물관, 분야와 분야를 넘나드는 새로운 영역으로의 확장이 가능한 박물관을 지향하며, 궁극적으로는 21세기형 새로운 박물관 모델 창출하는 것을 목표로 하여야 한다.

이상과 같은 새로운 기능을 달성하기 위하여 고구려박물관은 기존의 박물관의 일반적인 전시와 교육을 위한 시설 외에도 다양한 연구기능을 수행하기 위한 시설과 현장박물관 등의 추가적인 기구와 시설이 필요하다(삽도 191). 무엇보다도 고구려사 연구 및 유적 발굴조사에 특화된 연구시설인 고구려연구센터, 고구려 관련 자료의 아카이브구축을 위한 고구려정보센터, 역사문화교육 및 역사인식 제고를 위한 연구에 특화된 연구시설인 역사문화교육센터 등의 기구의 설치가 필요하다. 또한 고구려박물관과 함께 운영될 현장박물관을 인접한 홍련봉보루에 설치하여 운영할 필요가 있다. 아울러 아차산과 용마산 및 망우산 능선상의 보루를 연결하는 탐방로를 개설하여 아차산 전체를 활용하는 계획의 수립도 필요하다. 그동안 여러 차례에 걸쳐 아차산 일원에 고구려박물관을 건립하기 위한 계획이 추진되었으나 박물관의 건립과 운영에 소요되는 예산 및 지자체간의 경쟁적 사업추진 등이 걸림돌이 되어왔다. 그러나 고구려박물관은 국가 미래를 위한 공익적 사업으로 단순한 비용-편익분석에 의한 사업타당성 확보보다는 국가 차원의 정책적 결정이 절실히 요구된다.